에베소서 주해

An Exposition of the Letter to the Ephesians

by Rev. Hyung Yong Park, Th.M., S.T.D.
Emeritus Professor of New Testament
Hapdong Theological Seminary.

Published by Hapdong Theological Seminary Press
50 Gwanggyo Joongang-Ro, Yeongtong-Gu, Suwon, Korea 16517

에베소서 주해

초판 1쇄 2023년 10월 10일

발 행 인 김학유
지 은 이 박형용
펴 낸 곳 합동신학대학원출판부
주　　소 16517 수원시 영통구 광교중앙로 50 (원천동)
전　　화 (031)217-0629
팩　　스 (031)212-6204
홈페이지 www.hapdong.ac.kr
출판등록번호 제22-1-2호
인 쇄 처 예원프린팅 (031)902-6550
총　　판 (주)기독교출판유통 (031)906-9191

값은 뒷표지에 있습니다.

에베소서 주해

An Exposition of the Letter to the Ephesians

박형용

합신대학원출판부

저자의 말

바울은 로마의 1차 감금기간 동안 에베소서, 골로새서, 빌레몬서, 빌립보서 등 네 개의 서신을 썼다. 이 네 개의 서신 중 에베소서는 가장 일반적이며, 가장 장엄한 서신이다. 에베소서가 가장 일반적인 이유는 바울 사도가 에베소 교회의 특별한 상황을 염두에 두지 않고 본 서신을 썼으며 또한 그리스도의 교회를 주제로 본 서신을 썼기 때문이다. 그래서 바울은 서신 서두에 "에베소"라는 지명을 넣지 않았고, 다른 서신에서는 예외 없이 기록했던 개인적인 인사도 에베소서에서는 기록하지 않은 것이다. 그리고 에베소서가 가장 장엄한 이유는 그리스도의 교회의 영광스러운 모습이 에베소서에 펼쳐져 있기 때문이다. 바울은 그리스도 안에서 구원받아 그리스도와 연합된 성도들이 하나의 공동체를 이루어 성령의 충만한 삶을 통해 사회를 변혁시켜 나가며 결국에는 영광스러운 목적을 성취하게 될 것임을 설명하고 있다. 교회는 하나님께서 이 땅 위에 세우신 가장 고귀한 공동체이다. 이 공동체를 통해 하나님은 그의 구원 계획을 성취하실 것이다. 바울은 이처럼 고귀하고 장엄한 주제인 그리스도의 교회를 설명하기 위해, 먼저는 교회가 어떤 단체인지를 에베소서의 전반부(1장~3장)에서 설명하고, 다음으로 교회가 어떻게 살아야 할지를 에베소서의 후반부(4장~6장)에서 설명한다. 그러나 중요한 것은 바울이 교리적인 부분과 도덕적인 부분을 분리시켜 마치 다른 두 주제인 것처럼 다루지 않았다는 사실이다. 교리적인 부분과 도덕적인 부분이 날실과 씨실의 교차처럼 조화를 이루어 나타나는 것이다. 성도들이 어떻게 구원받을 것인가라는 문제와 구원받은 성도들이 어떻게 살 것인가라는 문제는 1세기뿐만 아니라 오늘날도 우리에게 도전을 주는 가장 근본적인 문제이다. 그러므로 에베소서의 메시지는 1세기의 성도들에게 뿐만 아니라 오늘날 성도들에게 주는 하나님의 적절한 메시지인 것이다.

저자는 본 주해를 저술하면서 하나님의 심오한 구원 계획을 다시 한번 깨닫고 감사와 찬송을 하나님께 드렸다. 하나님은 진정 높으셔서 우리의 찬송과 영광을 받으실 분이시지만 우리들의 섬세한 부분에까지 관심을 가지신 자상한 아버지이시다. 그런 아버지가 그리스도의 몸된 교회에 우리를 속하게 하시고 그 교회를 통해 하나님의 깊고 높으신 구원 계획을 완성시키시기 원한 것이다. 저자의 소원은 본 주해서를 읽는 사람마다 저자가 체험한 하나님의 사랑과 은혜를 체험할 수 있게 되기를 바라는 것이다.

본서는 원래 1990년 두란노서원(발행인: 하용조)에서 출판되었었다. 그런데 필자가 필자의 신약성경 주해시리즈를 한 출판사로 모으기를 원해서 하용조 목사님과 의논했더니 쾌히 승낙해 주셨다. 너그러운 마음으로 승낙해 주신 하용조 목사님께 심심한 감사의 마음을 이 지면을 통해 드린다. 이제 필자의『에베소서 주해』는 더 이상 두란노서원에서 출판하지 않을 것이며 그 대신 합동신학대학원출판부에서 출판하게 될 것이다. 본서의 고향이 바뀜에 따라 본서의 내용을 많은 부분(80쪽 정도) 보완 증보했음을 밝혀 둔다. 그리고 본서의 편집을 맡아 수고하신 김학문 목사에게와 본서의 내용을 컴퓨터에 입력을 시키고 교정을 보아준 김남진 목사에게 심심한 감사를 표한다.

저자의 소원은 바울 사도와 같은 기도를 드리는 것이다. "내가 하늘과 땅에 있는 각 족속에게 이름을 주신 아버지 앞에 무릎을 꿇고 비노니 그의 영광의 풍성함을 따라 그의 성령으로 말미암아 너희 속사람을 능력으로 강건하게 하시오며 믿음으로 말미암아 그리스도께서 너희 마음에 계시게 하옵시고 너희가 사랑 가운데서 뿌리가 박히고 터가 굳어져서 능히 모든 성도와 함께 지식에 넘치는 그리스도의 사랑을 알고 그 너비와 길이와 높이와 깊이가 어떠함을 깨달아 하나님의 모든 충만하신 것으로 너희에게 충만하게 하시기를 구하노라"(엡 3:14~19, 개역개정).

수원 원천동에서
박 형 용

재판을 내면서

본서가 1990년 두란노서원을 통해 출판된 이래 여러 판을 거듭하게 된 것을 기쁘게 생각한다. 그 이유는 우리들이 에베소서의 내용을 통해 그리스도의 몸된 교회의 정체성과 사명을 배울 수 있기 때문이다. 오늘날 한국교회는 교회의 정체성(identity)을 바로 깨닫지 못하고 흔들리는 가운데 있다. 그러므로 한국교회는 물론 전 세계적으로 교회론에 대한 관심이 더 많아질 것이다. 이런 차제에 교회에 대한 바른 교훈을 가르치고 있는 에베소서에 대한 관심의 증가는 한 가닥 소망을 갖게 한다. 아무쪼록 본서를 통해 한국교회가 더 튼실한 교회가 되어 성삼위 하나님께 많은 영광과 찬송을 올려 드릴 수 있게 되기를 소원한다. 그동안 본서는 한글 성경 개역판을 사용해 왔는데 본 재판부터 개역개정판으로 수정 보완했음을 밝혀둔다. 개역개정판으로 수정하는 과정에서 독자들의 편의를 고려하여 다른 부분도 약간의 수정으로 보완했음을 밝힌다. 끝으로 본서의 재판을 위해 많은 수고를 아끼지 않은 디자이너 김민정 선생과 정성스럽게 교정을 보아 준 강승주 목사에게 심심한 감사를 드린다.

2023년 8월

봉천동(하늘을 받들며 사는 동네) 서재에서

63빌딩을 바라다보면서

박 형 용

제2장 주해

제3장 주해

제4장 주해

제5장 주해

제6장 주해

서론

1. 에베소서의 저자
2. 에베소서의 기록 배경과 기록 연대
3. 에베소 교회
4. 에베소서와 골로새서의 비교

1. 에베소서의 저자

에베소서 본문 주해를 시작하기 전에 서론적인 내용을 간략히 고찰하는 것이 유익하리라 생각된다. 성경은 하나님의 감동으로 기록되어(딤후 3:16) 정확 무오하지만 하나님께서 인간 저자와 인간의 언어를 사용하여 기록하게 하셨기 때문에 인간의 특성과 언어적인 특성이 성경 속에 나타나고 있는 것이다(엡 3:2~4). 개혁주의에서 성경영감론을 말할 때 유기적 영감(Organic Inspiration)과 축자영감(Verbal Inspiration)을 지지하는 것은 성경 형성에 있어서 그와 같은 특성이 있었기 때문이다. 그러므로 성경의 어떤 책을 주해할 때 그 성경의 저자가 누구이며 어떤 형편에서 그 책을 기록하게 되었는지를 알아야만 본문을 더 정확히 이해할 수 있다.

에베소서의 저자는 복음 때문에 로마의 감옥에 갇혀 있는 사도 바울이다. 바울이 에베소서의 저자라는 사실은 1세기 이후 19세기까지 인정되어 왔다. 바울이 에베소서의 저자라는 사실은 에베소서 자체가 증거할 뿐 아니라(엡 1:1; 3:1) 외적인 증거가 너무나 명백한 것이다. 학자들은 에베소서의 내용을 가리켜 "바울주의의 정수"(the quintessence of Paulinism)[1] 혹은 "바울주의의 면류관"(the crown of

1 F. F. Bruce, *Paul: Apostle of the Heart Set Free* (Grand Rapids: Eerdmans, 1977), p.424. "바울주의의 정수"라는 표현은 원래 A. S. Peake가 1916년 10월 11일 Manchester 대학교의 John Rylands Library에서 강의한 강의 제목이었다.

Paulinism)[2] 등의 표현을 사용하여 묘사한다. 이는 에베소서가 로마서, 고린도전후서, 갈라디아서 등과 같은 바울 서신에 나타난 주요한 바울 사상을 잘 종합하고 있음을 증거하고 있기 때문이다. 에베소서는 외적인 증거로 보든지 내적인 증거로 보든지 바울 사도의 저작임에 틀림없다.

그런데 19세기 이후 자유주의적인 사상의 영향으로 일부 학자들은 에베소서의 바울 저작권을 의심하기 시작했다. 그들은 주로 바울과 에베소교회와의 역사적 관계를 근거로 고찰해 볼 때, 에베소서에 사용된 용어들이 바울 저작권을 지지해 주지 않는다고 생각한다.

첫째, 그들은 바울 사도가 다른 서신에서 즐겨 사용한 용어들이 에베소서에 나타나 있지 않다는데 근거하고 있다. 큄멜(Kümmel)은 에베소서와 골로새서의 용어들을 비교 연구한 후 "에베소서의 신학은 바울의 저작권을 완전히 불가능하게 만든다."[3]라고 주장한다. 하지만 에베소서와 골로새서의 유사성이 많은 것을 여러 학자들이 지지하고 있다. 링컨(Lincoln)도 에베소서에 사용된 특별한 용어들이 바울의 저작으로 인정된 서신들에 사용된 용어들과 유사하기보다는 오히려 사도 이후 기간에 기록된 문헌들에 사용된 용어들과 유사하다는 것을 근거로 에베소서의 바울 저작권을 부인하고 에베소서는

2 C.H. Dodd, "Ephesians," *The Abingdon Bible Commentary*, ed. F.C. Eiselen, E. Lewis & D.G. Downey (New York, 1929), pp.1224~25.

3 Werner Georg Kümmel, *Introduction to the New Testament*, revised edition (Nashville: Abingdon, 1975), p. 360.

후기의 바울 추종자가 바울의 이름으로 기록한 서신이라고 주장한다.[4] 마틴(Martin)역시 에베소서는 바울의 동료요 잘 알려진 제자로 바울의 마지막 감금 기간에 바울의 동의하에 쓴 서신이라고 주장하면서 누가를 저자로 제안한다.[5] 마틴이 에베소서의 마지막 형태를 누가가 쓴 것으로 제안하는 이유는 에베소서와 누가복음-사도행전에 공통된 용어들과 비슷한 표현들이 있기 때문이다. 마틴은 일반적으로 바울의 저작으로 인정된 서신들에서는 사용되지 않았으나 에베소서에 사용된 44개의 용어들 중 25개의 용어가 누가복음-사도행전에서 사용된 점이 누가의 저작설을 지지한다고 주장한다.[6]

그러나 에베소서 내의 특이한 용어나 표현이 사도 후기 문헌과 비슷하다는 점을 들어 에베소서의 바울 저작권을 부인하는 것은 너무 설득력이 없는 주장이다. 오히려 에베소서 내의 다른 용어들과 표현들이 다른 바울 서신들의 용어들과 일치한 점은 에베소서의 바울 저작권을 증거하고 있다. 또한 마틴의 주장 역시 바울과 누가가

4 Andrew T. Lincoln. *Ephesians: Word Biblical Commentary*, Vol. 42 (Dallas: Word Books, Publisher, 1990), pp.lxv~lxvi. Lincoln은 그 예로 ἄθεος(엡 2:12), ἄσοφος(엡 5:15), ἑνότης(엡4:3), εὔνοια(엡 6:7), εὔσπλαγχνος(엡 4:32), κληροῦν(엡 1:11), μέγεθος(엡 1:19), ὁσιότης(엡 4:24), συνοικοδομεῖν(엡 2:22) 등의 용어를 든다. 물론 Lincoln이 다른 표현도 제시하고 있기는 하지만 에베소서에 특이하게 사용된 아홉 개의 용어가 사도 후기 문헌과 더 유사하다는 점을 들어 에베소서의 바울 저작권을 부인하는 이유로 삼는 것은 별로 타당성이 없다.

5 R. P. Martin, *Ephesians, Colossians, and Philemon* (IntC; Louisville: John Knox, 1992), p.4.

6 R. P. Martin, *New Testament Foundations: A Guide For Christian Students*, Vol. 2 (Grand Rapids: Eerdmans, 1978), pp.230~231. 마틴은 agnoia(엡 4:18; 행 3:17), anienai(엡 6:9; 행 16:26), apeile(엡 6:9; 행 4:17), hosiotes(엡 4:24; 눅 1:75), panoplia(엡 6:11, 13; 눅 11:22), politeia(엡 2:12; 행 22:28), synkathizein(엡 2:6; 눅 22:55), to soterion(엡 6:17; 눅 2:30), phronesis(엡 1:8; 눅 1:17), charitoun(엡 1:6; 눅 1:28), cheiropoietos(엡 2:11; 행 7:48) 등의 용어를 예로 든다.

같이 사역을 했고 가까운 사이라는 점을 감안하면 누가가 바울이 자주 사용한 용어들을 그가 쓴 누가복음과 사도행전에서 사용했을 가능성은 충분한 것이다. 그러므로 마틴(Martin)의 제안은 받아들이기 힘든 제안이다. 그리고 어떤 한 저자의 어휘 사용이 항상 같아야만 한다는 주장은 너무 주관적인 판단일 뿐이다. 에베소서의 내용이 바울적인 특성을 많이 드러내고 있는 점을 볼 때 에베소서의 저자는 바울임에 틀림없다.

둘째, 비평학자들은 바울과 에베소교회의 친밀한 관계를 생각해 볼 때(행 20:17~35 참조) 에베소서에 친밀한 관계를 나타내는 개인적인 문안이나 인사가 나타나야만 마땅함에도 불구하고 그런 내용이 전혀 나타나고 있지 않다고 말한다. 링컨(Lincoln)은 인정받은 바울 서신에는 개인적인 관심의 표현이 열정과 위기의식과 기쁨과 분노 등으로 나타나고 있는데 반해 에베소서에는 그런 관심의 표현이 결여되어 있다고 주장한다.[7] 그러나 이런 주장 역시 너무 주관적이요 저자의 저작 의도를 감안하지 않은 것이다. 바울은 로마의 감옥 속에서 기독교 신앙의 진수를 체계 있게 설명하여 에베소교회뿐만 아니라 그 근처에 있는 교회가 읽을 수 있도록 하기 위해 이 편지를 썼다. 그러므로 바울은 개인적인 친밀한 인사보다 일반적인 인사를 하게 된 것이다.

---

7 Lincoln. *Ephesians: Word Biblical Commentary*, Vol. 42 (1990), p. lxiii.: "The historical Paul's stress on the death of Christ and his theology of the cross have faded into the background." "Instead, all the weight of the letter is on Christ's resurrection, exaltation, and cosmic lordship."

셋째, 바울의 저작권을 부인하는 비평학자들은 에베소서 1:15에 "나도 듣고"(ἀκούσας)라는 말을 근거로 바울 사도가 개인적으로 수신자들을 만난 적이 없다고 생각한다. 그들은 같은 구문이 골로새서 1:4에도 나타나는데(ἀκούσαντες) 바울은 골로새교회를 개척하지 않았고 그들을 만나지도 않았기 때문에 그런 표현을 썼다고 주장한다. 따라서 같은 표현이 에베소서에 나타나는 것은 에베소서 저자가 에베소 교인들과 개인적인 접촉이 없었던 것을 증명하는 것이요, 바울 사도의 에베소서 저작 가능성을 배제하는 것이라고 주장한다. 바울 사도는 에베소 교인들과 친밀한 개인적인 접촉이 있었기 때문에 바울 사도가 에베소서를 썼다면 그런 표현을 썼을 리 없다는 것이 그들의 주장이다(행 19:1~20; 20:17~38). 그러나 "나도 듣고"라는 용어를 근거로 바울이 에베소 교인들과 개인적인 접촉이 없었다고 생각하는 것은 너무 설득력이 없는 주장이다. "나도 듣고"라는 표현을 생각할 때 빌레몬서 1:5에 비슷한 표현(ἀκούων)이 나타나는데 이 경우 빌레몬서의 내용으로 보아 바울과 빌레몬 사이에 개인적인 접촉이 없었다고 생각할 수는 없다. 바울이 에베소서 1:15에서 "나도 듣고"를 쓴 것은 에베소 교인들과 상당 기간 떨어져 있었고, 바울이 에베소 교인들의 믿음과 사랑을 실제로 들었기 때문이었다.

2. 에베소서의 기록 배경과 기록 연대

바울은 그리스도 때문에 자신이 감옥에 갇히게 되었다고 말한다(엡 3:1; 4:1). 그런데 바울이 에베소서를 쓸 수 있는 정황의 감옥 생활은 바울의 생애를 살펴볼 때, 세 번으로 생각된다. 가이사랴(Caesarea)에서의 약 2년간의 감옥 생활(행 23:22~26:32), 로마에서의 약 2년간의 제1차 감옥 생활(행 28:30), 그리고 로마에서의 제2차 감옥 생활(딤후 2:9; 4:6)이다. 바울이 겪은 이 세 번의 감옥 생활 중에서 에베소서를 쓸 수 있었다고 생각되는 감옥 생활은 로마에서의 제1차 감옥 생활이라고 할 수 있다.

바울이 죄수의 몸으로 로마에 갔을 때 그는 비교적 자유스러운 형편에 있었다. "바울에게는 자기를 지키는 한 군인과 함께 따로 있게 허락 하더라"(행 28:16, 개역개정)의 내용이나 바울의 전도로 감옥 내의 간수들이 예수를 믿게 된 사실이 이를 증거한다(빌 1:12~14).

바울은 로마의 감옥에 매여 있었지만 복음 활동은 매이지 않았다. 바울은 로마 감옥에 있으면서 여러 사람의 기독교인을 만났다. 그중 골로새교회에서 온 에바브라(Epaphras)와 빌레몬의 노예였던 오네시모(Onesimus)를 만난 사실은 특별한 의의를 가진다(골 1:7; 4:9). 바울이 그들과 접촉함으로 말미암아 골로새서와 빌레몬서를 기록하게 되었고 또한 거의 같은 지역에 위치한 에베소 교회에게 에베소서를 쓸 수 있게 되었기 때문이다.

골로새교회가 "거짓된 가르침" 때문에 어려움을 겪고 있다는 소식을 에바브라를 통해 전해들은 바울은 사도로서 그들에게 편지를 써야 할 필요성을 느끼게 되었다. 그리고 자신의 전도로 로마에서 기독교인이 된, 도망쳐 나온 노예 오네시모를 주인인 빌레몬에게 돌려보내기로 작정했는데, 마침 빌레몬이 골로새교회의 성도였기 때문에 빌레몬에게 서신을 써야 할 필요성은 더 한층 가중된 것이다. 바울은 이런 상황에서 골로새서와 빌레몬서를 썼다. 뿐만 아니라 골로새서와 빌레몬서를 가지고 로마에서 소아시아로 가는 사람은 에베소를 거치지 않고는 갈 수가 없는 형편이었다. 에베소서 6:21~22과 골로새서 4:7~9의 내용이 거의 비슷한 것은 이런 역사적 상황을 배경으로 하고 있기 때문이다. 그러므로 바울 사도가 3년간이나 자신의 모든 것을 바쳐 눈물과 기도로 목회한 에베소교회를 위해(행 20:31) 그리고 그 인근 지역 교회를 위해 편지를 쓰는 것은 너무도 당연한 것이었다.

이렇게 해서 바울은 제1차 로마 감금 생활 도중 골로새서, 빌레몬서, 에베소서를 거의 같은 시기에 기록하게 되었고 1차 로마 감금의 종료 시에 빌립보서를 쓴 것이다.[8] 이렇게 볼 때 에베소서는 A.D. 62~63에 기록된 것으로 보인다. 에베소서는 로마 황제 네로(Nero)의 통치 기간(AD 54-68) 중에 기록되었고 바울은 대략 69세의 노인이었다.

8 골로새서, 빌레몬서, 에베소서, 그리고 빌립보서의 저작 순서를 논하는 것은 큰 의미가 없다. 중요한 점은 이 네 서신이 바울의 1차 로마 감옥 생활 기간 중에 기록되었다는 사실이다.

3. 에베소 교회

에베소교회는 초대 기독교회의 유명한 지도자들과 깊은 연관을 가지고 있다. 바울, 사도 요한, 마가, 디모데, 브리스길라(Priscilla)와 아굴라(Aquila) 등과 같은 그 당시 기독교회 내의 유명한 인물들이 에베소교회와 관련을 가지고 있었다.

에베소교회와 사도 요한과의 관계는 1세기 후반부터 시작되었다. 사도 요한이 밧모 섬에 귀양 가기 전에 그는 에베소에 살고 있었다(계 1:11; 2:1). 이런 상황은 에베소교회와 사도 요한과의 관계를 친밀하게 만들었다. 요한 마가도 한때 에베소에 머물렀다. 에베소에서 교회를 보살피는 디모데에게 "누가만 나와 함께 있느니라 네가 올 때에 마가를 데리고 오라 그가 나의 일에 유익하니라"(딤후 4:11, 개역개정)라고 말한 바울의 부탁은 이를 증거한다. 디모데는 바울의 요청으로 에베소에 머물러 에베소교회를 목회했었다(딤전 1:3). 그리고 브리스길라와 아굴라는 바울이 제2차 전도여행에서 귀환하는 도중 에베소에 들렀을 때 그들을 거기 머물게 함으로 에베소교회와 연관을 갖게 되었다(행 18:18).

에베소 도시와 바울의 관계는 바울이 제2차 전도여행 도중 유대로 귀환하면서 에베소에 들린 것이 처음 접촉이었다. 바울은 그때 "회당에 들어가서 유대인들과 변론"(행 18:19)했다. 바울의 이 짧은 에베소 방문과 복음전도는 뒤에 남은 브리스길라와 아굴라에 의해 계속되었음에 틀림없다. 그리고 이런 노력의 결과로 에베소교회가 설립되었다. 그런데 바울이 유대로 떠난 후 아볼로(Apollos)가 에베소교회를 방문하여 요한의 세례만을 전하자 브리스길라와 아굴라가 아볼로에게 "하나님의 도를 더 정확하게 풀어"(행 18:26) 설명해 줌으로 아볼로도 "예수는 그리스도라"(행 18:28)고 유력하게 증거하게 된다.

그 후 바울은 제3차 전도여행 도중 에베소에 들러 약 3년 동안 에베소교회를 목회 한다(행 19:1; 20:17~35). 에베소교회에서 바울의 목회는 일사각오의 태도를 가진(행 20:24) 눈물과 기도로 점철된 목회였다(행 20:31). 그 후 바울의 제3차 전도여행은 마게도냐와 아가야 지방으로 계속된다. 바울이 예루살렘으로 귀환하는 도중 밀레도에서 에베소 장로들을 만나 눈물로 작별한 것이(행 20:17, 36~38) 사도행전에 나타난 바울과 에베소교회와의 마지막 만남이었다.

그러나 목회서신에 보면 바울은 제1차 로마 감옥에서 풀려난 후 다시 에베소에 들렀던 것이 확실하다(딤전 1:3). 디모데후서 1:18에 나타난 대로 바울이 에베소에 있을 때 오네시보로(Onesiphorus)가 바울을 위해 봉사했었다고 기록한 사실은 1차 감금에서 풀려난 후 바울의 에베소 방문을 확실하게 해준다. 이처럼 바울과 에베소교회의 관계는 대단히 밀도 있는 친근한 관계였다. 에베소교회는 처음부터 유대인과 이방인을 모두 포함한 교회였다(행 19:1~10; 20:21). 그러나 이방인들의 수가 점점 더 많아져 후에는 실제적으로 이방인들을 중심으로 한 기독교회가 되었다. 따라서 에베소서 교회 내에는 유대인 신자와 이방인 신자 사이에 긴장이 발생하게 되었고, 바울은 이를 의식하고 그리스도 안에서 유대인과 이방인이 모두 하나로 통

일되었음을 강조하고 있다(엡 2:11~22; 4:1~6).[9]

4. 에베소서와 골로새서 비교

에베소서와 골로새서는 많은 부분이 서로 유사하다. 바울 서신 중 이 두 서신만큼 서로 유사한 내용을 많이 가진 서신이 없다. 유사의 정도에 차이는 있지만 에베소서의 155절 중 75절이 골로새서에 나타난다. 달리 표현한다면 골로새서의 95절 중 2/3정도가 에베소서에 병행 구절로 나타난다.[10] 이제 먼저 유사한 내용의 중요한 부분을 일별 하기로 하자.

① 두 서신이 기독교인의 삶을 설명하는 가운데 옛 사람(the old self)을 벗어버리고 새 사람(the new self)을 입으라는 용어를 사용한다(엡 4:17~32; 골 3:5~17).

② 두 서신이 남편과 아내, 부모와 자녀, 주인과 종의 관계에 대한 설명을 비슷하게 전개시킨다. 물론 에베소서의 내용이 더 자세

9 Cf. C. E. Arnold, "Ephesians," *Dictionary of Paul and His Letters* (Downers Grove: Inter Varsity Press, 1993), p.246.

10 에베소서와 골로새서의 유사한 부분에 관한 더 자세한 비교 대조는 William Hendriksen, *Ephesians* (*New Testament Commentary*, Grand Rapids: Baker, 1967), pp.5~32를 보라. Cf. W. D. Davies, *Paul and Rabbinic Judaism* (New York and Evanston: Harper and Row, Publishers, 1948), pp.122~127.

하지만 본질적으로는 두 서신이 서로 비슷한 내용이다(엡 5:22~6:9; 골 3:18~4:1).

③ 두 서신이 바울의 기도 요청을 그의 매임과 연관시킨다. 바울은 하나님이 전도할 문을 열어 주셔서 그리스도의 비밀을 말할 수 있게 해달라고 기도 요청을 한다(엡 6:18~20; 골 4:3~4).

④ 두 서신은 다른 바울 서신에서 찾을 수 없는 많은 평행 구절과 비슷한 표현들을 공유하고 있다. 중요한 표현들을 보면 "하나님의 충만"(엡 1:23; 3:19; 4:13; 골 1:19; 2:9), "세월을 아끼라"(엡 5:16; 골 4:5), "성도는 그리스도나 혹은 그리스도의 사랑 안에 뿌리가 박혀 있다는 사실"(엡 3:17; 골 2:7), "구속과 죄 사함을 동일시한 점"(엡 1:7; 골 1:14), "복음 진리의 말씀"(엡 1:7; 골 1:5), "탐하는 것을 우상숭배로 설명한 점"(엡 5:5; 골 3:5), 그리고 "몸의 지체와 마디가 서로 연합하여 몸을 자라게 한다는 표현"(엡 4:16; 골 2:19) 등을 들 수 있다.

⑤ 두 서신이 이렇게 비슷한 내용을 많이 가지고 있는 이유는 에베소서와 골로새서를 쓴 사람이 같은 마음을 소유했기 때문이라고 생각된다. 에베소서와 골로새서는 바울이 로마의 1차 감금 기간 중 옥중에서 쓴 서신이요, 또 수신자들도 거의 비슷한 지역에서 살고 있었으며, 편지를 쓴 시기도 거의 같고, 또 편지를 전달한 사람도 같은 사람이었다(엡 6:21; 골 4:7~8). 이렇게 볼 때 두 서신

에 같은 표현이 자주 나오는 것은 너무도 당연한 것이라 할 수 있다. 바울은 골로새교회의 특별한 상황을 염두에 두고 골로새서를 쓴 다음 아직도 그리스도의 위대함과 영광에 대한 주제가 그의 생각을 지배하고 있을 때 하나님의 계획안에 있는 교회의 위치를 생각하면서 에베소서를 썼다. 바울이 골로새서를 쓸 때는 교회의 특별한 상황을 생각하고 썼기 때문에 변증적인 표현들이 많이 나오지만 에베소서는 그런 필요를 느끼지 않고 썼기 때문에 하나님의 목적 안에서 세워진 교회의 일반적인 특성이 더 강조되고 있음을 본다.

⑥ 에베소서 6:21~22과 골로새서 4:7~8 사이에 32개의 동일한 단어가 사용된 것은 같은 저자가 두 서신을 거의 같은 시기에 기록했든지 한 저자가 특별한 이유로 한 서신을 쓴 후 그 다음 서신을 쓸 때 이미 기록한 서신의 이 부분을 복사했든지 둘 중의 한 이유에서 일 것이다.[11] 에베소서와 골로새서가 같은 용어를 사용하고 같은 사상을 포함하고 있는 사실은 같은 저자가 거의 같은 시기에 두 서신을 썼기 때문이라고 생각된다. 한 저자가 생생한 기억력을 가지고 두 편지를 연달아 쓸 경우 두 편지의 내용에 일

11 참고로, 엡 6:21~22의 UBS 본문과 골 4:7~8에 나온 단어에 밑줄을 그어 서로 비교하기로 한다.

엡 6:21~22:Ἵνα δὲ εἰδῆτε καὶ ὑμεῖς τὰ κατ᾽ἐμέ, τί πράσσω, πάντα γνωρίσει ὑμῖν Τύχικος ὁ ἀγαπητὸς ἀδελφὸς καὶ πιστὸς διάκονος ἐν κυρίῳ, ὃν ἔπεμψα πρὸς ὑμᾶς εἰς αὐτὸ τοῦτο, ἵνα γνῶτε τὰ περὶ ἡμῶν καὶ παρακαλέσῃ τὰς καρδίας ὑμῶν.(밑줄 그은 단어들이 골 4:7~8에 나오는 단어들이다.)

치한 점이 있을 것은 당연하다.[12] 특히 두 편지의 전달자인 두기고(Tychicus)에 관한 내용이 거의 같다는 것은 이를 더 확실하게 증거하고 있다(엡 6:21~22; 골 4:7~8 참조). 이와 같은 사실은 에베소서와 골로새서의 저자가 바울 사도이며 그 기록 시기도 거의 같은 때임을 증거하고 있다. 바울은 1차로 감금된 로마 옥중에서 거의 같은 시기에 두 서신을 썼다.

12 D. A. Carson, Douglas J. Moo, and Leon Morris, *An Introduction to the New Testament* (Grand Rapids: Zondervan, 1992), p.308.

에베소서
주해

제1장 주해

1. 서언 (엡 1:1~2)
2. 성부 하나님의 사역 (엡 1:3~6)
3. 성자 예수 그리스도의 사역 (엡 1:7~12)
4. 성령 하나님의 사역 (엡 1:13~14)
5. 바울의 첫 번째 기도 (엡 1:15~23)

제1장 주해

1. 서언(엡 1:1~2)

"하나님의 뜻으로 말미암아 그리스도 예수의 사도 된 바울은 에베소에 있는 성도들과 그리스도 예수 안에 있는 신실한 자들에게 편지하노니 하나님 우리 아버지와 주 예수 그리스도로부터 은혜와 평강이 너희에게 있을지어다" (엡 1:1~2, 개역개정)

에베소서는 처음부터 하나님의 위대함, 거룩함, 은혜로우심을 명백히 한다. 에베소서는 예수 그리스도 안에서의 하나님의 영광스러운 구속 사역을 바라볼 수 있게 한다. 에베소서는 우리로 하여금 하나님을 대면하여 그가 누구이며 무슨 일을 하셨는지를 알게 해준다. 하나님의 영광, 하나님의 위대함, 하나님의 영원하심이 강조된다. 그러므로 에베소서는 읽는 자에게 인간을 잊게 하고 하나님을 생각나게 해준다.

에베소서는 가장 위대하고 가장 광범위한 주제를 다룬 기독교의 설교와 같다. 즉 에베소서는 하나님의 영원하신 목적에 관해 다룬다. 하나님의 영원하신 목적은 그의 아들 예수 그리스도에 의해 성취되었고 교회 안에서 이루어지고 또 교회를 통해 이루어 나아간다. 서신 전체를 통해 독자들의 형편에 대한 계속적인 언급 없이 한 사상이 다른 사상으로 이어져 간다.

핸드릭센(Hendriksen)은 "처음부터 하나님께서는 경배를 위해 모여 있는 교회에 들어오셔서 교회 위에 그의 복을 불어넣으신다. 그는 줄곧 남아 계시다가 예배가 끝날 때 다시 나가신다. 그러나 교회에서부터(out of) 나가신 것이 아니요 교회와 함께(with) 나가신다."[13] 라고 에베소서에서의 하나님의 역할에 대해 생생하게 설명한다.

바울 사도는 그 당시의 편지 쓰는 방법을 활용하여 에베소서를 쓸 때 그대로 사용한다. 바울 당시에 편지 쓰는 방법은 우선 보내는 사람과 받는 사람이 누구인지 밝히고 그 후에 인사의 말을 한다. 본문에서 보내는 사람은 사도 바울이며 받는 사람은 "에베소에 있는 성도들과 그리스도 예수 안의 신실한 자들"이며 인사의 말은 "하나님 우리 아버지와 주 예수 그리스도로부터 은혜와 평강이 너희에게 있을 지어다"(엡 1:2, 개역개정)이다.

바울은 다른 서신에서도 같은 방법을 사용한다. 한 가지 주목할 내용은 바울이 다른 서신에서는 자신의 이름과 함께 다른 사람의 이름을 언급했으나 에베소서에서는 자신의 이름만 기록했다는 사실이다. 고린도전서에서는 소스데네(고전 1:1)가, 고린도후서에서는 디

---

13 William Hendriksen, *Ephesians*, p.69.

모데(고후 1:1)가, 갈라디아서에는 "함께 있는 모든 형제"(갈 1:2)가, 빌립보서와 골로새서에서는 다시 디모데(빌 1:1; 골 1:1)가, 데살로니가전후서에서는 실라와 디모데(살전 1:1; 살후 1:1)가, 빌레몬서에서는 디모데(몬 1)가 바울과 같이 언급되었으나 로마서와 에베소서 그리고 목회서신(디모데전서, 디모데후서, 디도서)에는 바울의 이름만 언급되어 있다. 목회서신 서두에 바울의 이름만 나타나는 것은 당연한 이유에서이다. 목회서신은 바울이 믿음의 아들들인 디모데와 디도에게 목회에 관한 권면을 하기 위해 쓴 서신이기 때문이다. 그러나 로마서와 에베소서에 바울의 이름만 나타나는 것은 의미심장한 일이다.

이 사실은 로마서와 에베소서의 일반적인 특성을 감안할 때 납득이 간다. 다른 서신들은 교회 내의 여러 가지 문제들을 생각하면서 기록했지만 로마서와 에베소서는 그리스도 안에서의 하나님의 구속 계획을 깊이 있게 설명해 주고 있기 때문에 다른 사람의 이름을 같이 언급할 필요를 느끼지 않았다고 생각된다. 바울 사도는 에베소서 전체를 통해 하나님이 그의 아들 예수 그리스도 안에서 성취하시고 교회를 통해 이루어 나가시는 하나님의 영원한 목적에 대해 설명한다. 바울은 대부분의 다른 서신들에서 기독교의 진리를 서신을 받을 교회들의 형편과 연관시켜 설명하지만 에베소서에서는 교회의 형편과 별로 연관시키지 않고 기독교의 진리를 설명한다.

바울은 자신의 사도직이 "하나님의 뜻으로" 말미암았다고 명백히 말한다. 바울은 사도가 되기 위해 자원하지도 않았고 교회가 그를 사도로 임명한 것도 아니다. 하나님의 뜻은 어떤 사람의 삶의 형태를 규정짓는다. 하나님의 뜻은 우리를 죄로부터 구속하신 사실에서도 나타난다. 바울은 예수님이 하나님 아버지의 뜻을 따라 우리들의 죄를 위해 희생 제물이 되셨다고 말한다(갈 1:4). 바울은 자신의 복음 전도 일정이 하나님의 뜻에 따라 진행되고 있음을 확실히 한다(롬 1:10; 15:32). 이처럼 바울은 "하나님의 뜻으로" 말미암아 이방인의 사도가 되었다고 처음부터 밝히고 있다.

바울은 교회를 핍박하는 데 앞장섰던 유대교의 열심분자였다(갈 1:11~14; 행 9:1~2). 그러나 하나님께서 그를 사도로 택정하셔서 특별한 사명을 부여하신 것이다. 하나님은 다메섹 도상에서 바울을 부르실 때 "이 사람은 내 이름을 이방인과 임금들과 이스라엘 자손들에게 전하기 위하여 택한 나의 그릇이라"(행 9:15, 개역개정)라고 말씀하심으로 바울이 어떠한 사람이 될 것을 명백히 하셨다. 바울은 하나님의 뜻에 따라 이방인의 사도가 된 것이다.

바울 사도는 편지를 받을 사람들을 가리켜 "성도들과 그리스도 예수 안에 있는 신실한 자들"(엡 1:1)이라고 부른다. 본문의 "성도들"이란 말은 "거룩한 자들"이란 뜻이다. 어떻게 에베소 교인들이 거룩한 자들인가? 그들은 죄가 없는 사람들인가? 그렇지 않다. 그들은 다른 사람들과 마찬가지로 모두 죄인들이다. 그러나 그들이 거룩한 자로 불리는 것은 그리스도 때문이다. 그들은 그리스도를 믿음으로 그리스도가 성취한 거룩을 전가 받게 된 것이다. 그래서 칼빈(Calvin)은 "거룩한 자 아닌 믿는 자가 있을 수 없고, 반대로 믿는 자 아닌 거룩한 자가 있을 수 없다."[14]라고 설명한다.

14 John Calvin, *The Epistles of Paul the Apostle to the Galatians, Ephesians, Philippians and Colossians,* trans T.H. L. Parker (Grand Rapids: Eerdmans, 1974), p.123.

본문에서 거룩한 자들은 성도 중 특별한 계층의 사람들을 가리키는 것이 아니요 일반 성도들을 가리킨다. 성도들은 그리스도와 연합됨으로 세상으로부터 구별된 사람들이요, 죄책이 없는 사람들이요 하나님 자신의 백성들이다. 베드로 사도는 성도들을 가리켜 "너희는 택하신 족속이요 왕 같은 제사장들이요 거룩한 나라요 그의 소유가 된 백성"(벧전 2:9, 개역개정)이라고 묘사했다. 평범한 사람들이지만 성도들은 이와 같은 특권을 소유한 존재들이다.

예수님께서 대제사장적인 기도를 드리실 때(요 17장) 그에게 속한 자들이 진리로 거룩하게 되기를 위해 기도했다(요 17:17). 여기서의 거룩은 성화적인 의미나 도덕적인 의미로 사용된 것이 아니요 세상으로부터 성별되었다는 의미로 사용된 것이다. 왜냐하면 같은 문맥에서 예수님이 "그들을 위하여 내가 나를 거룩하게 하오니 이는 그들도 진리로 거룩함을 얻게 하려 함이니이다"(요 17:19, 개역개정)라고 거룩의 의미를 한정시켜 주셨기 때문이다. 본문의 "거룩"을 도덕적 의미로 이해하면 예수님도 거룩하게 되기 이전에는 불완전했던 때가 있었다고 생각할 수밖에 없기 때문에 도덕적 의미는 본문의 뜻을 바로 나타내지 못한다. 본문은 예수님께서 십자가의 구속 사역을 위해 자신을 성별 시키는 것처럼 자신에게 딸린 사람들이 세상으로부터 성별되기를 위해 기도하신 것이다. 이처럼 성도들은 그리스도의 진리(ἀλήθεια)로 성별된 특별한 사람들이다.[15]

---

15 Kenneth S. Wuest, *Wuest's Word Studies from the Greek New Testament*, Vol. 1 (Ephesians and Colossians)(Grand Rapids: Eerdmans, 1953), pp.17~18: "The words, 'saint, sanctify, sanctification, hollow, holy, holiness' in the New Testament are all translations of this same Greek root *hagi*. The verb means 'to set apart for God', and refers to the act of the Holy Spirit

바울 사도는 또한 "그리스도 예수 안에 있는 신실한 자"(엡 1:1)라는 표현을 사용하여 수신자를 설명한다. 신실한 자는 활동하는 믿음을 가진 사람들이라는 뜻이다. 신실한 자들은 거룩한 자들과 같은 사람들이지만 약간 달리 표현한 것이다. 성도들은 단순히 마음이 선하고 좋은 인품의 사람으로 도덕적 이상을 이루기 위해 사는 사람이 아니요 예수 그리스도를 믿는 사람들이다. 예수가 주님임을 고백하는 사람들이 바로 신실한 자들인 것이다.

성도들은 그리스도를 믿는 믿음을 가졌을 뿐 아니라 그들의 생명이 그리스도 안에 존재하는 것이다(고후 4:10~12). 뿌리가 땅에 속해 있고 가지가 나무에 달려 있으며 물고기가 바다에 속해 있고 새가 공중에 속해 있는 것처럼 기독교인들의 삶의 장소는 그리스도 안에 있는 것이다.[16] 그래서 바울 사도는 "그리스도 예수 안의 신실한 자"라고 성도들을 설명한다.

바울 사도가 서신 서두에서 언급하는 인사에는 항상 은혜와 평강이 나타난다. 바울의 13서신 전체에 이 두 용어가 나타나고 있다. 그러면 은혜와 평강은 무슨 의미를 가지고 있는가? 은혜(grace)는 조건 없는 하나님의 사랑스런 호의를 뜻하고 평강(peace)은 은혜의 결

---

setting apart for God the sinner who has been elected to salvation, taking him out of the first Adam and placing him in the Last Adam. This is positional sanctification, an act performed once for all the moment the sinner places his faith in the Lord Jesus as his Saviour(This is followed by progressive sanctification, a process that goes on all through the earthly life of the Christian and continues throughout eternity, in which that person is being gradually conformed to the image of the Lord Jesus.)"

16 Francis Foulkes, *The Epistle of Paul To The Ephesians (Tyndale New Testament Commentaries*, Grand Rapids: Eerdmans, 1981), p.43.

과로 얻어진 평화로운 상태를 뜻한다. 좀 더 구체적으로 설명하면, 은혜는 인간이 죄로 인해 멸망 받아 마땅하지만 하나님께서 용서하시고 구원해 주시는 호의를 뜻하고, 평강은 하나님의 이런 호의로 인해 하나님과 화목함으로 얻는 마음의 안정과 고요함을 뜻한다. 은혜와 평강은 그리스도께서 성도에게 주신 모든 선물을 합쳐 놓은 것과 같다. 은혜와 평강의 근원은 바로 "하나님 우리 아버지와 주 예수 그리스도"(엡 1:2)이시다. 하나님의 천사 가브리엘이 마리아를 찾아와서 한 말도 "은혜를 받은 자여 평안할지어다"(눅 1:28)였다. 은혜를 받은 자만이 진정으로 평강을 누릴 수 있기 때문이다.

2. 성부 하나님의 사역(엡 1:3~6)

"찬송하리로다 하나님 곧 우리 주 예수 그리스도의 아버지께서 그리스도 안에서 하늘에 속한 모든 신령한 복을 우리에게 주시되 곧 창세 전에 그리스도 안에서 우리를 택하사 우리로 사랑 안에서 그 앞에 거룩하고 흠이 없게 하시려고 그 기쁘신 뜻대로 우리를 예정하사 예수 그리스도로 말미암아 자기의 아들들이 되게 하셨으니 이는 그가 사랑하시는 자 안에서 우리에게 거저 주시는 바 그의 은혜의 영광을 찬송하게 하려는 것이라" (엡 1:3~6, 개역개정)

(1) 하늘에 속한 신령한 복(엡 1:3)

바울 사도는 서언에 이어 하나님의 위대한 계획을 설명한다. 헬라어 원본에 나타난 처음 열두 절(엡 1:3~14)은 하나의 복문으로 되어 있다. 바울이 이 말씀을 쓸 때는 펜에 잉크를 다시 묻히지도 않았고 숨을 내쉬지도 않은 채 하나님의 그 크신 은혜로운 계획에 압도되어 단숨에 기록한 것처럼 생각된다. 전체 문단이 성도들에게 복을 주시는 하나님께 대한 찬양으로 가득 차 있다. 에베소서는 삼위일체 하나님께서 그의 백성들을 선택하시고 구속하신데 대해 고상하게 찬양하는 찬송시로 시작한다(엡 1:3~14).

바울은 제일 먼저 "찬송하리로다"(엡 1:3)로 시작한다. 이 사실은 바울 사도의 마음의 상태가 그리스도로 가득 차 있음을 증거해준다. 하나님은 인간의 찬송을 받아 마땅한 분이시다. "찬송하리로다"(εὐλογητός)라는 말은 신약에서 하나님에 대해서만 사용된 용어이다. 이런 찬송의 표현은 구약과 유대인들의 기도의 전통적 형태에서 기인한다. 사가랴(Zechariah)가 "찬송하리로다 주 이스라엘의 하나님이여"(눅 1:68)라고 말한 사가랴의 찬송은 시편 기자가 여호와 하나님의 구속 역사의 기이함을 언급하고 결론적으로 하나님을 찬송하는 것과 같다(시 41:13; 72:18~19; 89:52; 106:48). 하나님은 창조자로서 찬송을 받으시고(롬 1:25), 주 예수의 아버지로서 찬송을 받으신다(고후 11:31). "찬송하리로다"라는 용어는 인간이나 다른 피조물에 대해서는 사용되지 않았다.[17] 본문은 무한하신 하나님이 유한한 인간 경험의 영역에 들어오셔서 그리스도의 구속적 사역으로 인해 인간에게 신령한 복을 부어 주신 사실을 찬양하는 것이다. 인간의 성향은 자기중심적이요 축복에 관한한 자기가 받을 복을 먼저 생각하게 된다. 그러나 바울은 성도를 향한 하나님의 위대한 구속 계획을 보면서, 즉 성도들이 받을 복을 보면서 복 자체를 먼저 언급하지 않고 복을 주신 하나님께 찬송을 돌려 드리고 있다.

어린 자녀가 장난감을 사다 준 부모보다는 장난감 자체를 더 즐기고 좋아하는 것처럼 인간은 선후를 바꾸어 생각하는 경우가 많이 있다. 그러나 바울은 조심스럽게 그 순서를 바로 지킨다. 성도들은

---

17 H. Patsch, "εὐλογέω," *Exegetical Dictionary of the New Testament,* Vol. 2 (Grand Rapids: Eerdmans, 1991), p.80. Cf. J. B. Lightfoot, *Notes on the Epistle of St. Paul* (Hendrickson Publishers, 1995), p. 310.: "Throughout the New Testament εὐλογητός is said only of God, while εὐλογημένος is used of men."

적어도 하나님께 대한 예의는 지켜야 한다. 먼저 하나님의 은혜와 사랑에 감사한 후 우리의 필요를 요청해야 하는 것이다.

이제 성도들을 위해 예비하신 하늘에 속한 모든 신령한 복이 어떻게 마련되었으며 또 어떤 복들인지를 생각해 보기로 하자.

① 신령한 복을 얻을 수 있는 방법 — 바울 사도는 "하늘에 속한 모든 신령한 복" 앞에 "그리스도 안에서"라는 말을 붙여 신령한 복을 한정시켜 주었다. 이 말은 그리스도 밖에서는 신령한 복을 누릴 수 없다는 뜻이다. 바울 사도가 말하고 있는 신령한 복은 하나님의 일반은총에 따라 신자나 불신자나 받을 수 있는 그런 복을 가리키지 않는다. 햇빛을 선인과 악인에게 동시에 주시고 비를 신자와 불신자에게 동시에 주시는 그런 복을 가리키지 않는다. 본문의 복은 특별한 복이요 신자만이 누릴 수 있는 복이다. 그러므로 "그리스도 안에서"라고 한정시켜 준 것이다. 그리스도는 처음과 마지막이요 알파와 오메가이다. 오직 그리스도를 통해서만 신령한 복이 임할 수 있다.

어떤 이는 기독교를 절대종교로 생각하는 것은 불가하다고 주장한다. 오늘날과 같이 다원화된 세상에서는 모든 종교는 같은 역할을 하며 기독교는 그런 종교 중의 하나로서 역할을 감당한다고 주장한다. 기독교의 독선은 종교의 범주를 벗어나는 과격한 주장이라고 말한다.

그러나 하나님의 말씀은, 신령한 복을 얻을 수 있는 방법은 그리스도 한 사람만을 통해서라고 강조한다(행 4:12; 딤전 2:5). 하나님과 우리 사이에서 매개자 역할을 할 수 있는 중보는 그리스도 한 분이라는 것이다. 그리스도 안에서만 신령한 복을 받을 수 있다. 이는 우리가 그리스도와 신비적 연합을 이루기 때문이다. 신비적 연합으로 그리스도에게 성취된 모든 것이 우리의 것으로 되기 때문이다.

성도들은 예수님과 함께 살고(롬 6:8; 고후 4:14), 예수님과 함께 고난을 받으며(롬 8:17), 예수님과 함께 십자가에 못 박히고(롬 6:6), 예수님과 함께 장사 지낸 바 되고(롬 6:4), 예수님과 함께 영광에 이르고, 예수님과 함께 후사가 되었고(롬 8:17), 그리고 예수님과 함께 통치하는 것이다(딤후 2:12). 그러므로 예수님의 죽으심은 나의 죽음이요, 예수님의 부활은 나의 부활이요, 예수님의 영화롭게 되심은 나의 영화롭게 됨이다. 그러므로 그리스도 안에서의 삶은 단순히 도덕적인 의미에서의 훌륭한 삶을 가리키지 않는다. 그리스도 안에서의 삶은 "하늘에 속한" 삶인 것이다(빌 3:20 참조). 따라서 현재의 삶이 그리스도 안에서의 삶이라면 이 세상에서의 성도의 삶도 곧 하늘의 영역에 속한 삶인 것이다.[18] 하늘에 속한 삶은 이 세상의 기준으로 볼 때 최고의 가치를 구현하는 삶이다. 이처럼 성도들은 신령한 복을 그리스도 안에서 받게 된다. 그리스도 안에 있다는 말은 그리스도를 구주로 고백하는 것을 뜻한다(롬 10:9–10). 그러므로 예수를 믿는 성도들은 모두 이 신령한 복을 소유한 사람들이다.

---

18 Francis Foulkes, *The Epistle of Paul To The Ephesians*, p.46.

② 성도가 받을 신령한 복 — 성도가 그리스도 안에서 받을 복은 신령한 복이다. 바울은 오해를 없애기 위해 성도가 받을 복 앞에 "신령한"을 붙여 주었다. 우리는 복 하면 물질부터 먼저 생각한다. 많은 돈, 큰 집, 높은 지위, 막강한 권세 등을 생각하게 된다. 그러나 여기서 언급한 복은 그런 정도의 복을 가리키지 않는다. 그런 복은 세상적인 복이요 낮은 차원의 복이다. 물론 신자라고 이런 물질을 필요로 하지 않는 것은 아니다. 그러나 신자는 이런 물질을 궁극적인 대상으로 삼고 갈구해서는 안 된다. 성도들은 예수님께서 "너희는 먼저 그의 나라와 그의 의를 구하라 그리하면 이 모든 것을 너희에게 더하시리라"(마 6:33, 개역개정)라고 말씀하신 것을 기억해야 한다.

신령한 복은 성령의 역사로 임하는 복이다. 성도들의 몸은 성령의 전이다(고전 3:16; 6:19; 고후 6:16). 우리 속에 역사 하시는 성령을 통해 우리에게 신령한 복을 주시는 것이다. 성령은 우리로 하여금 세상적인 일보다 하늘의 일을 생각하게 하고 명상하게 만든다. 우리의 신앙의 척도는 바로 우리가 얼마만큼 하늘의 일을 생각하느냐로 짐작할 수 있다. 내 속에 거하시는 성령이 얼마만큼 내 결정에 참여하고 내가 진행시키는 일에 참여하시는가를 측정함으로 우리의 신앙 상태를 가늠해 볼 수 있다.

③ 모든 신령한 복 — 여기 모든 신령한 복은 먼저 "하늘에 속한" 복들이다. 오늘날 우리들의 경향은 "현재"를 강조하게 되어 있다. 오늘날 우리의 처지, 오늘날 우리의 사회, 오늘날 정치 상황, 오

늘날 경제 형편 등 오늘날이 강조되어진다. 물론 우리 생활 주변을 압박하는 요소들이기 때문에 오늘날이 강조될 수밖에 없다는 것은 이해할 만하다.

그러나 모든 신령한 복은 하늘에 속한 것임을 잊어서는 안 된다. 우리가 이런 견해를 가질 때 우리의 세계관이 바로 되고 우리의 사회관과 인생관이 바로 된다. 우리의 시민권은 하늘에 있다(빌 3:20). 우리는 순례자의 길을 가고 있다. 그러므로 우리는 결코 세상과 같아질 수 없고 이 세상을 본받을 수가 없다(롬 12:2). 성도는 세상에서 살면서 세상은 하나님의 창조 세계라는 것을 알고 하나님께 감사한다. 성도는 세상을 중요하게 생각하면서도 거기에 뿌리를 내리지 않는다. 그는 결코 그의 마음과 생각을 세상에 고정시키지 않는다(히 11:13~16). 성도들의 본향은 하늘나라요 그가 받을 복은 하늘에 속한 신령한 복이기 때문이다.

그러면 이런 복들은 어떤 복들인가? 이런 복들은 그리스도의 구속으로 성취된 것이다. 하나님과의 바른 관계에서 오는 기본적인 복들인 것이다. 신령한 복은 예수 그리스도의 죽음과 부활로 말미암아 죄에서부터 용서함 받고 하나님과 화목의 관계로 다시 복귀하게 된 것이다. 따라서 순례자의 길을 걷고 있는 성도들은 평화, 만족, 행복, 기쁨, 영광, 고통 중에서의 위로, 환난 중에서의 도움 등과 같은 신령한 복을 누리고 사는 것이다. 한 끼 식사는 건너뛸 수 있지만 마음에 평안이 없으면 살수가 없다. 진정한 만족과 기쁨은 물질이 많기 때문에 찾아오는 것이 아니라 구원받은 성도의 마음속에서 솟아 나오는 것이다. 헨드릭센

(Hendriksen)은 바울이 이 구절에서 "모든"을 사용했기 때문에 그리스도 안에서 성도가 누릴 수 있는 복 전체를 "신령한 복" 속에 포함시켜야 하지만 문맥에 비추어 정리하면 "선택"(election), "구속"(redemption), "인치심"(certification or sealing)을 신령한 복에 포함시켜야 한다고 정리한다.[19]

그런데 바울이 "그 너비와 길이와 높이와 깊이가 어떠함을 깨달아 하나님의 모든 충만하신 것으로 너희에게 충만하게 하시기를 구하노라"(엡 3:19, 개역개정)라고 말씀하신 것처럼 하나님은 우리가 이 신령한 복의 충만을 누리기를 원하신다.

하나님의 우리를 향하신 계획은 그 깊이를 헤아릴 수 없을 정도로 심오하다. 오직 우리는 하나님의 그 사랑을 생각하면서 그의 성호를 찬송할 뿐이다.

(2) 그리스도 안에서의 선택(엡 1:4)

바울은 에베소서 1:3에 이어 에베소서 1:4에서도 하나님의 사역을 계속 진술한다. "하늘에 속한 모든 신령한 복"(엡 1:3)이 어떻게 실현되었는지를 에베소서 1:4에서 설명하고 있다. 에베소서 1:3의 신령한 복은 하늘에 속한 것으로 아직 인간 영역에 전달되지 않은 상태를 설명한다. 그러나 에베소서 1:4은 하나님이 선택(election)이라

19 William Hendriksen, *Ephesians (New Testament Commentary*, Grand Rapids: Eerdmans, 1967), pp. 73-74.

는 방법으로 그의 복을 성도들에게 전해 주신 사실을 설명하는 것이다.

하늘에 속한 모든 신령한 복은 그리스도 안에서만 얻을 수 있다. 그리스도 밖에서는 신령한 복을 찾을 수가 없다. 바울 사도는 이 사실을 설명하면서 이 복은 성도들이 예수를 믿는데서 시작하지 않고 창세전에 우리를 선택하신 하나님 아버지의 사역에서부터 시작한다고 말한다. 인간의 사역이 먼저가 아니요 하나님의 사역이 먼저이다. 그루뎀(Grudem)은 "선택은 하나님이 어떤 사람들의 공적을 미리 보았기 때문이 아니라 하나님의 주권적인 선한 호의 때문에 그들을 구원하시기로 한 창세전의 하나님의 행위이다."[20]라고 정의한다. 바울은 하나님이 "창세전에 그리스도 안에서 우리를 택하셨다"(엡 1:4)고 말한다. 이 말씀은 우리에게 하나님의 선택의 원리를 제공해 준다. 하나님은 그의 자유로운 결정에 의해 그의 호의를 선택받은 자들에게 주셨다. 선택받은 자들에 대한 하나님의 사랑은 세상의 어떤 상황에 매여 있지 않다. "창세전에"란 표현은 시간적인 의미도 내포하고 있지만 또한 하나님의 선택이 하나님의 본성에 깊이 뿌리 내리고 있음을 함축하고 있다.[21] 바울은 본 구절을 통해 하나님의 선택의 오묘함을 설명하고 또한 하나님의 선택이 먼저 있었기 때문에 우리들이 신령한 복을 누릴 수 있음을 명백히 한다. 그리고 우리의 선택은 "그리스도 안에서"인 것이다. 바울은 하나님의 선택이 그

20 Wayne Grudem, *Systematic Theology* (Grand Rapids: Zondervan, 1994), p.670.

21 L. Coenen, "Elect, ἐκλέγομαι," *The New International Dictionary of New Testament Theology* (이후 *NIDNTT*로 사용), Vol.1 (Grand Rapids: Zondervan, 1975), p.542.

리스도 안에서 이루어졌음을 "그리스도 안에서 우리를 택하사"(엡 1:4), "그가 사랑하시는 자 안에서 우리에게 거저 주시는 바"(엡 1:6), "그리스도 안에서 그의 은혜의 풍성함을 따라"(엡 1:7), "그리스도 안에서 때가 찬 경륜을 위하여 예정하신 것이니"(엡 1:9), "그리스도 안에서 통일되게 하려 하심이라"(엡 1:10), "우리가 그리스도 안에서 전부터 바라던"(엡 1:12) 등의 표현을 사용함으로 성도들의 신령한 복이 그리스도 안에서 실현되었음을 확실하게 한다. 머레이(Murray)는 "우리가 선택에 내포된 모든 것을 다 이해할 수 없지만 명백한 사실은 영원 전에 있었던 아버지의 선택이 그리스도를 떠나서는 존재하지 않았다는 것이다."[22]라고 설명한다.

본 구절은 기독교의 선택 교리에 대하여 잘 설명해 주고 있다. 하나님은 성도들을 택하시되 세상이 창조되기 전에 선택하신다. 이 사실은 하나님의 선택이 무조건적이었음을 증거해 준다. 세상이 만들어지기 전에 인간이 무슨 공로를 세울 수 있었겠는가. 사람이 세상에 존재하기도 전인데 어떻게 공로를 세울 수 있었겠는가. 하나님은 인간의 공로에 의존하지 않고 아무런 조건 없이 우리를 선택해 주셨다.

모울(Moule)은 "우리들의 구원을 위한 그의(하나님의) 작정은 그렇게도 주권적이요 그렇게도 숭고하며 그렇게도 측량할 수 없도록 우리보다 먼저이고 시간적으로는 현세 이전이며 공간과 범위에 있어

22 John Murray, *Redemption Accomplished and Applied* (Grand Rapids: Eerdmans, 1968), p. 162.

서는 현세를 초월하는 것이다."[23]라고 말함으로 하나님의 선택을 생생하게 설명하고 있다.

바울은 야곱과 에서의 관계로 선택을 설명하면서 "그 자식들이 아직 나지도 아니하고 무슨 선이나 악을 행하지 아니한 때에 택하심을 따라 되는 하나님의 뜻이 행위로 말미암지 않고 오직 부르시는 이로 말미암아 서게 하려 하사"(롬 9:11, 개역개정)라고 말한다. 여기서 우리는 하나님의 지혜와 사랑의 오묘함을 볼 수 있다.

어떤 이들은 하나님이 무조건 선택한다는 것은 논리적으로 맞지 않을 뿐만 아니라 하나님이 불의를 행한 것이라고 생각하여 하나님의 선택에 조건을 제시해 보려고 노력한다. 그들은 하나님이 모든 것을 아시기[全知]때문에 선택받는 자가 장차 믿음을 가질 것과 선한 일을 행할 것을 미리 아시고 그 믿음과 선행을 근거로 택하셨다고 주장한다.

그러나 아담 안에서 타락한 인간에게는 믿을 수 있는 능력이나 선을 행할 능력이 전혀 없다(롬 5:12). 성경은 모든 사람이 죄를 범했고 따라서 모든 사람은 정죄 받아 죽어 마땅하다고 말한다(롬 6:23). 그러므로 하나님이 어떤 사람을 선택하여 구원에 이르게 하심이 다른 사람들에게 불의를 행하신 것으로 생각할 수 없는 것이다. 선택받지 못한 자들은 그들의 죄 때문에 정죄 받은 것뿐이다. 오히려 하나님의 구원 행위는 구원받은 사람들에게 베풀어주신 하나님의 은

23 H. C. G. Moule, *Ephesian Studies* (New York: George H. Doran Company, n.d.) p.28: "So sovereign, so sublime, so immeasurably antecedent to ourselves, was that decree for our salvation; so ante-mundane in date, so supramundane in sphere and scope."

혜로 생각해야 한다.

하나님의 무조건적 선택을 수긍하지 못하는 사람들은 또, 만약 하나님이 우리를 무조건 선택했다면 우리는 방종에 빠지기 쉽다고 이의를 제기한다. 인간의 공로가 전혀 가산되지 않고 아무런 조건 없이 선택했다면 아무렇게나 살아도 선택받은 자는 구원을 얻게 되고 선택받지 못한 자는 지옥에 빠지게 될 것이 아니냐고 말한다.

그러나 하나님의 예정과 선택은 목적만 정해 두신 것이 아니요, 목적을 성취할 수단까지도 포함하여 정해 두셨다. 그러므로 하나님은 선택받은 자가 은혜로 시작된 것을 영광으로 완성할 때까지 인내하고 거룩 안에서 성장할 수 있도록 능력도 함께 주신다(빌 1:6; 2:12~13; 살후 2:13). 따라서 선택 교리는 메마른 신학적 주제에 그치는 것이 아니요 매일의 구속 경험 속에서 성도들이 겪는 생동력 있는 교리이다.

케네드 웨스트(Wuest)는 "우리는 여기서(본 구절) 하나님께서 한 죄인의 구원을 위해 취하신 세 단계를 본다. 하나님 아버지께서 인류 가운데서 그를 선택하신다. 이 선택은 성령의 구별하는 사역의 영역 안에서 이루어지며 성령은 그 죄인을 주 예수를 믿는 믿음의 행위로 이끄신다. 그 믿음은 성자 하나님이 그의 고귀한 피로 그를 정결하게 하심으로 응답 받는다. 즉 하나님 아버지가 선택하시고 성령 하나님이 믿음의 행위로 이끄시고 그리고 아들 하나님이 그의 고귀한 피로 믿는 죄인을 깨끗하게 하신다."[24]라며 죄인의 구원을 위해 삼위일체 하나님이 구체적으로 관계되어 있음을 설명한다. 이처럼 하나님의 예정과 선

24 Kenneth S. Wuest. *Wuest's Word Studies from the Greek New Testament*, Vol. 1, p.30.

택은 결과를 보장하는 하나님의 지혜에서 나온 것이다.

하나님의 무조건적 선택 교리는 다음과 같은 진리를 포함하고 있다.

첫째, 선택의 대상은 개인이지 공동체나 국가가 아니다. 하나님은 인류 중 얼마를 예수 그리스도 안에서 개인적으로 선택하신 것이다.

둘째, 선택은 무조건적인 선택이다. 인간의 거룩이 선택의 근거가 될 수 없다. 사람이 거룩하게 되기 위하여 선택받았다면 그가 거룩하기 때문에 선택받았다고 말할 수는 없는 것이다.

셋째, 선택받은 자는 거룩한 삶을 살도록 노력해야 한다. 성도의 거룩한 삶은 선택받았다는 증거가 된다. 죄 가운데 살면서 거룩한 삶을 위해 선택받았다고 주장하는 것은 논리적으로도 타당하지 않다.[25]

하나님의 선택은 하나님의 주권과 뗄 수 없는 관계에 있으며 하나님의 깊은 사랑을 깨닫게 해주는 교리이다. 하나님의 선택과 사랑은 뗄 수 없는 관계이다. 그래서 머레이는 "미리 아심(foreknowledge)은 '미리 사랑하심'(forelove)과 동의어이고 그래서 '미리 아신 자들'(롬 8:29)은 그리스도 안에서 선택받은 자들과 같은 의미이다(엡 1:4)."[26]라고 설명한다. 하나님이 나를 무조건 선택했다고 믿는 것은 나의 미래를 내 손에 맡기지 않고 전능하신 하나님의 손에 맡기는 것이다. 나의 구원과 미래가 내 손에 달려있다면 얼마나 불안하겠는가. 그러나 하나님의 지혜는 우리의 장래를 그분 자신의 손이 붙들고 계시도록 계획하시고 또

25 Geoffrey B. Wilson, *Ephesians* (Carlisle: The Banner of Truth Trust, 1978), p.21.

26 John Murray, "Elect, Election," *Baker's Dictionary of Theology* (Grand Rapids: Baker, 1975), p. 180.

진행하도록 만드셨다. 이 얼마나 마음 든든하고 감사한 일인가. 하나님이 나를 무조건 택했다고 생각하는 것은 나에게 속죄의 확신과 기쁨을 가져다준다. 왜냐하면 하나님은 신실하시고 능력이 많으시기 때문이다.

(3) 하나님이 우리를 선택한 이유(엡 1:5~6)

바울은 하나님이 우리를 택하신 이유를 "우리로 사랑 안에서 그 앞에 거룩하고 흠이 없게 하시려고"(엡 1:4)라고 설명한다. 먼저 이 구절의 중요한 용어들을 생각해 보자.

첫째, "사랑 안에서"를 생각해 보자. 어떤 이는 "사랑 안에서"를 "하나님의 선택"과 연관시킨다. 즉 하나님이 사랑 안에서 우리를 선택하셨다는 것이다. 또 어떤 이는 "사랑 안에서"를 다음 절(5절)에 나오는 예정과 연관시킨다(ARSV). 즉 하나님이 사랑 안에서 우리를 예정하셨다는 것이다. 이 두 가지 해석은 "사랑 안에서"를 하나님의 특성으로 생각한 해석이다. "사랑 안에서"가 하나님이 어떤 분인가를 묘사하고 있는 것이다. 이렇게 해석해도 잘못이 없는 줄 안다.

그러나 본문에서 더 자연스러운 해석은 "사랑 안에서"와 "그 앞에 거룩하고 흠이 없게"(AV, 개역, 개역개정)를 연결시키는 것이다. 이 해석은 "사랑 안에서"를 구원받은 자의 특성으로 생각하는 것이다. 그리스도 안에서 구원받은 자가 하나님을 미워하는 자리를 떠나 하나님을 사랑하는 자로서 하나님 앞에 흠 없고 거룩하게 설 수 있게 되었다고 생각하는 것이다. 성도의 사랑은 하나님을 공경하는 증거가 되며 또한 율법을 순종하는 증거가 된다.[27]

둘째, "그 앞에"를 생각해 보자. 이 말씀은 "하나님의 면전에서," "하나님과 교통하면서," "하나님과 동행하면서" 등의 뜻을 가지고 있다. 그러므로 "그 앞에"는 우리들이 실제적으로 하나님의 면전에서 살고 있다는 뜻이다. 하나님의 면전에서 산다는 뜻이 무엇인가? 그 뜻은 구원받은 성도가 무슨 일을 하든지 하나님을 의식하면서 해야 한다는 것이다. 그런 의식을 가지고 살 때 "거룩하고 흠이 없게" 살 수 있는 것이다. 그리스도 안에서 선택받은 자들은 하나님 면전에 담대히 나아갈 수 있을 뿐 아니라 하나님과 교제하면서 살 수가 있다. 이는 그 자신의 공로 때문이 아니요, 그리스도의 공로로 인한 것이다. 보이스(Boice)는 하나님의 선택을 받은 성도는 성도들 사이에서 교만하지 않으며, 하나님을 더욱 더 사랑하게 되고, 복음을 열심히 전하게 된다고 정리한다.[28]

셋째, "거룩하고 흠이 없게"를 생각해 보자. 여기서 "거룩"은 내적 순결의 상태를 묘사하고 "흠이 없게"는 순결의 외적 조건을 뜻한다.[29] 그러므로 "거룩하고 흠이 없게"는 내적으로, 외적으로 완전한

---

27 John Calvin, *The Epistles of Paul The Apostle to the Galatians, Ephesians, Philippians and Colossians*, p. 126: "If you refer the word 'love' to God, the meaning will be, that the only reason why He chose us, was His love for mankind. But I prefer to take it with the latter part of the verse, as denoting that the perfection of believers consists in love; not that God requires love alone, but that it is an evidence of the fear of God, and of obedience to the whole law."

28 James M. Boice, *Foundations of the Christian Faith* (Downers Grove: InterVarsity Press, 1986), p. 517.

29 D.M. Lloyd-Jones, *God's Ultimate Purpose* (Carlisle: The Banner of Truth Trust, 1978),

순결을 뜻한다. 바울은 그리스도의 교회를 향한 궁극적 목적이 "티나 주름 잡힌 것이나 이런 것들이 없이 거룩하고 흠이 없게 하려 하심"(엡 5:27, 개역개정)이라고 본서의 다른 곳에서 설명한다. 교회는 순결할 뿐만 아니라 흠이 없어야 한다.

이상에서 나타난 대로 바울은 하나님이 우리를 선택하신 이유는 우리로 하여금 하나님을 진정으로 사랑하고 그의 면전에서 안으로 순결하고 밖으로 흠이 없는 완전한 자들로 나타날 수 있도록 하기 위해서라고 말한다. 하나님께서 우리를 그리스도 안에서 선택하신 것은 우리로 하여금 하나님 앞에 거룩하고 흠 없게 설 수 있도록 만들기 위함이었다.

그렇다면 하나님의 선택의 목적이 우리들의 거룩에 있는가? 인간이 거룩하게만 되면 하나님의 목적이 모두 성취되는가? 그것은 그렇지 않다. 하나님이 우리를 선택하신 것은 하나님 자신의 영광을 위한 것이다.[30] 인간의 거룩이나 흠 없는 것과 같은 덕목들은 선택에서 오는 열매로 나타나는 것이다. 칼빈(Calvin)은 하나님의 영광이 최고의 목적이요 우리의 성화는 그 목적에 따른 부수적인 것이라고 잘 말했다.[31] 바울은 하나님의 사역을 마무리 짓는 에베소서 1:6 하반절에 "그의 은혜의 영광을 찬송하게 하려는 것이라"라고 하나

p.96.

30 본문 1:4의 ἐξελέξατο는 단순과거 중간태형이다. 이 사실은 하나님께서 성도들을 택하신 목적이 하나님 자신을 위한 것임을 증거 한다. 결국 하나님이 성도들을 택하신 것은 성도들로 하여금 하나님의 은혜의 영광을 찬미하게 하시기 위해서이다(엡 1:6, 12, 14).

31 John Calvin, *The Epistles of Paul the Apostle to the Galatians, Ephesians, Philippians and Colossians*, p 125.

님의 영광이 우리를 선택하신 궁극적 목적임을 잘 설명하고 있다.

(4) 하나님의 예정(엡 1:5)

바울은 에베소서 1:5에서도 계속해서 하나님의 우리를 향한 계획을 설명한다. 하나님은 그 기쁘신 뜻대로 우리를 예정하신 것이다. 바울은 에베소서 1:4에서 '선택'이라는 용어를 사용하고 에베소서 1:5에서는 '예정'이라는 용어를 사용한다. 바울이 한 가지의 개념만 생각하고 있었다면 구태여 두 가지의 용어를 사용하지 않았을 것이다. 그러므로 바울 사도가 같은 말을 반복해서 사용하고 있다고 생각할 수 없다. 예정과 선택에는 중요한 차이가 있다.

예정은 미리 결정하여 미리 선포한다는 뜻이 있다. 바울 사도는 예정이란 용어를 사용하여 하나님의 궁극적 계획 자체를 말씀하고 있다. 예정은 하나님의 계획 자체에 강조를 둔 용어이다. 그러나 선택은 하나님의 계획을 수행할 수 있도록 하기 위해 하나님께서 사용한 방법이나 수단을 강조하는 용어이다. 예정과 선택이 다른 것은 예정은 하나님의 궁극적 목적, 즉 하나님의 계획을 강조하는 반면, 선택은 그 계획을 실행시키는 방법을 강조하는 데에 있다.

그러나 바울은 본문 에베소서 1:4~5에서 선택과 예정을 같이 사용하고 있다. 비록 선택과 예정의 차이점이 있을지라도 하나님이 예정한 사람들이 결국 선택받는 자들이기 때문에 성도들의 구원 경험을 생각할 때는 선택과 예정에 큰 차이를 둘 수는 없다.

(5) 하나님의 자녀로 수양(엡 1:5)

본문의 "자기의 아들들이 되게 하셨다"는 말은 하나님이 성도들을 수양(收養)했다는 뜻이다. 수양(adoption)이란 말은 신약저자 중 바울만이 사용했다(롬 8:15, 23; 9:4; 갈 4:5; 엡 1:5). 수양이란 용어는 한 번도 그리스도에게 적용된 적이 없다. 수양은 구원받은 성도들에게만 적용되는 용어이다. 사도 요한은 수양이란 말을 사용하지 않았지만 같은 사상을 우리에게 전한다. "영접하는 자 곧 그 이름을 믿는 자들에게는 하나님의 자녀가 되는 권세를 주셨으니"(요 1:12, 개역개정)라고 증언한다. 바울은 본문에서 "예수 그리스도로 말미암아 자기의 아들들이 되게 하셨다"라고 전한다.

수양이란 말은 유대인들에게는 익숙하지 않은 단어이며 로마인들이 흔히 사용한 말이다. 바울 사도는 로마 시민으로서 이 용어에 익숙했기 때문에 이 용어를 사용했다. 로마의 법에 의하면 수양된 사람은 수양한 사람의 이름을 사용하며 그 재산을 상속받을 수 있게 된다. 수양된 순간부터 절대적인 법적 권한을 얻게 되는 것이다. 수양된 자는 양아버지의 권한과 특권을 소유하게 된다. 하지만 수양 받은 자가 누리는 축복과 위치는 그에게 무슨 권한이 있어서가 아니라 순전히 은혜로 말미암아 된 것이다.[32]

바울 사도는 이 용어를 사용하여 신자들의 입장을 잘 설명해 주고 있다. 신자들은 하나님의 자녀로 수양됨으로 하나님의 아들로서

32 Francis Foulkes, *The Epistle of Paul To The Ephesians,* p.47: "Adoption — a Roman and not a Jewish Practice— is the best way to describe this(cf. Rom. viii. 15, 23, Gal. iv.5),

의 특권을 누리게 되는 것이다. 수양이라는 용어는 관계와 입장을 강조하는 용어이다. 수양 받은 자는 피의 관계로 맺어진 관계는 아니지만 법적인 관계를 보장받는다. 여기서 수양이란 성도들이 새로운 피조물로서 하나님과 새로운 관계에 있다는 것을 선포하는 것이다. 우리들이 하나님의 자녀들로서 하나님의 가족의 일원이 된 것과 특권을 소유한 것을 의미한 말이다. 바울은 본문에서 이 말을 사용함으로 우리들이 어떠한 위치에 있으며 어떠한 형편에 있다는 것을 알리고 있다. 그러므로 바울은 "자녀이면 또한 상속자 곧 하나님의 상속자요 그리스도와 함께 한 상속자"(롬 8:17, 개역개정)라고 담대히 선포한다.

수양된 자는 구속의 궁극적인 목적을 즐기는 것이다. 사실상 수양은 하나님의 사랑의 최고의 표현이다. 수양된 자는 "그리스도와 함께 한 상속자"라는 표현이나(롬 8:17) 성도가 "하나님으로 말미암아 유업을 받을 자"(갈 4:7)라는 표현은 하나님의 사랑의 절정을 보여준다. 수양으로 우리들이 얻게 되는 것들은 썩지 않을 것이며 영원한 것이다. 우리가 보는 모든 것은 썩을 것이며 없어질 것이지만 수양이 보증해 주는 것은 영원하다. 그것들은 세상적인 것과 비교할 수 없는 것이다. 부자와 나사로의 비유에서(눅 16:19~31) 그 예를 찾아볼 수 있다.

수양된 자들은 다음과 같은 영적인 축복을 누리고 산다.

---

because an adopted son has his position by grace and not by right, and yet is brought into the family on the same footing as a son by birth."

첫째, 하나님의 이름을 사용할 수 있다. 우리는 하나님의 자녀인 것이다. 하나님은 예수 그리스도로 말미암아 성도들을 "자기의 아들들"로 만드셨다(엡 1:5; 요 1:12; 갈 3:26).

둘째, 수양된 자는 하나님의 아들의 영을 소유하게 된다. 하나님께서 그의 아들의 영을 우리 속에 거하게 하신다. 얼마나 귀한 특권인가? 우리는 하나님의 상속자요 그리스도와 함께 한 상속자이다(롬 8:17). 우리는 하나님 나라를 유업으로 받을 것이다(마 5:3, 5).

셋째, 수양된 자는 세상을 판단하게 될 것이다(고전 6:2-3). 우리들은 하나님의 아들들이기 때문에 천사들을 판단하게 될 것이다(엡 3:10; 히 1:7). 날이 이르면 우리들이 하나님의 아들이기 때문에 세상과 천사를 판단하게 되는 것이다.

넷째, 수양된 자들은 결국 하나님의 아들 예수 그리스도의 형상을 닮게 될 것이다. 하나님이 우리를 예정하시고 선택하셔서 구원받은 자의 반열에 속하게 하신 목적은 우리를 그의 아들로 삼으시고 종국에는 그의 독생자의 형상을 닮게 하시기 위해서이다. 바울은 부활 장에서 "우리가 흙에 속한 자의 형상을 입은 것같이 또한 하늘에 속한 이의 형상을 입으리라"(고전 15:49, 개역개정)고 말함으로 이를 확실시 한다(참조, 롬 8:29; 빌 3:21; 요일 3:2).

이 얼마나 엄청난 특권인가? 연약하고 흠 많은 우리가 하나님의 자녀가 되었다는 것은 자다가도 깜짝 놀랄 일이 아닌가? 하나님은 이 일을 창세전에 예정하시고 우리를 선택하시어 오늘의 우리를 만든 것이다.

(6) 성도의 목적(엡 1:6)

바울 사도는 하나님께서 우리를 예정하시고 그리스도 안에서 선택하심으로 우리에게 하늘의 신령한 복을 주시고 하나님의 자녀로 삼아주신 것은 성도들로 하여금 하나님의 "은혜의 영광을 찬송하게 하려는 것이라"(엡 1:6)고 말한다, 웨스트민스터 소요리 문답 제1문의 답은 "사람의 제일 되는 목적은 하나님을 영화롭게 하는 것과 영원토록 그를 즐거워하는 것이다"라고 잘 말하고 있다.

죄로 인해 죽을 수밖에 없는 인간은 하나님의 신령한 것을 원할 수가 없었다. 그런데 하나님께서 그의 은혜와 자비를 통해 죄인을 구속하셔서 하나님의 자녀로 삼아주신 것이다. 따라서 성도의 삶의 목적은 하나님을 영화롭게 하며 영원토록 그를 즐거워해야 하는 것이다. 이제 좀 더 구체적으로 생각해보자.

첫째, 하나님은 성도들을 그의 사랑하시는 자들로 만드셨다. 본문은 하나님께서 "그가 사랑하시는 자 안에서"(엡 1:6) 성도들을 구원하셨다고 말한다. "그가 사랑하시는 자"가 누구인가? 그는 예수 그리스도를 가리킨다. 예수님께서 세례 요한에게 세례를 받으실 때 하나님은 예수님을 인 쳐주셨다. 하나님은 예수님 위에 성령을 내리시고 예수님을 가리켜 "이는 내 사랑하는 아들이요 내 기뻐하는 자라(마 3:17; 눅 3:22)라고 선언하신다.

하나님은 우리의 구원을 위해 그의 사랑하시는 자를 이 세상에 보낸 것이다. 이는 하나님께서 우리를 향해 표현하신 사랑의 표현이다. "하나님이 세상을 이처럼 사랑하사 독생자를 주셨으니"(요

3:16)나 "때가 차매 하나님이 그 아들을 보내사"(갈 4:4)라는 구절은 하나님의 사랑이 얼마나 희생적인 사랑인지를 말해주고 있다. 하나님은 그가 가장 사랑하는 독생자를 희생하면서까지 우리를 사랑하셨다. 하나님께서 우리를 의롭다고 하시기 위해 죄를 알지도 못한 그가 사랑하시는 자로 우리를 대신하여 죄를 삼으셨다(고후 5:21).

이렇게 하신 것은 우리가 "그가 사랑하시는 자"와 하나가 되어 우리도 하나님의 사랑하시는 자가 되어서 하나님의 사랑을 받을 수 있게 하기 위해서이다. 성도들은 하나님의 아들 예수 그리스도와 함께 된 상속자로서 하나님의 사랑을 받는 자들이 되었다. 죄로 인해 하나님의 저주와 징계를 받아 마땅할 우리들이 아무런 공로도 없이 하나님의 사랑과 자비로 인해 하나님의 사랑을 받는 자가 되었다.

칼빈(Calvin)은 "하나님의 아들이 사람의 아들이 된 것은 사람의 아들들로 하여금 하나님의 아들들이 되게 하기 위해서이다."[33]라고 말했다. 이처럼 우리들을 구원하신 궁극적 목적은 우리를 하나님의 아들로 삼아 하나님의 사랑하시는 자로 만드는 것이었다. "너희는 하나님이 택하사 거룩하고 사랑 받는 자처럼 긍휼과 자비와 겸손과 온유와 오래 참음을 옷 입고"(골 3:12, 개역개정)의 말씀이나 "주께서 사랑하시는 형제들아"(살후 2:13) 등의 구절은 성도들이 법적으로 의롭게 된 상태에 그치지 않고 하나님의 사랑을 받는 자들임을 증거한다.

둘째, 성도들의 구원은 하나님의 영광의 표현이다. 하나님께서

33 Cf. John Calvin, *The Epistles of Paul the Apostle to the Galatians, Ephesians, Philippians and Colossians*, p. 134.

우리를 구원하신 궁극적 목적은 우리로 하여금 하나님의 영광을 찬송하게 하시기 위해서이다. 하나님께서 우리를 선택하사 거룩하게 하시고 자기의 아들들로 삼으신 것은 우리로 하여금 하나님의 은혜의 영광을 찬송하게 하시기 위해서이다.

그러면 우리의 구원이 왜 하나님의 영광의 표현인가? 성경은 하나님의 아들이 이 땅 위에 오신 것을 영광과 찬미의 사건으로 묘사한다. "지극히 높은 곳에서는 하나님께 영광이요 땅에서는 하나님이 기뻐하신 사람들 중에 평화로다"(눅 2:14, 개역개정). 그런데 그리스도의 강림은 우리들의 구원을 위해서이다. 그리스도의 수난, 십자가의 죽으심, 부활, 그리고 승천, 이 모든 사건들이 우리들의 구원을 위해서 이루어진 것이다. 구속 성취를 위한 그리스도의 사건이 하나님의 영광의 표현이기 때문에 우리들의 구원 역시 하나님의 영광의 표현인 것이다.

성도들의 구원은 하나님의 지혜의 표현이다. 인간의 지혜로는 도저히 이해할 수 없는 방법으로 인간을 구원하신 것이다(고전 1:20~25). 죄의 삯은 사망이기 때문에 죽을 수밖에 없는 인간에게 그리스도의 죽음을 통해 생명을 제공하신 사실은 하나님의 지혜가 아니고는 이룰 수 없는 신비인 것이다(롬 6:23).

성도의 구원은 하나님의 영광의 표현이요, 하나님의 지혜의 표현이요, 하나님의 사랑과 의의 표현이다. 그러므로 구원받은 자는 구원하신 자의 은혜의 영광을 찬송해야 하는 것이다. 하나님께서 창세 전에 우리를 예정하시고 그리스도 안에서 선택하신 것은 "그가 사랑하시는 자 안에서 우리에게 거저 주시는 바 그의 은혜의 영광을 찬송하게 하려는 것이다"(엡 1:6, 개역개정). 이처럼 에베소서 1:4~6의 내용은 우리를 위해 그리스도 안에서 이루신 하나님의 사역을 깊이 있게 진술해 주고 있음을 볼 수 있다.

3. 성자 예수 그리스도의 사역(엡 1:7~12)

"우리는 그리스도 안에서 그의 은혜의 풍성함을 따라 그의 피로 말미암아 속량 곧 죄 사함을 받았느니라 이는 그가 모든 지혜와 총명을 우리에게 넘치게 하사 그 뜻의 비밀을 우리에게 알리신 것이요 그의 기뻐하심을 따라 그리스도 안에서 때가 찬 경륜을 위하여 예정하신 것이니 하늘에 있는 것이나 땅에 있는 것이 다 그리스도 안에서 통일되게 하려 하심이라 모든 일을 그의 뜻의 결정대로 일하시는 이의 계획을 따라 우리가 예정을 입어 그 안에서 기업이 되었으니 이는 우리가 그리스도 안에서 전부터 바라던 그의 영광의 찬송이 되게 하려 하심이라" (엡 1:7~12, 개역개정)

바울 사도는 성도들의 구원이 삼위일체 하나님의 사역임을 명백히 한다. 에베소서 1:3~6에서는 하나님 아버지께서 성도들의 구원을 위해 무슨 사역을 하셨는지 설명하고, 에베소서 1:7~12에서는 예수 그리스도가 어떤 사역으로 성도들의 구원을 성취하셨는지 설명한다. 그리고 에베소서 1:13, 14은 성도들의 구원에 관한 성령 하나님의 사역을 잘 설명하고 있다.

본문은 성도들의 구원을 위한 성자 예수 그리스도의 사역을 설명하고 있다. 그리스도께서 성도들의 구원을 위해 어떤 사역을 하셨는가?

(1) 하나님의 은혜의 풍성함(엡 1:7)

바울은 성도들의 구속이 하나님의 은혜의 풍성함에 따라 이루어졌다고 말한다(엡 1:7). 우리는 하나님의 은혜를 받을만한 자격도 공적도 가지고 있지 않았다. 그러나 하나님께서 무조건적인 호의로 우리를 사랑하셔서 우리를 죄 가운데서 구속해 주신 것이다. "우리가 아직 죄인 되었을 때에 그리스도께서 우리를 위하여 죽으심으로 하나님께서 우리에 대한 자기의 사랑을 확증하셨느니라"(롬 5:8, 개역개정). 은혜는 죄인들을 향한 하나님의 무조건적인 호의를 가리킨다. 은혜라는 용어는 바울 서신 가운데서 큰 비중을 차지하고 있다. 은혜는 평강과 함께 바울이 쓴 13서신 전체에서 바울이 수신자들을 축복하는 인사말에 포함되어 나온다. 은혜와 평강이 바울의 모든 편지 서두에 함께 등장하는 것은 바울이 그 당시 편지 쓰는 형식을 활용한 이유도 있지만 실질적으로 바울 자신의 구속 경험을 표현한 것이다.

바울은 자신이 얼마만큼 하나님의 교회를 핍박하고 잔해 했으며 유대교에 열심이었는지를 설명한 다음(갈 1:13, 14), "그러나 내 어머니의 태로부터 나를 택정하시고 그의 은혜로 나를 부르신 이가 그의 아들을 이방에 전하기 위하여 그를 내 속에 나타내시기를 기뻐하셨을 때에 내가 곧 혈육과 의논하지 아니하고"(갈 1:15~16, 개역개정)라고 자신의 구원이 하나님의 은혜로 된 것임을 고백한다. 바울은 또 다른 곳에서 "내가 나 된 것은 하나님의 은혜로 된 것이니 내게 주신 그의 은혜가 헛되지 아니하여 내가 모든 사도보다 더 많이 수고하였으나 내가 한 것이 아니요 오직 나와 함께하신 하나님의 은혜로라"(고전 15:10, 개역개정)라고 하나님의 은혜가 아니면 그 당시의 자신이 존재할 수 없음을 고백한다. 은혜는 이처럼 죄인 편에서 아무 것도 내세울 수 없을 때 하나님께서 먼저 사랑과 호의를 베풀어주신 것이다.

그런데 바울은 죄인들을 향한 하나님의 사랑과 호의가 풍성한 것이었다고 말한다. "풍성함"이란 용어는 바울이 즐겨 쓰는 용어이다(롬 2:4; 9:23; 11:12, 33; 고후 8:2; 빌 4:19; 골 1:27). 그리고 에베소서에서도 "풍성함"이란 용어를 자주 사용했다(엡 1:7, 18; 2:7; 3:8, 16). 바울 사도는 여기서 풍성함이란 말로 하나님께서 성도들의 구속을 위해 지불하신 대가가 엄청났음을 표현하고 싶어 한다. 칼빈(Calvin)은 바울이 넘친다(overflow)는 뜻의 단어 "풍성함"을 여기에 사용한 것은 하나님의 친절 혹은 호의를 확대시켜 사람들의 마음이

경이로 완전히 차게 하기 위해서라고 설명한다.[34]

사실 성도들의 구원은 하나님께서 이루신 경이적인 사건이다. 사람은 죄를 짓지만 그 죄 문제를 해결하지 못한다. 죄 문제를 해결하기보다는 자기가 지은 죄에 엉켜 죄의 노예가 되고 만다. 그것이 인간의 참 모습이다. 그런데 하나님께서 하나님의 지혜와 방법으로 인간의 죄 문제를 해결하시고 구속해주신 것이다. 이 사실이 하나님의 은혜의 풍성함을 따라 이루어진 것이 아니고 무엇이겠는가. 성도들이 하나님의 은혜의 풍성함을 생각할 때 몇 가지의 구체적인 사실을 알고 감사해야 한다.

첫째, 성도들은 하나님의 은혜의 풍성함을 생각할 때 하나님께서 성도들을 위해 지불하신 값의 고귀함을 깨달아야 한다. 하나님이 지불하신 값은 하나님의 독생자 예수 그리스도의 피이다. 하나님은 금이나 은으로 우리를 구하신 것이 아니요, 그리스도의 피로 우리를 구하셨다(참조, 요 1:13; 행 20:28; 롬 3:25).

둘째, 성도들은 하나님의 은혜의 풍성함을 생각할 때 성도들의 구속은 인간의 작품이 아니요 하나님의 작품임을 알아야 한다. 우리가 요구해서 우리들의 구속이 성취된 것이 아니요 하나님께서 자진해서 우리에게 구속을 베푸신 것이다. 이처럼 성도들이 받은 은혜는 오로지 하나님에게서 온 것이다.

셋째, 성도들은 하나님의 은혜의 풍성함을 생각할 때 하나님께서 성도들의 구속을 어쩔 수 없어서 행하신 것이 아니요 기쁨으로

---

34 John Calvin, *The Epistles of Paul the Apostle to the Galatians, Ephesians, Philippians and Colossians*, p.128.

행하셨다는 사실을 인식해야 한다. 이 사실은 성도들로 하여금 하나님을 더욱 더 경외하게 만든다. 바로 이 점이 죄인까지도 사랑하시고 호의를 베푸실 수 있는 하나님의 모습을 우리에게 설명해 준다.

넷째, 성도들이 하나님의 은혜의 풍성함을 생각할 때 우리의 구속의 완전함을 인식해야 한다. 성도들의 구속은 보충이 필요하지 않다. 성도들의 구속은 그리스도의 사역으로서 그것은 완전무결하며 죄인을 의인으로 만드시사 하나님이 사랑하실 수 있는 대상이 되게 하셨고 그리스도와 함께 한 상속자로(롬 8:17) 하나님의 자녀들이 될 수 있게 한 것이다.

(2) 그리스도의 피(엡 1:7)

하나님의 은혜의 풍성함은 성도들을 위해 독생자 그리스도를 저주의 나무 위에서 피 흘려 죽게 하심으로 구체화된다. 성도들의 구속을 위해 그리스도의 피가 필요한 것이다. 성경은 "피 흘림이 없은즉 사함이 없느니라"(히 9:22)라는 말씀과 "죄의 삯은 사망이요"(롬 6:23)라는 말씀으로 사망의 원인이 죄임을 확실하게 한다. 따라서 하나님은 사망의 문제를 해결하기 위해 "죄를 알지도 못하신 이를 우리를 대신하여 죄로 삼으시고"(고후 5:21) 예수 그리스도로 하여금 피를 흘리게 하시사 화목제물로 삼으신 것이다(롬 3:25).

"예수님의 피로 말미암아"는 예수 그리스도의 십자가의 대속적인 죽음을 직접적으로 가리킨다. 윌슨(Wilson)은 "'그의 피로 말미암아'는 그리스도께서 사랑하시며 세상에 오셔서 그의 모든 것을 값으로 지불하고 사신 교회를 구성하는 그들의 임명된 대리자로서 기꺼이 참아 내신 잔혹하고 치욕적인 죽음을 날카롭게 상기시킨다."[35]라고 바로 해석했다. 하지(Hodge)는 "대속적인 고난은 한 사람이 다른 사람을 대신해서 즉 그 사람의 자리에서 겪는 고난을 말한다. 그것은 반드시 고난을 받아야 할 사람이 받을 고난의 면제를 생각한다. 대속자는 대리자로서 다른 사람의 자리를 취하여 그를 위해 행동하는 사람이다."[36]라고 설명한다. 그리스도는 우리의 자리를 대신해서 우리가 받을 고난을 대신 받으신 것이다.

바울 사도가 성도들의 구속을 말하면서 그리스도의 죽음으로 성도가 구속받았다고 말하지 않고 그리스도의 피로 구속받았다고 말한 것은 구체성을 가지고 설명한 것이다. 인간은 죄인이기 때문에 마땅히 정죄 받아 사망에 이를 수밖에 없다. 따라서 하나님은 그의 공의로 인간을 멸망시킬 수밖에 없다. 여기에 우리의 죽음을 대신할 그리스도의 피가 필요한 것이다. 하나님은 의로우신 분으로 죄를 그냥 넘길 수 없기 때문에 그리스도의 생명, 그의 피로 말미암아 우리의 죄를 용서하신 것이다. 따라서 하나님은 성도들의 죄를 용서하셨지만 하나님 자신의 의로움에도 손상을 입히지 않은 것이다.

여기서 하나님의 지혜의 완전함을 찾아볼 수 있다. 그리스도의

35 Wilson, *Ephesians*, p.24

36 Charles Hodge, *Systematic Theology*, Vol.Ⅱ (London: James Clarke and Co. Ltd., 1960), p.475: "Vicarious suffering is suffering endured by one person in the stead of another, i.e., in his place. It necessarily supposes the exemption of the party in whose place the suffering is endured. A vicar is a substitute, one who takes the place of another, and acts in his stead."

피로 이룩된 구속은 완전한 구속이요 또 유일한 방법인 것이다. 성도들의 구원을 위해 완전한 행위가 성취된 것이다. 그리스도는 단번에 죽으셔서 인간의 죄 문제를 해결하신 것이다(히 9:28). 하나님은 그리스도의 죽음으로 사람들의 죽음 문제를 해결하심으로 하나님의 구속적 지혜를 나타내 보여주셨다.

(3) 성도들의 구속(엡 1:7~8)

바울 사도는 "그의 피로 말미암아 속량 곧 죄 사함을 받았다"(엡 1:7)라고 말한다. 본문은 속량과 죄 사함을 같은 맥락에서 사용하고 있다. 그러므로 속량과 죄 사함(용서)의 뜻이 거의 동일하다고 생각할 수 있다. 사실상 성도들의 구원 경험의 차원에서 생각하면 속량과 죄 사함은 거의 같은 뜻으로 사용된다. 우리가 속량을 받았다는 말이나 우리가 죄 사함을 받았다는 말에는 차이가 없다.

그러나 엄밀하게 생각하면 속량과 죄 사함은 그 뜻에 있어서 약간의 차이를 가지고 있다. 속량(ἀπολύτρωσις)은 죄 사함보다 더 넓은 의미를 가지고 있다. 속량의 뜻은 죄 사함의 뜻을 포함시킬 수 있으나 죄 사함의 뜻이 속량의 뜻을 모두 포함할 수는 없다.

바울 사도의 생각의 방향은 에베소서 1:10에서 "하늘에 있는 것이나 땅에 있는 것이 다 그리스도 안에서 통일되게 하려 하심이라"(개역개정)라고 말한 것으로 보아 죄로 인해 잘못된 세상의 모든 질서가 그리스도의 사역으로 바로 될 새로운 세상을 염두에 둔 것

같다. "죄와 저주로 인하여 파상되어 이상적 조화를 잃었던 만물을 그리스도 안에서(그리스도의 구속사업과 중보 사역으로 인하여서) 하나가 되게 함을 가리킨다."[37]

그렇다면 에베소서 1:7의 속량(redemption)과 죄 사함(the forgiveness of sins)을 동일하게 생각하는 것보다는 차이가 있는 것으로 생각하는 것이 더 타당하다. 왜냐하면 그리스도의 속량은 인간의 구원뿐만 아니라 모든 피조 세계를 새롭게 하는데 의의를 가지고 있는 반면(롬 8:18~23; 골 1:14~17), 죄 사함은 오로지 죄인을 의롭다 함, 즉 인간의 구원과만 관련이 있기 때문이다. 속량은 예수 그리스도의 십자가 사건과 그 사건의 전반적인 효능을 염두에 두고 사용한 용어요, 죄 사함은 그리스도의 십자가 사건의 효과가 죄인에게 어떤 영향을 미쳤는지를 염두에 두고 사용한 용어이다. 렌스키(Lenski)는 다음과 같은 말로 이를 잘 설명한다. "성경은 어느 곳에서도 속량과 죄 사함을 하나의 행위로 취급하지 않는다. 속량과 죄 사함은 두 개의 행위이다. 속량은 그리스도의 피가 모든 사람을 위한 속량금으로 지불될 때 갈보리에서 발생했으며, 죄 사함은 하나님께서 죄인이 회개할 때 그 즉시 그의 죄와 죄책을 내어 보내실 때 발생한다. 죄 사함은 속량에 달려 있는 것이다."[38] 헨드릭센(Hendriksen)은 그리스도의 피로 말미암은 속량과 우리들의 잘못으로부터의 죄 용서는 떼어 놓을 수 없는 개념이며 죄 용서 없는 속량은 완전할 수 없다고

---

37 박윤선, 『바울 서신 주석』(서울: 영음사, 1967), p.103.

38 R. C. H. Lenski, *The Interpretation of st. Paul's Epistles to The Galatians, Ephesians and Philippians* (Minneapolis: Augsburg Publishing House, 1961), pp.365~366.

설명한다.[39]

이처럼 속량은 2천 년 전 갈보리 사건이 죄 문제를 해결할 세기적인 구속 성취 사건이었다는 사실을 강조하는 반면, 죄 사함은 그리스도의 구속 사역으로 개인 성도가 죄에서부터 해방되어 의롭다 함을 입었다는 사실에 강조를 두어 사용하는 용어이다.

속량이라는 말은 값을 지불하고 구했다는 뜻이다. 속량은 속량금을 지불하고 어떤 사람을 종의 상태에서부터 해방시켰다는 뜻을 가지고 있다. 온 인류는 죄의 결과로 속박의 상태에 있었다. 인간은 스스로 자유할 수가 없었다. 어떤 의미에서 구약은 한 민족이 율법을 지킴으로 스스로 자유하기 위해 노력했지만 완전히 실패한 이야기라고 할 수 있다. 인간은 스스로 자신을 구원할 수가 없다. 예수님께서 이 땅위에 오신 것은 스스로 구원할 수 없는 무능력한 우리들을 죄에서부터 구하기 위해서였다. 그러므로 우리들은 그리스도로 말미암아 그리스도 안에서 속량을 받은 것이다. 따라서 그리스도를 떠나서는 속량이 있을 수 없다.

그러면 하나님께서 누구에게 값을 지불했는가? 어떤 이는 하나님께서 사탄에게 몸값을 지불하고 성도들을 속량했다고 생각한다. 이는 잘못된 해석이다. 왜냐하면 사탄이 성도들의 몸값을 받을 아무런 자격이 없기 때문이다. 우주의 주인이신 하나님이 무엇 때문에 사탄에게 성도들의 몸값을 지불하겠는가? 그러므로 값을 지불한다는 말은 죄인이 죄의 속박에서부터 해방되는데 필요한 조건을 성

---

39 Hendriksen, *Ephesians*, p. 83.

립시켰다는 뜻이다. 그 조건으로 그리스도께서 십자가상에서 피 흘려 죽으신 것이요 그 사건 자체가 우리를 죄에서부터 해방시킬 속량금이 된 것이다. 그리스도의 구속사역이 사탄에게 지불한 속량금이 아니라 오히려 죄의 속박에서 인간을 해방시킨 그리스도의 대속적 죽음이 사탄에게서 승리한 것이다.[40]

죄 사함이란 말은 문자적으로 "우리의 죄를 멀리 보낸다"는 뜻을 가지고 있다 죄 사함이란 용어는 헬라 사람들이 여러 가지 형편에서 사용한 용어이다. 저수지에서 물을 내보낼 때도 이 용어를 사용했으며 경마장의 출발점에서 말을 내보낼 때도 이 용어를 사용했다. 그리고 법정에서 죄수를 풀어 줄 때도 같은 용어를 사용했다.

그러므로 그리스도의 죽음과 연관시켜 사용된 이 용어는 죄인이 그리스도의 십자가와 접붙임 되면 하나님께서 그로부터 죄를 멀리 내보내신다는 뜻이다. 그러므로 누구나 그리스도의 십자가를 믿으면 하나님이 그로부터 죄를 내보내시고 그를 의인으로 대해주신다는 뜻이다. 성도들이 예수를 믿음으로 의롭게 되는 것은 하나님이 우리 속에 그리스도의 의를 주입시켜 우리를 의인으로 만드신 것이 아니요 그리스도의 의를 우리의 의로 간주하셔서 우리가 죄 없다고 선언하신 것이다. 따라서 예수 그리스도를 믿는 사람은 하나님의 진노의 심판에서 벗어나게 된다.

---

40 John Murray, *Redemption, Accomplished and Applied* (Grand Rapids: Eerdmans, 1968), pp.48~50.

(4) 하나님의 뜻의 비밀(엡 1:9)

바울은 하나님께서 "모든 지혜와 총명으로"(엡 1:8) 하나님의 뜻의 비밀을 우리에게 알리셨다고 말한다. 지혜와 총명은 거의 비슷한 뜻을 가지고 있으나 근본적으로는 차이가 있다. 지혜는 여러 가지 대상 중에서 바른 것을 택할 수 있는 능력을 뜻한다. 그리스도가 바로 우리의 지혜가 되신다(고전 1:18~30). 야고보는 "너희 중에 누구든지 지혜가 부족하거든 모든 사람에게 후히 주시고 꾸짖지 아니하시는 하나님께 구하라 그리하면 주시리라"(약 1:5, 개역개정)라고 말한다. 본문의 지혜가 바로 야고보가 말한 지혜와 같은 지혜인 것이다. 그리고 총명은 지능적인 행위와 관련된 것으로 바른 행위를 할 수 있는 분별력을 가리킨다. 또한 총명은 어떤 사건의 이치를 바로 터득할 수 있는 통찰력을 뜻한다.

그런데 하나님은 지혜와 총명을 성도들에게 주셔서 하나님의 비밀(μυστήριον)을 알게 하셨다고 바울은 말한다(엡 1:9). 여기서 비밀은 무슨 뜻을 가지고 있는가. 비밀(mystery)이란 용어는 성경에서 중요하게 사용되는 용어이다. 예수님께서 천국에 대해 가르치실 때 이 용어를 사용하셨다. "천국의 비밀을 아는 것이 너희에게는 허락되었으나 그들에게는 아니되었나니"(마 13:11, 개역개정)라고 말씀하셨다. 천국에 관한 교훈이 제자들에게는 알려졌지만 다른 사람들에게는 비밀로 남아있다.

바울 사도도 비밀이란 용어를 즐겨 사용했다. "나의 복음과 예수 그리스도를 전파함은 영세 전부터 감추어졌다가 이제는 나타내신 바 되었으며 영원하신 하나님의 명을 따라 선지자들의 글로 말미암아 모든 민족이 믿어 순종하게 하시려고 알게 하신 바 그 신비의 계시를 따라 된 것이니"(롬 16:25~26, 개역개정)라고 말했다. 바울은 그 외의 구절에서도(고전 2:6~7; 엡 3:2~5; 6:19; 골 1:26; 딤전 3:9, 16) 비밀이란 용어를 즐겨 사용한다.

그러면 비밀이란 무엇인가? 본문의 비밀은 어떤 이단 종파처럼 측근자들에게만 알려주고 다른 사람에게는 알려주지 않는 그런 것이 아니다. 또한 여기서 말하는 비밀은 그 내용이 알쏭달쏭하여 불확실하며 이해할 수 없는 것을 뜻하지도 않는다. 신약에서 말하는 비밀은 인간의 이해를 초월한다는 뜻에서의 비밀이 아니라, 인간이 외부의 도움을 받지 않고는 발견할 수 없다는 뜻에서의 비밀이다.

섬머즈(Summers)는 "비밀이란 하나님의 계획 가운데서 신적인 계시의 방법으로 공개될 때까지는 설명될 수 없고 이해될 수 없는 것을 뜻 한다."[41]라고 정의했다. 기독교의 진리는 진리 자체가 이해될 수 없는 그런 진리가 아니다. 기독교의 진리는 타락한 인간이 외부의 도움 없이는 발견할 수 없는 진리이다. 외부의 도움으로 일단 발견되면 그 진리는 이해될 수 있다.

이 외부의 도움 역할을 성령이 하신다. 우리는 성령으로 아니하고는 예수를 구주로 고백할 수가 없다(고전 12:3). 그리고 성령으로 아니하고는 하나님의 깊으신 비밀의 뜻을 알 수가 없다. "오직 하나

---

41 Ray Summers, *Ephesians: Pattern for Christian Living* (Nashville: Broadman Press, 1960), p.19.

님이 성령으로 이것을 우리에게 보이셨으니 성령은 모든 것 곧 하나님의 깊은 것까지도 통달하시느니라"(고전 2:10, 개역개정). 성령이 말하는 비밀은 불신자에게는 감추어진 비밀이지만 신자에게는 알려진 비밀이 되는 것이다. 이 비밀은 그리스도를 통한 구속의 계획을 가리킨다. 한때는 파헤칠 수 없는 하나님의 뜻 가운데 감추어져 있었으나 그리스도 안에서 선택받은 자들에게 명백히 드러난 것이다.

이처럼 하나님의 뜻의 비밀은 그리스도 안에서 성취하신 하나님의 구원 계획 전체를 가리킨다. 그런데 하나님의 구원계획의 특성상 구약시대에는 감추어져 있었던 유대인과 이방인이 한 가족을 이룬다는 사실도 감추어진 비밀의 한 부분이라고 할 수 있다. 바울 사도가 에베소서와 골로새서에서 하나님의 구원 계획과 관련하여 특히 관심을 가지고 있는 내용은 하나님께서 믿음의 가족으로 유대인뿐만 아니라 이방인들까지 포함시켰다는 사실이다. 스토트(Stott)는 "그렇다면 하나님이 '알게 하신' 이 '비밀' 즉 이 계시된 비밀, 그의 이 '뜻', '목적' 또는 '계획'이란 무엇인가? 3장에서 '비밀'은 하나님의 새로운 사회에 유대인과 똑같이 이방인이 포함된다는 것을 가리킨다."[42]라고 바로 지적했다. 바울은 하나님의 구원 계획의 한 국면이 유대인과 이방인을 한 믿음 안에서 한 가족으로 만드는 것이라고 명백히 한다(엡 2:11~22; 3:3~9; 골 1:26~27).

42 John R. W. Stott, *God's New Society: The Message of Ephesians* (Downers Grove: IVP, 1979), p.41.

(5) 그리스도 안에서의 통일(엡 1:10~11)

하나님은 온전하게 통일을 이룬 세상을 원하셨다. 그러나 "죄가 세상에 들어옴으로 이 통일이 깨어졌다. 인간의 타락은 이해할 수 없는 피조 세계를 초래했다(롬 8:20). 하나님의 뜻의 비밀은 그리스도 안에서 그리고 그리스도를 통해서 이 통일을 회복시키는 것이다."[43]

에베소서 1:9~10은 바울이 예수님의 초림과 재림을 동시에 보고 있음을 보여준다. 예수님의 수난과 부활을 포함한 그의 초림으로 하나님의 비밀이 우리에게 나타났다. 그런데 바울은 또한 때가 참으로 발생할 예수님의 재림을 바라다보고 있다. 본문의 "때가 찬 경륜"은 갈라디아서 4:4에서 언급하는 "때의 참"과 같은 시기를 가리키고 있지 않다. 갈라디아서 4:4은 구체적으로 초림의 때를 가리키나 본문은 예수 그리스도의 부활로 시작된 전체 신약의 시대를 가리킨다. 본문의 "때가 찬 경륜"은 예수님의 재림까지를 포함한다.

본문의 말씀은 인간의 관점에서보다도 하나님의 관점에서 세상을 바라보는 것과 같다. 우리들이 하늘에 올라가 세상에 관한 하나님의 계획을 바라보는 것과 같다. "하늘에 있는 것이나 땅에 있는 것이 다 그리스도 안에서 통일되게 하려 하심이라"(엡 1:10). "통일되게 한다"는 말은 한 머리 밑에 모은다는 뜻을 가지고 있다. 그리스도는 교회의 머리이시지만 언젠가는 만물이 그가 머리이심을 인정하게 될 것이다. 헨드릭센(Hendriksen)은 "통일되게 한다"를 "문자

43 Marvin R. Vincent, *Word Studies in the New Testament*, Vol. III (Grand Rapids: Eerdmans, 1975), p.368.

적으로 모든 것, 하늘에 있는 것들, 땅에 있는 것들, 우리 위에 있는 모든 것, 우리 주변에 있는 모든 것, 우리 안에 있는 모든 것, 우리 밑에 있는 모든 것, 영적인 모든 것, 물질적인 모든 것이 그리스도의 통치 아래 놓이게 되었다."[44]라고 설명한다. 현재로는 우주 안에 불일치와 무질서가 있지만 때가 차면 이 불일치와 무질서는 종식되고 예수 그리스도가 머리가 되셔서 우리가 고대하는 통일이 이루어질 것이다(골 1:15). 그리스도는 그 안에 우주의 모든 것을 아우르는 가장 중요한 정점(cardinal point)이시다. 우주는 자체적으로 온전한 세상이 아니요 목적을 가지고 창조된 창조물이다.[45]

우리가 오늘날 세상을 바라볼 때 고통이 있고 나누임이 있고 핍박이 있고 부패가 있다. 세상적인 관점에서 볼 때 미래는 절망적일 수밖에 없다. 그러나 하나님은 기독교인들에게 미래에 대한 확실한 실재를 주셨다. 모든 것이 그리스도 안에서 통일을 이룰 것이다. 인간의 타락으로 인해 깨어진 최초의 조화보다도 더 나은 조화가 그리스도 안에서 새롭게 창조될 것이다.

신자들은 이 새롭게 창조된 세상에서 영원히 살게 될 것이다. 그때는 "우리의 낮은 몸을 자기 영광의 몸의 형체와 같이 변하게"(빌 3:21)하실 때요 "얼굴과 얼굴을 대하여 볼"(고전 13:12) 때이며 예수님을 "그의 참모습 그대로 볼"(요일 3:2) 때이다. 그때는 "젖 먹는 아이가 독사의 구멍에서 장난하며 젖 뗀 어린아이가 독사의 굴에 손

44 Hendriksen, *Ephesians*, p. 86.

45 H. Merklein, "ἀνακεφαλαιόω," *Exegetical Dictionary of the New Testament*, Vol. 1 (Grand Rapids: Eerdmans, 1990), pp. 82-83.

을 넣을 것이라 내 거룩한 산 모든 곳에서 해 됨도 없고 상함도 없을 것이니 이는 물이 바다를 덮음같이 여호와를 아는 지식이 세상에 충만할"(사 11:8~9, 개역개정) 때인 것이다. 이런 영광스러운 구원과 축복이 성도들에게 실제로 주어진다.

바울 사도는 에베소서 1:10에서 앞으로 그리스도 안에서 완성될 위대한 구원의 계획을 설명한 후 에베소서 1:11에서는 성도들을 향한 하나님의 모든 구원 계획이 우연으로 이루어진 것이 아니요 하나님의 뜻과 예정에 따라 성취될 것임을 명백히 한다. 하나님은 그의 구원 계획을 실행해 나감에 있어서 아무 것도 우연에 내버려두시지 않고 인간의 뜻에 맡겨 놓으시지 않는다. 모든 것이 하나님의 주권적 간섭하에 움직이고 있다.

에베소서 1:11에 나타난 중요한 어휘들은 뜻(θέλημα; will), 의도(βουλή; counsel), 계획(πρόθεσις; plan 혹은 purpose), 예정(προορίζω; predestination), 그리고 기업(κληρόω; inheritance)이다. 개역개정 번역에서는 '뜻과 의도'를 합쳐 '뜻의 결정대로'로 번역했으며 '예정'과 '기업'은 같은 용어로 번역했다. 성도들의 구원과 관련된 중요한 용어들이 본 절에 등장한다. 바울은 에베소서 1:9-12 사이에서 하나님의 구원계획과 연관하여 "먼저," 혹은 "미리"라는 의미가 담긴 프로(προ-)로 시작하는 용어 넷을 사용한다. 그것들은 "미리 정한"(9절; προέθετο), "예정한"(11절; προορισθέντες), "미리 계획한"(11절; πρόθεσιν), "전부터 소망하던"(12절; προηλπικότας) 등으로 모두 하나님이 성도들의 구원을 미리 계획하고 실현시키셨음을 함축하는 용

어들이다.[46]

본문의 '뜻'은 하나님의 소원을 뜻하며, '의도'는 하나님이 품고 계시는 계획이나 목적을 가리킨다. 그리고 '계획'은 역사를 초월한 하나님의 구원 계획을 가리키며, '예정'은 하나님의 계획을 미리 정하여 선포한다는 뜻이다. 이렇게 볼 때 본 구절에 나타난 '뜻,' '의도,' '계획' 그리고 '예정'은 그리스도 안에서 성도들이 받을 '기업'을 위해서 사용되고 있음을 알 수 있다. 이는 성도의 구원과 성도가 받을 복이 순전히 하나님으로부터 온 것임을 확실히 하고 있다.

사실상 성도들은 하나님의 뜻에 의존되어 존재한다. 하나님은 그 기쁘신 뜻대로 우리를 예정하셨고(엡 1:5, 11), 그 뜻의 비밀을 우리에게 알리셨으며(엡 1:9; 롬 16:25~26) 그리스도 안에서 우리로 하여금 하나님의 기업이 되게 하셨다(엡 1:11, 14). 전체 구절이 하나님의 뜻, 하나님의 선하신 계획에 관한 것으로 묘사되어 있다. 그러므로 성도가 하나님의 기업이 된 것은 하나님의 온전한 뜻에 따라 된 것이다. 여기에는 우리들의 뜻이나 어떤 다른 사람의 뜻이 개입될 수가 없다. 오로지 하나님의 뜻에 의해 우리들이 하나님의 백성이 되었으므로 믿을 만한 것이다.

로이드 존스는 "모든 것은 하나님 자신의 마음의 원대로이다. 하나님은 그 자신으로 더불어 생각했고, 그 자신으로 더불어 숙의하고 묵상했다. 구원의 전체 계획이 처음부터 끝까지 전적으로 하나

46 H. Balz, "πρόθεσις," *Exegetical Dictionary of the New Testament*, Vol. 3 (Grand Rapids: Eerdmans, 1993), pp. 155-156.

님으로부터이며 아무 것도 밖에서 온 것이 없다."[47]라고 바로 설명했다. 성도들의 구원은 하나님이 계획하시고 하나님이 실행하셨다. 하나님의 계획으로 성도들이 보장받은 복은 그리스도와 함께한 하나님의 상속자가 되는 놀랄만한 복이다. 바울은 "성령이 친히 우리의 영과 더불어 우리가 하나님의 자녀인 것을 증언하시나니 자녀이면 또한 상속자 곧 하나님의 상속자요 그리스도와 함께한 상속자니"(롬 8:16~17, 개역개정)라고 성도들이 궁극적으로 받을 복이 어떤 것임을 설명해준다. 성도들이 소유하게 될 복은 기업 즉 그리스도와 함께한 상속자가 되는 것이다.

(6) 하나님의 영광을 위한 백성(엡 1:12)

바울 사도는 에베소서 1:11에서는 성도들이 어떻게 하나님의 백성이 되었는지를 설명하고 에베소서 1:12에서는 왜 하나님이 우리를 그의 백성으로 삼으셨는지 설명한다.[48] 바울은 이 두 구절에서 하나님이 성도들을 구원하신 그 방법과 이유를 설명하고 있다.

하나님의 구원 방법은 그의 뜻과 예정과 계획에 따라 성도들을 구원하신 것이고 구원하신 이유는 성도들로 하여금 그의 영광의 찬송이 되게 하시기 원해서이다(참조, 엡 1:6, 12, 14). 궁극적으로 성도

47 Lloyd-Jones, *God's Ultimate Purpose*, p.227.

48 Stott, *God's New Society*, p.47.

가 구원받는 것은 성도의 특권이 아니라 하나님의 영광을 위해서이다. "이 구절은 하나님께서 우리들을 그의 기업으로 만드시기 위해 예정하신 궁극적 목적이 무엇인지를 진술하고 있다. 그것은 우리 자신의 특권을 위한 것이 아니요 우리를 통해 하나님의 영광이 표명되도록 하시기 위해서이다."[49] 구약 예언은 이 사실에 대해 분명하게 지적한다. "이 백성은 내가 나를 위하여 지었나니 나를 찬송하게 하려 함이니라"(사 43:21, 개역개정; 빌 1:11 참조). 이처럼 하나님께서 우리들을 자기의 백성으로 삼으신 궁극적 목적은 "그의 은혜의 영광을 찬송하게" 하시기 위해서이다.

성도들이 그리스도 안에서 얻은 신분과 소유한 모든 것이 하나님으로부터 오며 다시 하나님께로 돌아간다. 그것은 하나님의 뜻 안에서 시작되어 하나님의 영광으로 끝나는 것이다. 이렇게 볼 때 기독교적인 인생관과 비기독교적인 인생관 사이에는 뛰어넘을 수 없는 큰 도랑이 있음을 알 수 있다. 세상은 인간 중심적이며 자기중심적이다. 자기 자신의 공적을 찬양하며 내세우려고 한다. 영광을 자신에게 돌리는 것이다. 그러나 하나님의 백성은 하나님의 영광을 위해 살아야 하고 하나님께 영광을 돌려 드려야 한다. 소요리 문답 제1문의 답에 인생의 목적이 하나님을 즐거워하며 기뻐하는 것이라고 말씀한 이유가 바로 여기에 있다.

---

49 S. D. F. Salmond, *The Epistle to the Ephesians: Expositor's Greek Testament*, Vol.Ⅲ (Grand Rapids: Eerdmans, 1980), p.265.

4. 성령 하나님의 사역(엡 1:13~14)

"그 안에서 너희도 진리의 말씀 곧 너희의 구원의 복음을 듣고 그 안에서 또한 믿어 약속의 성령으로 인치심을 받았으니 이는 우리 기업의 보증이 되사 그 얻으신 것을 속량하시고 그의 영광을 찬송하게 하려 하심이라"
(엡 1:13~14, 개역개정)

(1) 성도들의 구원을 위한 성령의 사역(엡 1:13)

에베소서 1:13~14은 성도들의 구원을 위한 성령의 사역이 어떤 것인가를 설명해준다. 에베소서 1:12에서 13절로 넘어오는 사이 두 가지의 전환이 있음을 본다. 첫째 전환은 그리스도의 사역에서 성령의 사역에로의 전환이며 둘째 전환은 '우리'에서 '너희'로의 전환이다.

첫째 전환은 문맥 자체에서 명백하기 때문에 큰 문제가 되지 않는다. 그러나 둘째 전환의 '우리'와 '너희'가 누구를 가리키느냐에 대해서는 약간의 견해 차이가 있다. 가장 널리 알려진 견해가 '우리'는 메시아 대망이 그리스도 안에서 성취되었다고 믿는 유대인들을 가리키며, '너희'는 그리스도를 믿게 된 이방인들을 가리킨다고 생각

하는 것이다.[50]

그리고 다른 견해는 '우리'가 바울과 에베소교회 교인들을 합쳐서 호칭한 것이요, '너희'는 에베소교회 교인만을 생각하고 사용한 호칭이라고 하는 견해이다.[51] 이와 비슷한 견해로 살몬드(Salmond)는 '우리'를 '기독교인 일반'으로 해석하고 '너희'를 '에베소교회의 독자들'로 해석한다.[52] 그리고 칼빈(Calvin)은 '우리'를 바울 자신과 유대인들 혹은 기독교를 먼저 믿었던 신자들(첫 열매들)로 생각하며, '너희'를 에베소교회 교인들로 생각한다.[53]

본 필자는 에베소서의 논조나 로마서의 논조를 근거로 첫 번째 해설을 지지한다. 즉 '우리'는 바울을 포함한 유대인들로 예수 그리스도를 믿는 사람들을 가리키고 '너희'는 이방인으로 예수 믿는 사람들을 가리킨다고 생각하는 것이다. 그러나 부언하고자 하는 것은 어느 견해이건 유대인이나 이방인이나 할 것 없이 모두 예수 그리스도를 믿는 성도들을 가리킨다는 사실이다.

이제 성도들의 구원을 위해 성령 하나님께서 어떤 사역을 하시는지 생각해 보도록 하자. 성령의 사역을 설명하는 이 두 구절 안에 성도의 구원에 관한 성령의 사역과 관련된 여러 가지 용어가 사용

50 Stott, *God's New Society, p.45; Lloyd-Jones, God's Ultimate Purpose, p.211, Summers, Ephesians, p.23;* 박윤선, 『바울 서신 주석』*(1967), p.104; E. K. Simpson* & *F. F. Bruce, Commentary On The Epistles to the Ephesians and Colossians (NICNT*, Grand Rapids: Eerdmans, 1970), p.34.

51 Lenski, *Ephesians*, pp.380~381.

52 Salmond, *The Epistle to the Ephesians: Expositor's Greek Testament*, p.265.

53 Calvin, *The Epistles of Paul the Apostle to the Galatians, Ephesians, Philippians and Colossians*, p.130.

되었다. 그 용어들은 '진리의 말씀,' '구원의 복음,' '들음,' '믿음,' '약속,' '인치심,' '기업,' '보증' 그리고 '속량' 등이다.

이 용어들은 성도들의 구원 경험의 과거, 현재, 미래를 설명해 주고 있다. 죄인이 어떻게 구원을 받을 수 있는가? 구원의 조건은 권력, 학력, 금력, 그리고 가문과 같은 것이 될 수가 없다. 성경은 구원의 유일한 조건이 믿음이라고 말한다. 로마서 10:9~10은 이를 잘 설명해 주고 있다. "네가 만일 네 입으로 예수를 주로 시인하며 또 하나님께서 그를 죽은 자 가운데서 살리신 것을 네 마음에 믿으면 구원을 받으리라 사람이 마음으로 믿어 의에 이르고 입으로 시인하여 구원에 이르느니라."(개역개정) 예수님의 죽음과 부활을 마음으로 믿고 입으로 시인하면 구원을 받게 된다.

그러면 믿음은 어떻게 생기는가? 2천 년 전에 유대 땅 갈보리에서 십자가에 달려 죽으신 예수님의 죽음이 내 죄를 위한 죽음이요, 나를 대신한 죽음임을 어떻게 믿으며 그렇게 치욕적인 죽음을 당한 예수가 삼 일만에 살아나셨다는 것을 어떻게 믿을 수 있는가? 내 자의로 그런 사실을 믿을 수 있는가? 성경은 자연인은 그런 사실을 믿을 수 없으며 성령의 도움이 있어야 가능하다고 분명히 한다. 바울은 다른 곳에서 "육에 속한 사람은 하나님의 성령의 일들을 받지 아니하나니 이는 그것들이 그에게는 어리석게 보임이요, 또 그는 그것들을 알 수도 없나니 그러한 일은 영적으로 분별되기 때문이라"(고전 2:14). "너희는 그 은혜에 의하여 믿음으로 말미암아 구원을 받았으니 이것은 너희에게서 난 것이 아니요 하나님의 선물이라"(엡 2:8, 개역개정)라고 말함으로 성도들의 구원은 성령의 도움으로 가능함을 분명히 한다.

그러면 믿음이 구체적으로 어떻게 생기는가? 바울은 믿음이 생기는 과정을 친절하게 설명해 주고 있다. 바울은 "믿음은 들음에서 나며 들음은 그리스도의 말씀으로 말미암았느니라"(롬 10:17, 개역개정)라고 말한다. 이 말씀을 분석해 보면 믿음이 생기기 위해서는 먼저 그리스도의 말씀이 선포되어야 하고 그 선포를 통해 들음이 있어야 하며 말씀을 들음으로 믿음이 생기게 되는 것이다. 말씀, 들음, 믿음의 순서가 나타난다.

에베소서 1:13도 로마서 10:17의 말씀과 비슷한 내용을 전한다. 진리의 말씀 곧 구원의 복음을 듣고 믿어 약속의 성령으로 인치심을 받았다고 말한 에베소서 1:13은 로마서 10:17의 내용보다 한 단계 더 펼쳐진 사실을 볼 수 있다. 에베소서 1:13에서도 말씀, 들음, 믿음의 순서가 지켜지고 있다. 아무도 진리의 말씀을 떠나서 기독교인이 될 수가 없다. 어떤 단순한 경험이나 느낌으로 기독교인이 될 수는 없는 것이다. 어떤 경험이나 결단을 통해 생활의 변화가 왔을 때 그 사람이 기독교인이 되지 않았나 생각할 수 있지만 '구원의 복음'을 접하지 않고 기독교인이 될 수 있는 사람은 아무도 없다. 그러므로 어떤 사람이 도덕적으로 경건한 삶을 살고 많은 사람들의 숭앙을 받을지라도 그 사람이 하나님의 말씀을 믿지 못하고 받지 못하면 진정한 기독교인이라고 말할 수 없는 것이다.

그러면 죄인이 믿음을 갖게 하기 위해 성령은 어떻게 사역하는가? 아무도 성령의 역사를 떠나서는 예수 그리스도를 믿을 수가 없다. "성령으로 아니하고는 누구든지 예수를 주시라 할 수 없느니라"(고전 12:3). 로이드 존스는 "우리 모두의 마음들은 본래 진리에 대해 즉 이 복음의 메시지에 대해 닫혀있다. 말씀만으로는 그들을 열 수도 없고 부드럽게 할 수도 없다. 왜냐하면 그런 일을 발생하게 하기 위해서는 성령의 사역이 절대적으로 중요하며 본질적이기 때문이다"[54]라고 바로 설명한다. 그는 계속해서 "성령은 말씀 안에 계신다. 그러나 내가 말씀을 받아들일 수 있기 전에 성령은 내 마음속에도 마땅히 계셔서 내 마음을 여셔야 한다."[55]라고 성령의 역할이 필수적임을 설명한다.

성령은 죄로 죽은 우리의 마음을 살리셔서 믿음을 주시는 분이시다. 그러므로 그리스도의 말씀, 즉 구원의 복음이 선포되면 들음이 있게 되고 그 말씀과 함께 성령이 역사 하여 믿음이 생기게 되는 것이다. 이처럼 성령은 말씀과 함께 사역한다. 좀 더 강하게 표현한다면 성령은 말씀을 떠나서는 사역하시지 않는다고 말할 수 있다. 그 뜻은 성령은 말씀의 내용과 상충되는 일을 결코 하시지 않는다는 말과 통한다. 칼빈(Calvin)은 "말씀 자체는 성령의 증거에 의해 확증되지 않는 한 우리에게 확실하지 않다."[56]라고 성령과 말씀이 떼려야 뗄 수 없는 관계에 있음을 바로 설명한다.

그러면 본문에 나타난 성령의 인치심은 무엇을 뜻하는가? 성도의 생애에 있어서 성령의 인치심이 언제 발생하는가? 로이드 존스

54 Lloyd-Jones, *God's Ultimate Purpose*, p.239.

55 Lloyd-Jones, *God's Ultimate Purpose*, p.239.

56 John Calvin, *Institutes of The Christian Religion, trans.* Ford L. Battles, Book I, Chapter, IX, 3.

는 "성령의 인침을 중생이나 회개, 혹은 믿음에 있어서의 성령의 사역과 동일시하지 않는다."[57] 따라서 그는 성도의 구원 경험에 있어서 성령의 인침의 시기를 중생의 시기와 동일하게 생각하지 않는다. 그는 성령의 인침의 경험적인 면을 강조하면서 그것은 하나님께서 우리에게 행하신 하나님의 사역으로 그 사건이 발생하면 우리들이 그것을 알아차릴 수 있다고 말한다.[58] 그리고 로이드 존스는 "성령의 인침(sealing with the Spirit)을 성령의 세례(baptism with the Spirit)와 동일시한다."[59]

그러면 성령의 인침이 성도의 구원 경험과 연관하여 언제 발생할 수 있는가? 로이드 존스는 성령의 인침이나 성령의 세례는 성도가 예수 믿어 구원 얻은 후 어떤 특별한 때에 하나님께서 우리에게 행하신 사역으로, 그 경험은 성도가 느낄 수 있는 경험이라고 말한다. "우리들은 어떤 이가 성령의 인침 없이도 기독교인이 될 수 있다고 말할 수 있다. 당신은 성령을 받지 않고는 기독교인이 될 수가 없다. 성령이 그 안에 계시지 아니하면 아무도 기독교인이 될 수가 없다. 왜냐하면 성령으로 아니하고는 누구든지 예수를 주시라 할 수 없기 때문이다(고전 12:3)."[60] 이처럼 로이드 존스는 성령의 인침과 성령으로 구원받는 것을 구별한다. 그는 성령의 인침을 성도가 구원받은 후 특별히 경험할 수 있는 사건으로 해석하여 성령의 인

57 Lloyd-Jones, *God's Ultimate Purpose*, p.260.

58 Lloyd-Jones, *God's Ultimate Purpose*, p.262.

59 Lloyd-Jones, *God's Ultimate Purpose*, p.264.

60 Lloyd-Jones, *God's Ultimate Purpose*, p.266.

침과 중생의 시기를 구별시키고 있다.[61]

그러나 로이드 존스의 설득력 있는 설명에도 불구하고 본문의 성령의 인치심은 성도들이 믿을 때 발생한 것으로 생각하는 것이 타당하다. 즉 성령의 인치심은 성도가 중생할 때 성도의 생애에 발생한 것이다. 죄인이 구원의 복음을 들을 때 성령은 그 마음에 역사하여 그 사람으로 하여금 예수를 구주로 믿을 수 있게 하고 그 안에 내주하기 시작한다. 그래서 바울은 성도들의 몸이 성령의 전이라고 말한다(고전 3:16; 6:19).

성령이 성도 안에 내주한다는 사실은 성도가 하나님께 속했음을 내적으로 확증하는 것이다. 마치 가축의 소유주를 표시하기 위해 도장(인)을 치듯이 성령은 내적인 도장을 성도들의 마음에 찍어 하나님의 것으로 구별시키시는 것이다. 렌스키(Lenski)는 이 문제에 대해 "우리가 믿게 되는 순간 인침이 발생한다. 그 사상은 우리가 우선 잠시 동안 믿어야 하고 그 후 얼마 있다가 믿는 과정 중에 성령이 부여된다는 뜻이 아니다."[62]라고 말한다.

윌슨(Wilson)도 같은 어조로 "그들은 후에 인쳐진 것이 아니요 믿을 때에 인침을 받았다(정확히 사도행전 19:2처럼; 너희가 믿을 때에 성령을 받았느냐?). 이 구분은 중요하다. 왜냐하면 그것은 두 동사가 같은 사건의 양쪽 면으로 생각되어야 하기 때문이다. 그들이 믿는 순간 그들은 역시 인침을 받았다. 따라서 인침은 과정을 의미하지 않고 확

61 더 자세한 내용은 Lloyd-Jones, *God's Ultimate Purpose*, pp.255~278을 참고하라.

62 Lenski, *Ephesians*, p.382.

실한 행위로 단번에 완성된 것을 뜻한다."[63]라고 말한다.

칼빈, 스토트, 박윤선 모두 인침의 시기를 성도가 그리스도 안에서 경험하는 최초의 경험의 시기와 동일시한다. 이 견해가 타당하다고 생각되는 것은 에베소서에 사용된 인침의 의미를 고찰할 때 확실해진다. 에베소서에서 인침은 에베소서 1:13과 4:30에서 두 번 사용된다.[64] 그런데 에베소서 4:30은 "그 안에서(성령 안에서) 너희가 구원의 날까지 인치심을 받았느니라"(개역개정)로 나온다. 이 구절의 뜻은 로이드 존스의 입장처럼 성도가 믿은 후 어떤 시점에 구원의 날까지 인치심을 받았다는 뜻이 아니요, 성령이 처음 성도 안에 내주하기 시작한 때로부터 구속의 날까지 인쳐주셨다는 뜻으로 이해해야 하는 것이다. 그러므로 성령의 인치심과 중생의 시기를 같이 보아야 하는 것이다.

(2) 구원의 보증이신 성령(엡 1:14)

보증이라는 말은 상행위 할 때 사용되었던 용어로서 그 의미는 최초의 분할금, 약속금이라는 뜻을 가지고 있다. 상행위를 할 때 완납할 것을 확실히 하기 위해 분할금을 지불한다. 인간의 계약에는 해

---

63 Wilson, *Ephesians*, p.30.

64 Lampe (G. W. H. Lampe, *The Seal of the Spirit*, London: S. P. C. K., 1976, p.5)는 엡 1:13과 엡 4:30에서 바울이 ἐσφραγίσθητε(단순과거, 수동태)를 사용한 것으로 보아 이는 독자들의 신령한 경험의 역사 가운데 단 하나의 특별한 순간을 가리킨다고 주장한다.

약의 가능성이 있지만 하나님의 경우는 결코 그런 일이 있을 수 없다. 본문은 성령이 우리의 기업에 보증 즉 약속금이 되셨다고 말한다. 이미 성령의 인치심에서 우리가 받을 기업의 확실함이 나타났지만 바울은 여기서 성령이 우리의 기업에 보증이 된다고 말함으로 성도들의 신분의 확실함을 재천명한다.[65]

그러면 왜 바울 사도는 성령을 가리켜 우리의 기업에 최초의 분할금 혹은 약속금이라는 말을 사용했을까? 그 이유는 우리의 구원의 특성을 생각하면 잘 이해할 수 있게 된다. 사람이 예수를 믿으면 구원을 받고 그 순간부터 성령이 그 사람의 마음속에 내재하신다(고전 3:16; 6:19). 그 사람은 온전히 기독교인이요 하나님의 소유가 된다. 그의 영혼뿐만 아니라 몸까지도 하나님의 소유이다.

그러나 성도들은 하나님의 섭리로 몸의 구속을 기다리면서 살아간다. 즉 우리들의 몸이 부활체로 변하는 그 때를 기다리면서 사는 것이다. 그 때가 우리의 구원이 모든 면에서 완성되는 때이다. 우리의 구원에 대한 하나님의 이런 섭리적인 면 때문에 바울은 "우리가 소망으로 구원을 얻었다"(롬 8:24)라는 말을 쓰며 "성령의 처음 익은 열매를 받은 우리까지도 속으로 탄식하여 양자될 것 곧 우리 몸의 속량을 기다리느니라"(롬 8:23, 개역개정)라고 말한다. 이는 우리의 현재 구원이 완전한 구원이면서도, 우리 몸의 구속을 바라보면서 사는 존재인 것을 증거한다. 이런 이유로 바울은 성령이 우리의 기업에 보증이 되었다고 말한다. 왜냐하면 우리 안에 내주하신 그 성령

65 James D. G. Dunn, *The Theology of Paul the Apostle* (Edinburgh: T and T Clark, 1998), p.469.

으로 하나님께서 우리의 죽을 몸을 살리실 것이기 때문이다(롬 8:11 참조).

성령은 종말에 있을 추수의 첫 열매이며, 속량이라는 종말론적 추수의 시작이다(롬 8:23). 성령은 몸의 속량을 바라고 있는 성도들이 받게 될 완전한 기업의 보증이시다(고후 1:22; 5:5; 엡 1:14). 그러므로 성도들이 성령을 소유한 것은 전인(全人) 구속의 첫 부분이며, 성도가 신령한 몸체로 될 때 끝나게 될 과정의 시작을 뜻한다. 현재 성도가 성령의 능력을 경험하는 것은 미래의 온전한 구속을 맛보는 셈이다.[66] 성령이 우리 기업에 보증이 되신 사실은 성도들의 구원 상태의 과거, 현재, 미래를 연결해 주고 있다. 우리는 여기서 우리들의 구원에 대한 하나님의 빈틈없는 사역을 보게 된다.

에베소서 1:14 하반절은 에베소서 1:6, 12과 함께 우리를 구속하신 목적이 무엇인지 명백히 한다. 우리를 구속하신 목적은 "그의 영광을 찬송하게 하려 하심"인 것이다. 유의해야 할 사실은 이미 언급한 바대로 성도들의 구원은 삼위일체 하나님의 사역이라는 점이다. 그리고 바울은 에베소서 1:3~6사이에서 하나님 아버지의 사역을 언급하고 그 목적이 "그의 은혜의 영광을 찬송하게 하려는 것"(엡 1:6)이라고 말하고, 에베소서 1:7~12에서는 예수 그리스도의 사역을 언급하고 역시 그 목적이 "그의 영광의 찬송이 되게 하려는 것"(엡 1:12)이라고 말하며, 에베소서 1:13~14에서 성령 하나님의 사역을 언급하고 그 목적이 "그의 영광을 찬송하게 하려는 것"(엡

66 James D.G. Dunn, *Jesus and the Spirit* (London: SCM Press, 1975), p.311.

1:14)이라고 말한다.[67]

여기서 우리는 성도들의 구원을 위한 삼위일체 하나님의 일체적인 사역과 그 목적을 분명히 알 수 있다. 우리들의 구원을 위한 위대한 하나님의 구속적 드라마의 목적은 그의 영광을 찬송하게 하려는 것이다.

67 한글 개역판은 엡 1:6은 "찬미하게"로, 엡 1:12은 "찬송이 되게"로, 그리고 엡 1:14은 "찬미하게"로 번역했지만 헬라어는 모두 εἰς ἔπαινον으로 같은 용어이다. 한글 개역개정은 세 곳 모두 "찬송"으로 번역했다.

5. 바울의 첫 번째 기도(엡 1:15~23)

"이로 말미암아 주 예수 안에서 너희 믿음과 모든 성도를 향한 사랑을 나도 듣고 내가 기도할 때에 기억하며 너희로 말미암아 감사하기를 그치지 아니하고 우리 주 예수 그리스도의 하나님, 영광의 아버지께서 지혜와 계시의 영을 너희에게 주사 하나님을 알게 하시고 너희 마음의 눈을 밝히사 그의 부르심의 소망이 무엇이며 성도 안에서 그 기업의 영광의 풍성함이 무엇이며 그의 힘의 위력으로 역사하심을 따라 믿는 우리에게 베푸신 능력의 지극히 크심이 어떠한 것을 너희로 알게 하시기를 구하노라 그의 능력이 그리스도 안에서 역사하사 죽은 자들 가운데서 다시 살리시고 하늘에서 자기의 오른편에 앉히사 모든 통치와 권세와 능력과 주권과 이 세상뿐 아니라 오는 세상에 일컫는 모든 이름 위에 뛰어나게 하시고 또 만물을 그의 발 아래에 복종하게 하시고 그를 만물 위에 교회의 머리로 삼으셨느니라 교회는 그의 몸이니 만물 안에서 만물을 충만하게 하시는 이의 충만함이니라" (엡 1:15~23, 개역개정)

에베소서 1장은 서론을 언급한 후 크게 두 부분으로 나누어져 있다. 첫째 부분(엡 1:3~14)은 성부, 성자, 성령, 삼위일체 되신 하나님이 그의 깊으신 지혜로 성도들을 구원하신 사실을 인해서 그에게 찬송을 돌리고 있다. 성도들의 구원은 그 자체로 하나님께서 찬송받아야 할 사건이지만 구원받은 성도들은 하나님께 찬송을 하면서 살아야 한다.

둘째 부분(엡 1:15~23)은 하나님의 크신 복을 이해할 수 있도록 하나님께서 성도들의 마음의 눈을 열어 달라는 바울의 기도가 담겨져 있다. 헬라어 성경을 보면 첫째 부분도 한 문장으로 되어 있고 둘째 부분도 한 문장으로 되어 있다. 바울은 성도들에게 베푸신 하나님의 은혜와 복의 풍성함 때문에 맥박이 멈추는 듯 감격한 마음의 상태로 하나님께 찬양을 드린 후에 같은 마음가짐으로 하나님께 기도를 드린다. 본문은 바로 이 기도 부분에 속한다.

(1) 믿음과 사랑에 대한 감사(엡 1:15~16)

바울은 자신이 기도하는 이유를 "이로 말미암아"(διὰ τοῦτο)란 말을 사용함으로 이 전 구절과 연관시킨다. 어떤 학자는 "이로 말미암아"가 단순히 에베소서 1:13~14의 내용과만 연관이 된 것으로 생각한다. 즉 기도의 이유가 성령의 사역과만 연관되는 것으로 주장한다. 그 이유는 에베소서 1:12까지 "우리"로 일관되다가 13절에 "우리"와 대칭되는 "너희"가 나타나며 15~16절에 "너희 믿음과 모든 성도를 향한 사랑"을 듣고 "너희로 말미암아 감사"한다는 말이 계속되기 때문에 15절 서두의 "이로 말미암아"는 에베소서 1:13~14의 내용을 가리키는 것으로 생각하는 것이다.[68]

그러나 다음의 몇 가지 이유로 "이로 말미암아"가 에베소서 1:3

68 Salmond, *The Epistle to the Ephesians: Expositor's Greek Testament*, p.270; 박윤선, 『바울 서신 주석』(1967), p.105.

~14을 가리키는 것으로 생각하는 것이 더 타당하다.

첫째, 바울의 감사 기도가 단순히 성령 하나님의 사역에만 관련된다고 생각할 수 없기 때문이다. 성도들의 구원을 위한 성령의 사역은 하나님과 예수님의 사역을 떠나서는 생각할 수조차 없다. 그러므로 바울의 감사 기도는 삼위일체 되신 하나님의 사역 전체를 염두에 두고 드린 것이다.[69]

둘째, 바울이 에베소서 1:13에서 "너희도"를 사용하고 에베소서 1:15에서 "너희 믿음"과를 사용한 이유는 그의 관심의 초점이 편지를 받는 에베소 성도들에게 계속적으로 쏠리고 있음을 증거 할 뿐이다. 그러나 바울은 에베소서 1:14에서도 "우리의 기업"이란 말을 썼고 에베소서 1:15에서 "나도 듣고"(κἀγὼ ἀκούσας)란 말을 씀으로 바울 이외의 다른 사람도 수신자들의 믿음과 사랑을 들었다는 사실을 암시하고 있다. 그러므로 에베소서 1:15 서두의 "이로 말미암아"가 단순히 "우리"와 "너희"의 날카로운 구분의 영향으로 쓰여졌다고 말할 수 없다. 오히려 에베소서 1:15의 "이로 말미암아"는 성도들의 구속에 대한 성부, 성자, 성령의 사역 전체(엡 1:3~14)를 가리킨다고 생각하는 것이 더 타당하다.

바울 사도는 에베소서 1:15에서 에베소교회 성도들의 믿음과 사랑을 듣고 하나님께 감사한다고 말한다. 그런데 바울이 에베소 성도들의 믿음과 사랑에 대해 "들었다"고 말한 사실을 근거로 바울의 에베소서 저작권을 부인하는 사람이 있다. 그 이유는 바울 사도는 에

69 Lenski, *Ephesians*, pp.387, 388; Wilson, *Ephesians*, p.33; Lloyd-Jones, *God's Ultimate Purpose*, p.312; W. Hendriksen, *Ephesians* (*N.T.C.*, Grand Rapids: Baker, 1972), p.95.

베소 교인들과 개인적인 접촉이 있었는데(행 19:1~20; 20:17~38 참조) 에베소서에서는 단지 그들의 믿음과 사랑을 들은 것으로만 말하고 있기 때문이라고 말한다. 그리고 바울과 개인적인 접촉이 없었던 골로새교회 성도들에게 편지할 때 "너희의 믿음과 모든 성도에 대한 사랑을 들었음이요"(골 1:4)라는 표현을 사용했는데, 이는 에베소서 1:15의 표현과 유사하며 따라서 바울과 에베소서 수신자들과는 개인적인 접촉이 없었던 것으로 생각되기 때문이라고 말한다.

그러나 바울 사도가 "나도 듣고"라고 쓸 수 있었던 것은 에베소 교인들과 약 4, 5년간 떨어져 있었고 그리고 에베소교회 성도들의 믿음과 사랑을 실제로 들었기 때문이다. 그리고 바울과 빌레몬과의 개인적인 접촉이 분명히 있었지만 빌레몬서 5절에 "모든 성도에 대한 네 사랑과 믿음이 있음을 들음이니"라고 에베소서 1:15이나 골로새서 1:4과 비슷한 표현이 나타나는 것으로 보아, "나도 듣고"라는 말을 근거로 개인적인 접촉이 없었다고 단언할 수 없다. "사람이 전혀 만난 적이 없는 사람들에 대해 들을 수 있는 것처럼(골로새 성도들) 전에 만난 적이 있는 사람들에 대해서도 들을 수 있는 것이다(에베소 성도들, 빌레몬)."[70] 그러므로 에베소서 1:15의 "나도 듣고"를 근거로 바울과 에베소 성도들과의 개인적인 접촉이 없었던 것으로 생각하고 또 에베소서의 바울 저작권을 부인하는 것은 전혀 설득력이 없다.

바울 사도가 에베소교회 성도들에 대해 들은 내용은 그들의 믿

70 Lenski, *Ephesians*, p.388.

음과 모든 성도들을 향한 사랑이다. 헬라어의 주요 사본에는 비록 '사랑'이 빠져 있기는 하지만 본문의 내용을 볼 때 '믿음'과 '사랑'이 같이 나오는 것으로 생각하는 것이 옳다.[71] 왜냐하면 믿음과 사랑은 바울적인 표현이요, 바울 서신 다른 곳(골 1:4; 몬 5)에서도 발견되는 표현이기 때문이다. 믿음과 사랑은 소망과 더불어 성도들이 누리는 기본적인 은혜이다. 그래서 바울 사도는 "믿음, 소망, 사랑, 이 세 가지는 항상 있을 것인데 그 중에 제일은 사랑이라"(고전 13:13, 개역개정)고 말했고 본 구절인 에베소서 1:15의 믿음과 사랑은 18절의 소망과 더불어 같은 내용을 표현하고 있다.

본문의 믿음은 그리스도를 믿는 믿음이요, 사랑은 동료 성도들과 다른 사람들에 대한 사랑이다. 바울이 그리스도를 믿는 믿음이라고 표현한 것은 그리스도가 믿음의 목적이요 대상이기 때문이며, 모든 성도들을 향한 사랑으로 표현한 것은 사랑의 대상이 먼저는 성도들이요 다음으로 그 범위가 다른 사람들에게 미쳐야 하기 때문이다. 그래서 바울은 믿음을 "주 예수 안에서 너희 믿음"으로 표현하고 사랑을 "모든 성도를 향한 사랑"이라고 표현한다. 칼빈(Calvin)은 바울이 여기서 믿음과 사랑으로 기독교인들의 온전한 완전(the

71 대부분의 주요한 사본에 (P^{46}, ℵ*, A, B, P) Tὴν ἀγάπην(사랑)이 빠져있다. 그 이유는 본문이 καὶ Tὴν ἀγάπην Tὴν εἰς πάντας τοὺς ἁγίους로 되어 있어 Tὴν … Tὴν이 ἀγάπην을 사이에 두고 인접되어 나타나고 있기 때문에 필사자가 Tὴν ἀγάπην을 무의식중에 누락시켰을 가능성이 높은 것이다. 본 구절에 "사랑"이 포함될 때 의미가 더 자연스럽다. cf. Justin A. Smith, *Commentary on the Epistle to the Ephesians (An American Commentary on the New Testament*, ed. A. Hovey, Valley Forge: The Judson Press, 1890), p.27: "The sense of the passage is certainly somewhat obscure without the word 'love,' since we must then read, as in the Revision, 'faith toward all the saints' as well as 'faith in the Lord Jesus."

whole perfection)을 요약하고 있다고 말한다.[72] 그는 또 다른 곳에서 바울 사도가 "예수 그리스도를 믿는 것과 사랑을 전기독교인 생활의 총화로 제시"[73]하고 있다고 말한다.

박윤선 박사도 "믿음과 사랑은 성도의 생활 전부를 가리킨다. '믿음'은 구원자이신 하나님의 아들을 받음이고, '사랑'은 구원받은 자가 나타내는 모든 행실을 총괄적으로 가리킨다."[74]라고 같은 설명을 한다. 진정한 믿음은 사랑과 함께 사역한다. 그래서 야고보는 "믿음이 그의 행함과 함께 일하고 행함으로 믿음이 온전하게 되었느니라"(약 2:22, 개역개정)라고 말하였다.

본문의 "주 예수 안에서 너희 믿음"은 그들이 처음 구원받을 때의 믿음만을 가리키지 않고 예수 그리스도 안에서 매일 매일 생활을 통해 나타나는 믿음을 가리킨다. 이런 믿음이 모든 성도들을 향한 사랑으로 실천된 것이다. 믿음 없는 사랑은 뿌리 없는 나무와 같고 사랑 없는 믿음은 열매 없는 나무와 같다.

오늘날 사회에서는 물론 교회 내에서까지 믿음이나 교리는 경시하고 도덕과 생활만을 강조하는 경향이 있다. 이는 사회의 시각에 비쳐진 성도들의 생활에 문제가 있다는 것을 증거하며 그리고 성도들 자신도 고상한 믿음과 높은 수준의 교리가 요청하는 바대로 생활이 따라가지 못하기 때문에 믿음과 교리를 희석시켜 자신의 낮은

---

72 John Calvin, *The Epistles of Paul the Apostle to the Galatians, Ephesians, Philippians and Colossians*, p.133.

73 J. Calvin,『에베소서 강해』, 배상호 역(서울: 예수교 문서선교회, 1979), p.126.

74 박윤선,『바울 서신 주석』(1967), pp.105, 106.

차원의 생활을 정당화시키고자 하는 의식이 깔려 있기 때문이다. 그러나 기독교는 진정한 믿음과 진리를 포기할 수 없다. 왜냐하면 바로 그 부분이 최후의 보루이기 때문이다.

바울은 본문에서 에베소교회 성도들이 진정한 믿음을 가졌을 뿐만 아니라 그 믿음에 부응하는 사랑의 행위를 실천하고 있음을 듣고 하나님께 감사한 것이다. 바울은 에베소교회 성도들의 믿음과 사랑을 인하여 하나님께 끊임없이 감사하면서도 아직 그들의 현 상태에 만족하지 않는다. 그러면 바울의 요구는 무엇인가? 그것은 에베소 성도들이 또 다른 축복을 받기 원하는 것이 아니요 그들이 이미 받은 하나님의 축복의 너비와 길이와 높이와 깊이를 이해할 수 있게 되기를 원한 것이다(엡 3:19). 성도들은 흔히 새로운 영적 복을 위해 기도하는 것은 열심이 있지만 그들이 이미 받은 측량할 수 없는 복에 대해서는 감사할 줄 모르는 것이다.

(2) 주 예수 그리스도의 하나님(엡 1:17)

바울은 하나님과 예수 그리스도의 관계를 표현할 때 일반적으로 "주 예수 그리스도의 아버지"라고 말한다(엡 1:3 롬 15:6; 고후 1:3). 그러나 본 구절에서는 "우리 주 예수 그리스도의 하나님"(고후 1:3 참조)이라고 특이한 표현을 사용한다. 이 표현은 그리스도의 신성을 격하시키는 뜻이 아니요 예수 그리스도의 메시아로서의 아들 직을 염두에 두고 하나님과 예수님의 관계를 설명하는 것이다. 칼빈

(Calvin)은 "하나님의 아들이 인간이 되심으로 우리와 같은 차원에서 같은 하나님을 모시게 되었다." … "그러나 우리가 기억해야 할 것은 이것이 그의 인성에 관한 것이요 따라서 그의 복종은 그의 영원한 신성에서 아무 것도 빼앗아 갈 수 없다."[75]라고 해석한다. 예수님의 아들 직에 관하여 본체론적 의미의 아들 직(마 11:27), 메시아적 의미의 아들 직(마 24:36), 출생적 의미의 아들 직(마 1:21; 눅 1:31) 그리고 도덕적 종교적 의미의 아들 직(마 17:24~27)으로 좀 더 분명하게 나누어 생각할 수 있다.[76] 이렇게 네 가지로 구분하여 고찰하는 것은 하나님의 아들에 대한 성경의 묘사가 그렇게 나타나기 때문이다. 명백히 해야 할 점은 성경이 네 가지 종류의 하나님의 아들을 말하는 것이 아니요, 한 분 하나님의 아들, 예수 그리스도를 다른 관점에서 설명한다는 사실이다.

하지만 우리가 하나님의 아들 직을 네 가지로 설명하는 이유는 성경이 하나님의 아들을 묘사할 때 그의 사역과 연관시켜 설명하기 때문이다.[77] 예수님은 본래적으로 하나님과 동일하신 분이지만 그의 사역을 생각 할 때 아버지 하나님이 그의 하나님도 되시는 것이다. 그래서 바울은 "하나님이 그 아들을 보내사 여자에게서 나게 하시고"(갈 4:4), "하나님이 그를 지극히 높여"(빌 2:9)라는 표현을 사용하며 또 하나님이 그리스도로부터 나라를 받으실 것이라고 말한다

75 Calvin, *The Epistles of Paul the Apostle to the Galatians, Ephesians, Philippians and Colossians*, p.134.

76 박형용, 『신약성경신학』 (수원: 합신대학원출판부, 2022), pp. 152-169.

77 더 자세한 내용은 박형용, "하나님의 아들," 『빛과 소금』(1985년 6월), pp.40~42를 보라.

(고전 15:24). 예수님 자신도 하나님을 가리켜 "나의 하나님"이라고 표현했다(마 27:46; 요 20:17). 이처럼 메시아로서 예수님의 사역을 생각할 때 하나님은 예수님의 하나님이며 예수님은 하나님의 구원 목적을 성취하시기 위해 보냄을 받은 것이다.

바울은 일반적으로 예수님의 신성을 강조하기보다 예수님과 구원받은 성도들과의 연합을 더 강조한다. 복음서는 예수님께서 병자들을 고치심, 귀신을 쫓아내심 등의 이적을 통해 예수님의 신성과 권능을 강조하는 반면, 바울 서신은 예수님이 성도들과 연합된 사실을 더 강조한다. 그래서 바울 서신은 예수님이 죽음에서 살아났다는 능동적인 표현을 쓰지 않고 오히려 하나님께서 예수님을 살리셨다는 수동적인 표현을 사용한다(골 2:12; 3:1). 예수님이 "잠자는 자들의 첫 열매"(고전 15:20)가 되시며, "죽은 자들 가운데서 먼저 나신 이"(골 1:18)가 되시고, "많은 형제 중에서 맏아들이 되신다"(롬 8:29)는 표현은 예수님과 성도들의 연합 개념을 잘 증거해주고 있다. 바울 서신은 하나님으로서의 예수님을 강조하기보다 성육신하신 메시아로서의 예수님을 강조하고 있다.

따라서 바울은 본문에서 하나님 아버지를 "주 예수 그리스도의 하나님"이라고 표현함으로 예수 그리스도의 하나님이 바로 성도들의 하나님이신 것을 명백히 하여 예수 그리스도와 성도들과의 연합을 강조하고 있다. 본문의 "우리 주 예수 그리스도의 하나님"은 예수를 육신의 모양으로 세상에 보내셔서 구속을 성취하게 하시고 하나님 우편으로 높여 주신 바로 그 하나님으로, 바울과 에베소 성도들이 기도를 드려야 할 대상이시다.

(3) 지혜와 계시의 성령(엡 1:17)

바울은 지혜와 계시의 성령이 에베소교회 성도들의 마음의 눈을 밝혀 하나님께서 주신 그 크신 축복을 알게 되기를 위해 기도한다. 본문의 "프뉴마 소피아스 카이 아포칼륍세오스"(πνεῦμα σοφίας καὶ ἀποκαλύψεως)를 어떻게 번역하느냐에 따라 본문 이해에 차이가 나타난다. 한글 개역개정은 "지혜와 계시의 영"으로 번역했고, 한글 개역성경은 "지혜와 계시의 정신"으로 번역했다.[78] 한글 개역 번역이 "프뉴마"를 "성령"으로 번역하지 않고 "정신"으로 번역한 이유는 로마서 8:15; 11:8; 갈라디아서 6:1; 디모데후서 1:7 등에 나타난 프뉴마(πνεῦμα)의 뜻을 유추하여 본문의 프뉴마(πνεῦμα)를 주관적인 의미(subjective sense)로 받아들여 에베소교회 성도들이 지혜의 정신과 이해의 정신을 소유하게 되기를 원하는 내용으로 생각한 것이다. 이 견해는 "계시"를 신적 진리의 지식을 이해하는 뜻으로 보고 있다.

본문에서는 프뉴마를 "정신"(spirit)으로 해석하기보다는 성령(The Spirit)으로 해석하는 것이 문맥의 뜻에 비추어 볼 때 더 적절하다. 즉 프뉴마를 객관적인 의미(objective sense)로 받는 것이다.[79] 바울 서

---

78 새번역 성경과 표준 새번역은 "지혜와 계시의 영"으로 번역했고, 그리고 공동번역은 "영적인 지혜와 통찰력"으로 번역했다. 공동번역은 본문의 πνεῦμα를 주관적으로 생각하고 번역한 것이다. NASB는 "a spirit of wisdom and of revelation"으로 소문자 spirit을 사용했고 NIV는 "the Spirit of wisdom and revelation"으로 대문자 the Spirit을 사용했다. 칼빈은 성령으로 생각하고 해석했다. Cf. John Calvin, *The Epistles of Paul the Apostle to the Galatians, Ephesians, Philippians and Colossians*, p.134.: "Until the Spirit of God has made it known to us by a secret revelation, the knowledge of our Divine calling exceeds the grasp of our minds."

79 한글 개역개정이 "지혜와 계시의 영"으로 번역했는데 좀 더 명확하게 "지혜와 계시의 성령"으로 번역했더라면 좋았을 것이다.

신에서 계시는 이해의 뜻으로 사용되기보다는 "비밀을 나타내는 (revealing, disclosing) 뜻"으로 사용되었다(롬 2:5; 16:25; 고전 14:6, 26; 고후 12:1, 7; 갈 1:12; 2:2; 엡 3:3). "계시"를 "나타내는 뜻"으로 받을 때, 만약 에베소교회 성도들이 계시의 정신을 소유한다면 그 뜻은 에베소교회 성도들이 비밀을 다른 사람들에게 나타내 주는 역할을 해야 하는 능동적인 의미를 포함하게 된 것이다.

그러나 본문에서 문제가 되는 것은 바울의 기도 내용이 에베소교회 성도들이 다른 사람들을 위해 무엇을 할 수 있도록 기도한 것이 아니요 에베소교회 성도들이 어떤 사람이 되어야 할 것인가에 대해 관심을 가지고 기도했다는 사실이다. 본문에서 "지혜의 정신"은 현명한 정신으로 이해가 가능하지만, "계시의 정신"은 비밀을 나타내는 정신으로 이해할 때 이는 에베소 성도들이 다른 사람들에게 비밀을 나타내는 정신을 소유하게 된다는 뜻이다. 그렇다면 다른 사람들에게 비밀을 나타내는 정신이란 어떤 정신인가? 그 의미가 명확하지 않고 문맥에서 자연스럽지 못한 것이다.

헨드릭센(Hendriksen)은 본문의 프뉴마(πνεῦμα)를 "정신" 대신 "성령"으로 번역해야 하는 이유를 다음과 같이 설명한다.

① 우리는 일반적으로 계시를 순전한 인간 정신 혹은 마음의 상태와 연관시키지 않는다.
② 이사야 11:2에 보면 지혜는 여호와의 신(성령)에 의해 주어진 여러 가지 은사 중 첫 번째 것으로 언급되었다.
③ "진리의 영"(요 15:26), "양자의 영"(롬 8:15)과 같은 표현들은 성령

을 가리킨다.

④ 에베소서에는 삼위이신 성령의 언급이 풍부하게 나타난다. 본 서신에 보혜사의 언급이 탁월하게 나타나기 때문에 본 구절에서도 바울이 성령을 생각하고 있었다고 믿을 수 있다.

⑤ 하나님 아버지와 아들 그리스도를 언급한 후 성령을 언급하는 것은 바울의 특징이다(롬 8:15~17; 고후 13:13; 엡 1:3~14; 3:14~17; 4:4~6; 5:18~21 참조).

⑥ 하나님 아버지가 마음의 눈을 밝히실 때, 성령을 통해서 하시지 않는가?(요 3:3, 5 참고) 사람은 성령으로 하지 않고는 하나님의 왕국을 볼 수도 없고 또 들어갈 수도 없다(고전 6:9~11; 엡 5:8; 요일 1:7).[80]

이상의 설명이 잘 증거해 주듯이 본문을 "지혜와 계시의 성령"으로 이해하는 것이 문맥의 뜻과 잘 조화를 이룬다. 성경은 성령에 대하여 "진리의 영"(요 14:17; 15:26), "계시의 중개자"(요 16:13), 진리를 가르치는 자(요 14:26; 고전 2:10)로 묘사한다. 그러므로 바울은 하나님께서 지혜와 계시의 공급자이신 성령을 에베소 성도들에게 주셔서 그들이 하나님을 알게 되고 하나님이 주신 복의 풍성함을 알게 되기를 위해 기도한 것이다.

그러면 에베소 성도들이 이미 받은 성령(엡 1:13)을 왜 여기서 다시 주시라고 기도해야 하는가? 바울은 에베소 성도들이 성령을 이

80 참조, Hendriksen, *Ephesians* (N.T.C.), p.97.

미 받았지만 여기서 기도하는 것은 이미 임한 성령의 임재가 강력하게 나타나기를 위해 기도한 것이다. 바울은 다른 곳에서 "그의 성령으로 말미암아 너희 속사람을 능력으로 강건하게 하시오며"(엡 3:16, 개역개정)라고 말한다. 성도들 속에 성령의 사역은 시작되었지만 완성을 향해 계속 진행되어야 한다(빌 1:6). 성령은 성도들의 사랑과 다른 은혜를 점점 풍성하게 하신다(빌 1:9; 살전 3:12). 박윤선 박사는 "저들이 벌써 그리스도를 믿어서 하나님을 아는 자들인데, 이제 그 기초적 지식 위에 지혜의 영을 받아서 모든 영적 사리(事理)들을 더욱 알게 되기를 사도가 원하는 바이다."[81]라고 본문을 바로 해석했다.

바울 사도는 하나님께서 지혜와 계시의 성령을 통해 성도들의 마음의 눈을 밝혀 그들이 소유한 축복을 알게 되기를 기도한다. "마음의 눈"이라고 할 때의 "마음"은 직역하면 "심장"을 가리킨다. 바울이 본 구절에서 "심장"(καρδία)을 사용한 이유는 심장이 사람의 지능적, 종교적 그리고 도덕적 생활을 영위하게 하는 중심된 기관이기 때문이다. 한마디로 마음은 사람의 내적 존재의 중심이라고 할 수 있다. 그러므로 성령이 여기에 내주하시며 영적 생활의 박동이 여기에서 나타난다고 생각할 수 있다.

이제 바울은 좀 더 구체적인 세 가지의 복을 언급한다. 바울은 성령의 조명을 통해 성도들의 마음의 눈이 밝혀져 그들이 "하나님의 부르심의 소망"과 "그 기업의 영광의 풍성함"과 "그의 능력의 지

81 박윤선, 『바울 서신 주석』(1967), p.106.

극히 크심"을 이해할 수 있게 되기를 위해서 기도하는 것이다. 이제 이 세 가지 내용을 좀 더 구체적으로 생각하도록 하겠다.

(4) 하나님의 부르심의 소망(엡 1:18)

하나님께서 성도를 부르실 때는 임의로 부르시지 않고 목적을 가지고 부르신다. 그러면 하나님께서 성도를 부르신 목적이 무엇인가? 신약성경의 교훈을 보면 하나님께서 성도를 부르신 목적은 성도로 하여금 그리스도 예수에게 속하여 그리스도와 함께 하나님의 상속자가 되며(롬 8:17) 그와 교제 관계에 있을 수 있도록 하시기 위해서이다(고전 1:9). 하나님은 우리를 거룩한 '성도'로 부르셨고(롬 1:7; 딤후 1:9; 벧전 1:15), 우리를 하나님의 심판에서 자유하게 하시기 위해 부르셨다(갈 5:1). 하나님께서 우리를 부르신 이유는 종족간이나 계급의 장벽을 초월하여 서로 존경하며 격려하는 한 가족으로서 교제할 수 있도록 하시기 위해 부르셨다. 그때에 우리는 그리스도 안에서 한 몸으로 평화를 누리고 서로 사랑하는 공동체가 될 수 있기 때문이다.

종국적으로는 하나님은 우리로 하여금 하나님께 영광과 찬송을 드리게 하기 위하여 우리를 부르셨다. 그런데 하나님이 우리를 부르신 부르심은 하나님의 유효한 부르심이기 때문에 우리에게 미래에 대한 소망을 제공해준다. 이 소망은 하나님의 변하실 수 없는 약속에 굳건히 뿌리를 내리고 있으며 하나님의 보좌로 우리를 이끌어

준다(히 6:18~20).

기독교는 소망의 종교이다. 성도들의 구원은 현재에도 확실하고 완전하지만 앞으로 나타날 놀랄만한 영광을 소망하면서 사는 것이다. 이 소망은 선(善)이 승리하리라고 생각하는 막연한 바람이 아니다. 성도들의 소망은 성령을 보증으로 성도들에게 주시고(엡 1:14) 미래의 영광스런 상속을 약속하신 하나님이 신실하시기 때문에 확실히 보장된 소망인 것이다.[82] 그래서 바울은 "우리가 소망으로 구원을 얻었으매 보이는 소망이 소망이 아니니 보는 것을 누가 바라리요 만일 우리가 보지 못하는 것을 바라면 참음으로 기다릴지니라"(롬 8:24~25, 개역개정)고 말한다. 바울은 하나님께서 우리를 부르심으로 우리가 소유하게 된 소망과 그 본질 그리고 확실성을 우리들이 알도록 기도한 것이다.

(5) 성도가 받을 영광스러운 기업(엡 1:18)

바울 사도가 언급한 두 번째 내용은 성도들이 하나님께서 주시는 "그 기업의 영광의 풍성함이 무엇인지"[83] 알게 되기를 원하는 것이다. 바울은 "기업의 영광의 풍성함"이 말로 표현하기 힘들 정도로 엄청난 하나님의 복이기 때문에 이 표현을 기록하는데 심혈을 기울

82 W. M. F. Scott, *The Hidden Mystery* (1942), pp.23f.

83 본문에서 τίς는 "얼마나 위대한"(how great)이나, "무슨 종류의"(of what kind) 등과 같은 뜻으로 이해하기보다 "무엇"(what)이라는 일반적인 의미로 생각해야 한다.

인다. 바울의 마음은 가득 차 있고 그의 언어는 그의 사상의 무게를 지니고 있다.[84] 성도들은 하나님으로부터 영원한 기업을 약속 받았다. 성도들이 받을 기업은 "썩지 않고 더럽지 않고 쇠하지 아니하는… 하늘에 간직된"(벧전 1:4) 유업이다. 성도는 하나님의 상속자요 그리스도와 함께한 상속자(롬 8:17)로 그리스도가 성취한 풍성한 영광을 소유하게 된다. 성도들은 하나님을 볼 것이요 그때에는 성도들의 낮은 몸이 그리스도의 영광스러운 몸처럼 변화하게 될 것이다. 그리고 성도들은 하나님과 함께 완전하고 영원한 교제를 즐기게 될 것이다(빌 3:21; 고전 13:12; 요일 3:2). 섬머즈(Summers)는 "성도 안에서 그 기업의 영광의 풍성함이 무엇이며"를 해석하면서 "표현 전체가 믿는 자들이 하나님의 기업이 되었다는 사실에 대한 찬사와 같다. 그러나 그보다 더, 믿는 자들은 모든 의미에서 영광스럽게 풍요한 기업을 경험하게 되는 것이다. 하나님은 성도들 안에 많은 것을 투자하셨다."[85]라고 잘 요약해 주고 있다. 기업의 영광은 하나님께서 성도들에게 주신 선물이요 성도들의 소망의 대상이 된다. 바울 사도는 성도들이 "기업의 영광의 풍성함"을 소유한 사실을 알게 되기를 기원하고 있다.

---

84 Albert Barnes, *Notes on the New Testament: Ephesians, Philippians and Colossians* (Grand Rapids: Baker, 1982), p.31: "There is a force in this language which can be found perhaps nowhere else than in the writings of Paul. His mind is full, and language is burdened and borne down under the weight of his thoughts."

85 Summers, *Ephesians*, p.27.

(6) 하나님의 크신 능력(엡 1:19~23)

에베소교회 성도들은 하나님의 과거의 부르심과 미래의 완전한 기업뿐만 아니라 그들의 현재 경험에서 하나님의 능력의 실현을 알 수 있어야 한다. 하나님의 "능력의 지극히 크심"은 이전 구절에서 언급된 두 가지 다른 요소들, 즉 소망과 기업 사이를 연결하는 요소로 필요한 것이다.[86] 하나님의 능력은 성도의 소망을 확실하게 하며 하나님께서 성도들에게 최종적으로 주실 기업의 영광의 풍성함으로 성도들을 완전하게 인도하실 수 있기 때문이다.

그런데 바울 사도는 하나님의 크신 능력을 표현함에 있어서 비슷한 뜻의 용어들을 반복해서 사용하고 있다. 에베소서 1:19에 나타난 하나님의 "힘"(ἰσχύς), "위력"(κράτος), 그리고 "역사하심"(ἐνέργεια)은 모두 하나님의 "능력"(δύναμις)을 설명하기 위해 동원된 용어들이다.[87] 바울 사도는 "힘," "능력," "위력" 등의 뜻을 가진 용어 가운데 "비아"(βία: violence)를 제외하고 다른 모든 용어를 에베소서에서 사용한다.[88] 본문에서 사용된 "힘"은 내재적인 위대한

86 Hendriksen, *Ephesians (N.T.C.)*, p.99.

87 Salmond, *The Epistle to the Ephesians*, p.276: "'Ενέργεια, which in the NT is never used but of superhuman power whether Divine (Eph, iii.7, iv.16; Col. i.29, ii.12) or Satanic (2 Thess. ii.9) denotes power as *efficiency, operative, energising* power. Κράτος is power as force, mastery, power as shown in *action*: ἰσχύς is power as *inherent*, power as possessed, but passive. The phrase, therefore, means 'the efficiency of the active power which expresses inherent might.'" italics original.

88 Cf. Vincent, *Word Studies in the New Testament*, p.384.
δύναμις: 엡 1:19, 21; 3:7, 16, 20.
δύναμαι: 엡 3:20; 6:11, 13, 16.

능력을 뜻하고, "위력"은 행위 속에 나타난 능력을 뜻하며 그리고 "역사하심"은 어떤 사역을 성취시키기 위한 효력 있는 초인간적인 능력을 뜻한다. 칼빈(Calvin)은 세 용어를 다음과 같이 설명한다. "여기 세 개의 용어를 주목해야 한다. 그것들은 하나님의 팔이 행위 가운데 나타날 때 표명되는 것으로 힘(strength)은 뿌리와 같고 위력(power)은 나무와 같으며 역사하심(efficacy)은 열매와 같은 것이다."[89]

그러나 바울이 본문에서 성도들에게 전하고자 하는 메시지는 세 가지 종류의 능력이 아니라 지극히 크신 하나님의 능력(δύναμις)을 설명하기 위해 능력과 관련된 세 개의 용어를 동원했다는 사실이다. 그러므로 세 개의 용어가 그 뜻에 있어서 어떤 차이를 가지고 있는지 생각하기보다 세 개의 용어가 전체적으로 하나님의 능력의 충만함과 확실함을 설명하고 있다고 생각하는 것이 더 타당하다. 하나님의 능력은 성도들을 회개하게 하는데 나타나고, 성도들을 끝까지 보존하는데 나타나며, 성도들을 죽은 자 가운데서 부활시키는데 나타나고, 성도들을 그리스도와 함께 하늘로 존귀하게 하는데 나타난다.[90]

ἐνέργεια: 엡 1:19; 3:7; 4:16.
ἐνεργέω: 엡 1:11, 20; 2:2; 3:20.
ἐξουσία: 엡 1:21; 2:2; 3:10; 6:12.
ἰσχύς: 엡 1:19; 3:18; 6:10.
κράτος: 엡 1:19; 6:10.
κραταιόω: 엡 3:16.

89 Calvin, *The Epistle of Paul the Apostle to The Galatians, Ephesians, Philippians and Colossians*, p.135.

90 Albert Barnes, *Notes on the New Testament: Ephesians, Philippians and Colossians* (1982), p.32.

사도 바울은 이처럼 하나님의 크신 능력이 성도들을 부르셨고 성도들의 기업을 확실하게 하고 있음을 우리가 알기를 위해 기도하는 것이다. 그러면 하나님의 능력이 지극히 크다는 사실을 우리가 어떻게 알 수 있는가? 바울 사도는 에베소서 1:20에서 하나님의 크신 능력이 어떻게 나타났는지 그리스도의 부활과 승귀(昇貴)를 예로 들어 친절하게 설명한다. 하나님의 크신 능력은 첫째 예수 그리스도의 부활, 둘째 부활하신 그리스도의 왕권, 셋째 예수가 교회의 머리되심에서 분명히 밝혀진다.

① 예수 그리스도의 부활(엡 1:20)

하나님의 크신 능력은 그리스도의 부활로 나타났다. 죽음은 모든 사람이 두려워하는 것이요 아무도 죽음을 피할 수는 없다. 그리고 죽은 후에는 어떤 것도 몸의 부패와 변질을 막을 수 없다. 그런데 하나님이 그리스도의 죽음에서 이 자연적인 과정을 멈추게 하시고 그리스도를 죽은 자 가운데서 부활시키신 것이다. 예수 그리스도는 다른 모든 죽은 자들이 경험한 부패와 변질을 경험하시지 않고 부활하신 것이다(행 2:27 참조). 신약의 메시지 가운데 십자가는 항상 중심된 자리를 차지한다. 그러나 그리스도의 부활 없는 십자가는 아무런 의미가 없다. 성도들의 구속을 생각할 때도 그리스도의 부활을 떠나서는 설명할 수가 없다. 그래서 바울은 "만일 죽은 자가 다시 살아나는 일이 없으면 하나님이 그리스도를 다시 살리지 아니하셨으리라"(고전 15:15)라고 말하고, 또한 "예수는 우리가 범죄한 것 때문에 내줌이 되고 또한 우리를 의롭다 하시기 위하여 살아나셨느니라"(롬 4:25, 개역개정)라고 성도들의 의롭게 됨과 그리스도의 부활을 연결시켜 설명한다.

워필드(Warfield)는 예수님의 부활에 대해 "예수님이 무덤에서 살아나지 않으셨다면 모든 우리의 소망, 모든 우리의 구원이 오늘날까지 그와 함께 죽어 누워 있을 수밖에 없다. … 이처럼 그리스도의 부활은 그의 완성된 사역, 그의 성취된 구속의 필요 불가결한 증거가 된다."[91]라고 바로 설명한다. 예수님의 죽음과 부활은 떼려야 뗄 수 없는 사건이며 특히 예수님의 부활은 구속 성취를 완결하고 보장하는 하나님의 능력이다.

섬머즈(Summers)도 "사람이 십자가를 바라볼 때는 죄와 죽음을 비웃거나 조롱할 수 없다. 그가 빈 무덤과 그리스도의 부활의 진리에 이를 때에만 죄와 죽음을 비웃을 수 있고 '우리에게 승리를 주신 하나님께 감사합니다'라고 말할 수 있다. 어떤 그리스도의 개념도 그 개념이 부활을 포함하지 않는다면 신약의 개념이 될 수가 없다."[92]라고 그리스도의 부활의 중요성을 설명한다. 신자들의 구원은 그리스도의 죽음만으로 완전하게 성취되었다고 생각할 수 없으며 거기에는 반드시 그리스도의 부활이 요구된다. 따라서 하나님은 그의 크신 능력으로 자연의 섭리를 초월하여 그리스도를 부활시키신 것이다.

---

91 B. B. Warfield, "The Resurrection of Christ a Fundamental Doctrine," *Selected Shorter Writings*, Vol, I, ed. John E. Meeter (Philadelphia: Presbyterian and Reformed, 1970), p.200.

92 Summers, *Ephesians*, p.29.

그런데 바울 서신에서 그리스도의 부활을 설명할 때는 항상 하나님이 동작의 주체이며 예수님이 동작의 대상이 된다. 즉 하나님께서 예수님을 일으키시며 예수님은 일으키심을 받는 것이다. 바울 서신은 예수님이 그의 부활에 있어서 수동적인 역할을 한 것으로 묘사한다. 반면 복음서는 예수님이 자신의 부활에 있어서 능동적인 역할을 하신 것으로 묘사한다. 요한 사도는 "내가 내 목숨을 버리는 것은 그것을 내가 다시 얻기 위함이니 이로 말미암아 아버지께서 나를 사랑하시느니라 이를 내게서 빼앗는 자가 있는 것이 아니라 내가 스스로 버리노라 나는 버릴 권세도 있고 다시 얻을 권세도 있으니 이 계명은 내 아버지에게서 받았노라"(요 10:17~18, 개역개정; 요 2:19 참조)라고 설명한다.

그러면 왜 복음서는 예수님이 자신의 부활에 있어서 능동적인 역할을 하신 것으로 묘사한 반면, 바울 서신은 수동적인 역할을 한 것으로 묘사하는가? 그 이유는, 복음서는 예수님의 신성을 강조하고 하나님의 아들의 권세와 능력을 강조하기 때문에 예수님의 신적인 능력이 자신의 부활에서도 나타날 것을 설명하기 위함이요, 바울 서신은 예수님과 성도들과의 연합을 강조하고(롬 6:3~8; 엡 2:4~6) 또 예수님이 성도들과 동일시되심을 강조하기 때문에 부활에 있어서 항상 하나님이 동작의 주체가 되며 예수님과 신자들은 동작을 받는 대상으로 묘사되는 것이다.[93] 이처럼 바울 사도는 하나님의 크신 능력이 그리스도의 부활에서 확증되고 있음을 분명히 하고 있는

93 R. B. Gaffin, Jr. *Resurrection and Redemption, A Study in Pauline Soteriology* (Ann Arbor: University Microfilms, 1970), pp.83~86.

것이다.

② **부활하신 그리스도가 왕 노릇하심**(엡 1:20하~22상)

하나님은 그의 능력으로 예수님을 죽은 자들 가운데서 다시 살리셨을 뿐만 아니라 그를 하나님의 오른편에 앉히셨다(엡 1:20). 이는 "여호와께서 내 주에게 말씀하시기를 내가 네 원수들로 네 발판이 되게 하기까지 너는 내 오른쪽에 앉아 있으라 하셨도다"(시 110:1, 개역개정)라는 구약의 메시아 예언을 성취하신 것이다. 에베소서 1:20에 그리스도께서 하나님의 오른편에 앉으신 사실이나 에베소서 1:22에 만물을 그리스도의 발아래 복종하게 하신다는 사실은 시편 110편에 나타난 사상을 잘 반영해 주고 있다. 신약의 저자들은 시편 110편의 말씀이 그리스도의 승귀로 성취되었음을 증언한다(참조. 행 5:31; 7:56; 롬 8:34; 고전 15:25; 빌 2:9~11; 골 3:1; 히 1:3; 8:1; 12:2; 계 5:1~14).

그러면 하나님의 오른편은 어떤 자리를 가리키는가? "그것은 어떤 특별한 장소를 뜻하지 않고 하나님 아버지께서 그리스도가 그의 이름으로 하늘과 땅을 다스리실 수 있도록 그리스도에게 주신 권능을 뜻한다."[94] 그리스도께서 부활 후에 영광과 권세의 자리로 높아지신 것은 하나님의 지극히 크신 능력에 의해 가능하게 된 것이다. 하나님의 오른편은 존귀와 영광과 덕목의 상징이다.[95] 그리고 그리

94 Calvin, *Ephesians*, p.136.

95 Geerhardus Vos, *Reformed Dogmatics*, Vol. Three (Bellingham: Lexham Press, 2014), p. 236.

스도가 하나님의 보좌에 동참한다는 사실은 그리스도의 신적인 위엄과 그의 범우주적인 주권(Lordship)을 명백히 한 것이다. 그런데 그리스도가 하나님 우편에 앉아 있다는 사실은 그리스도의 몸의 영원한 자세를 가리키지 않고(참조. 행 7:56; 계 2:1) 구속의 사역을 완성하신 후 그리스도께서 받으신 최고의 통치 권한을 가리킨다.

그러면 부활 승천하신 그리스도의 위치는 얼마나 높은가? 그의 주권의 범위는 얼마나 넓은가? 그리스도는 "모든 통치와 권세와 능력과 주권"(엡 1:21) 위에 뛰어난 탁월하신 분이며 "만물 위에 교회의 머리"(엡 1:22)로서 세우심을 받은 분이다. 뿐만 아니라 그리스도의 주권은 이 세상뿐 아니라 오는 세상에까지 미치는 것이다. 본문의 "모든 통치와 권세와 능력과 주권"은 천사들을 가리킨다.[96]

살몬드(Salmond)는 "이 부분의 주요 개념과 비슷한 진술들(엡 3:10; 골 1:16; 롬 8:38; 벧전 3:22)의 명백한 목적은 천사들의 세계를 뜻하고 있음을 가리킨다. 여기에 사탄의 세력에 대한 그리스도의 승리를 언급하지 않은 사실은 단지 좋은 천사들, 즉 하늘의 지성적 존재들을 생각하고 있음을 제시하고 있다."[97]라고 해석한다. 그러나 본문의 "모든 통치와 권세와 능력과 주권"을 다른 관점으로 해석하는 학자들도 있다. 링컨(Lincoln)은 본문의 "모든 통치와 권세와 능력과 주권"(엡 1:21)을 해석하면서 이 세력들은 인간 통치자들이나 정치적인 구조를 가리키지 않고 영적인 존재들을 가리킨다고 말한

96 Calvin, *Ephesians*, p.137; Hendriksen, *Ephesians*, p.101; Salmond, *The Epistle to the Ephesians*, p.278.

97 Salmond, *The Epistle to the Ephesians*, p.278.

다.[98] 그는 이런 세력들이 영적인 존재라는 근거를 같은 서신인 에베소서 6:12에서 찾는다. "우리의 씨름은 혈과 육을 상대하는 것이 아니요 통치자들과 권세들과 이 어둠의 세상 주관자들과 하늘에 있는 악의 영들을 상대함이라"(엡 6:12, 개역개정). 링컨은 이처럼 에베소서 1:21의 "모든 통치와 권세와 능력과 주권"과 에베소서 6:12의 "통치자들과 권세들과 이 어둠의 세상 주관자들"을 일관성 있게 영적인 존재로 해석한다. 그리고 링컨은 이들 영적인 존재들이 악한 존재들 즉 악한 영들이라고 해석한다.[99] 아놀드(Arnold) 역시 같은 관점에서 본문의 "모든 통치와 권세와 능력과 주권"을 그 성격상 악한 천사들로 이해해야 한다고 해석한다.[100] 스토트도 통치와 권세를 악마들, 어두움의 세상 주관자들 또는 하늘에 있는 악한 영들을 가리키는 것으로 생각한다.[101]

그러나 본문의 "모든 통치와 권세와 능력과 주권"을 악한 천사들을 가리키는 것으로 해석하기보다는 선한 천사들 즉 하늘의 지성적 존재들로 해석하는 것이 더 바르다고 생각된다. 그 이유는 본문에서 "모든 통치와 권세와 능력과 주권"이 악한 것과 연관되어 있지 않고 또한 바울 사도는 그리스도의 승귀의 범위가 단순히 이 세상에만 국한한 것이 아니요, 이 세상과 오는 세상 전체에 해당함을 알

98 Andrew T. Lincoln, *Ephesians (Word Biblical Commentary,* Dallas: Word Books, 1990), p.64.

99 Lincoln, *Ephesians* (1990), p.64.

100 Clinton E. Arnold, *Ephesians: Power and Magic* (Grand Rapids: Baker, 1992), p.56.

101 Stott, *God's New Society*, p.60.

리기 원하고 있기 때문이다. 같은 서신 에베소서 3:10도 "통치자들과 권세들"이 악한 존재라기보다는 하나님의 각종 지혜를 알고 있는 선한 영적 존재라고 설명하고 있다. 이 사실도 에베소서 1:21의 "모든 통치와 권세와 능력과 주권"이 선한 영적 존재를 가리키고 있음을 지지하고 있다. 그러면 바울이 왜 본문에서 천사들이라고 단순하게 설명하지 않았는가? 바울은 "이런 명칭들을 높임으로 말미암아 그리스도의 영광을 확대시킨 것이다. 그 이름들이 어떤 종류의 이름으로 불려질지라도 그리스도의 위엄에 복종하지 않을 만큼 탁월한 이름은 없다고 말하는 것과 같다."[102] 바울은 여기서 천사들도 그리스도를 떠나서는 능력을 행사할 수 없음을 밝힌다. 그리스도는 천사들을 포함한 모든 피조물들을 통치하신다. 바울은 그리스도의 주권이 이 세대뿐만 아니라 오는 세대까지 미칠 것을 명백히 한다. 바울 서신 다른 곳에서는(롬 12:2; 고전 1:20; 2:6, 8; 고후 4:4; 갈 1:4; 엡 2:2; 딤전 6:17; 딛 2:12) 이 세대라는 용어만 나타난다. 그런데 본문 에베소서 1:21에서는 이 세상(in the present age)과 오는 세상(in the one to come)이 명백한 대칭을 이루어 나타난다.

보스(Vos)는 바울이 에베소서 1:21에서 두 용어를(이 세상과 오는 세상) 사용한 특별한 이유를 지적한다. 보스는 그 이유를 "모든 이름 위에 뛰어난 그리스도의 이름의 최고위(最高位)를 시간과 공간에 관하여 아무런 제한 없이 인정하도록 하는데 있다. 다른 구절들은 전(前)종말론적 기간 내에 어떤 특정한 요소를 다루기 때문에 대칭되

102 Calvin, *Ephesians*, p.137.

는 용어를 언급할 필요가 없다."[103]라고 설명한다. 예수님도 성령 훼방죄(모독죄)가 시간의 제한 없이 적용된다는 사실을 확실히 하시기 위해 "누구든지 말로 성령을 거역하면 이 세상과 오는 세상에서도 사하심을 얻지 못하리라"(마 12:32)라고 두 세상을 명백히 언급하신다. 링컨(Lincoln)도 "에베소서 1:21에서 저자는 우주적인 통치 조직에서 그리스도를 다른 천사적 권세들과 같은 차원에서 고려할 수 없음을 명백히 한다. 그리스도의 승귀는 그들 모두 위에 그리스도를 위치하게 만들었다"[104]라고 그리스도의 승귀의 탁월한 성격을 바로 지적했다. 아놀드(Arnold)도 "그리스도의 능력과 권세는 그 범위가 우주적이다. 그의 이름에 다른 이름을 부가하지 않고 오로지 그의 이름만으로도 악의 '능력들'에 대한 성공적인 대결을 위해 충분하다. 개심자는 하나의 초자연적 '능력'이나 여러 개의 초자연적 '능력들'이 그리스도와 동등하다거나 그리스도 보다 더 탁월할 것이라는 두려움을 가지고 더 이상 살 필요가 없다. – 그리스도의 능력과 권세는 모든 범주의 '능력들' 보다도 엄청나게 탁월하다. 진정으로 그리스도의 능력은 모든 이름 위에 뛰어난 능력이시다."[105]라고 해석한다. 이 말씀은 하나님께서 그리스도를 "죽은 자들 가운데서 다시 살리시고 하늘에서 자기의 오른 편에 앉히신"(엡 1:20) 사실이 그리스도에게 전 우주를 포괄하는 최고의 권세와 능력과 존귀를 주셨

103 G. Vos, *The Pauline Eschatology* (Grand Rapids: Eerdmans, 1961), p.12.

104 Lincoln, *Ephesians* (*WBC*), p.63. Lincoln은 에베소서 저자를 바울로 보지 않기 때문에 그의 주석에서 일관되게 "저자" 혹은 "기자"(the writer)라는 표현을 쓰고 있다.

105 Arnold, *Ephesians: Power and Magic* (1992), p.56.

음을 증거한다. 부활하신 예수 그리스도는 이 세상과 오는 세상에서 영원히 모든 통치와 권세와 능력과 주권을 행사하실 것이다.

바울은 유대주의의 두 세대 개념을 자신의 교훈에 맞도록 수정하여 사용하고 있다. 원래의 두 세대 개념은 이 세대가 끝나면 오는 세대가 연속되는 것인데, 바울의 수정된 두 세대 개념은 그리스도의 부활을 기점으로 오는 세대가 시작되었고 그때로부터 예수님의 재림 때까지 이 세대와 오는 세대가 병존하며, 예수님의 재림 이후는 오는 세대가 완성을 이루게 된다.[106]

그러므로 신자들은 이미 오는 세대에 속해 있으며 현재 천국 시민권을 소유하고 있지만 이 세상에 발을 붙이고 살고 있기 때문에 신자만이 가질 수 있는 종말론적 삶의 긴장을 경험하게 된다(빌 3:20; 엡 2:6). 바울은 성도들이 "죽은 자 가운데서 다시 살아난 자"(ἐκ νεκρῶν ζῶντας)이지만 이 세대와 오는 세대가 병존하는 기간에는 "죽을 몸"(ἐν τῷ θνητῷ ὑμῶν σώματι)과 함께 살고 있음을 분명히 한다(롬 6:12~13). 그래서 바울은 "우리가 이 보배를 질그릇에 가졌으니 이는 심히 큰 능력은 하나님께 있고 우리에게 있지 아니함을 알게 하려 함이라"(고후 4:7, 개역개정)라고 성도들의 현재 상태를 설명한다. 성도들은 하나님 나라에 속한 사람들로서 몸을 가지고 죄

106

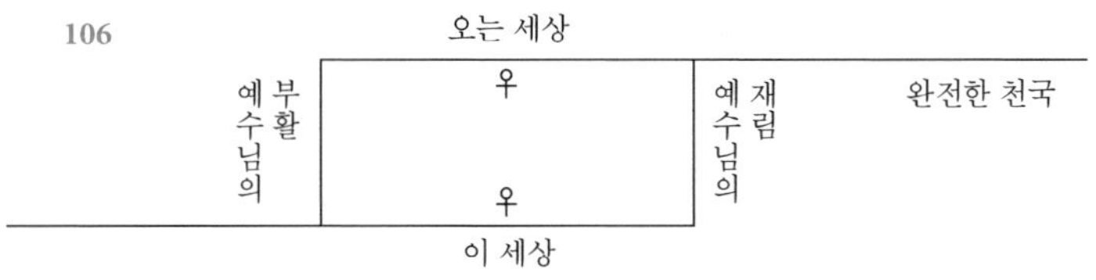

오는 세상

예수님의 부활

예수님의 재림

완전한 천국

이 세상

설명: 성도는 이 세상에 살고 있지만 예수님을 믿는 즉시 그 본적이 오는 세상(천국)으로 옮겨진다.

있는 이 세상에서 살고 있기 때문에 긴장을 가지고 살 수밖에 없다.

③ **예수가 교회의 머리되심**(엡 1:22상~23)

바울은 두 가지 특이한 표현으로 예수님이 교회와 만물의 머리가 되심을 설명한다. 그리스도를 "만물 위에 교회의 머리로 삼으셨다"(엡 1:22)는 표현과 "교회는 그의 몸이니 만물 안에서 만물을 충만하게 하시는 이의 충만"(엡 1:23, 개역개정)이라는 표현이 바로 그것이다. 이 두 가지 내용을 문맥에 비추어 좀 더 구체적으로 생각해 보자. 그리스도를 "만물 위에 교회의 머리로 삼으셨다"는 뜻은 그리스도의 권위가 만물에게까지 미치는 것을 강조한다. 예수 그리스도는 만물보다 먼저 계셨고(골 1:17), 만물을 창조하셨고(골 1:16), 만물의 으뜸이 되신다(골 1:18). 예수 그리스도는 교회의 머리이지만 그의 통치의 권한은 교회에 국한된 것이 아니요 만물에게까지 미친다. 예수 그리스도는 교회를 위해 죽으시고 부활하심으로 교회의 머리가 되셨을 뿐만 아니라 온 세상을 창조하신 창조주이시기에 만물의 머리가 되신다. 에베소서 1:22은 예수 그리스도와 교회, 그리고 예수 그리스도와 만물과의 관계를 설명하는데, 전자의 관계는 함축적으로 나타나고 후자의 관계는 더 명시적으로 강조된다.[107] 본문은 교회와 우주가 그리스도 안에서 동일한 머리를 갖게 됨을 설명하면서 그리스도께서 우주를 다스리시는 사실에 대해 더 강조한다.

그러면 "교회는 그의 몸이니 만물 안에서 만물을 충만하게 하시

107 Salmond, *The Epistle to the Ephesians*, p.280

는 이의 충만"이라는 뜻은 무엇인가? 이 구절의 해석은 "충만"(πλήρωμα)이라는 용어를 능동적인 의미로 생각하느냐 수동적인 의미로 생각하느냐에 따라 그 해석이 달라진다. 우선 본문의 "충만"을 그리스도를 묘사하는 것으로 생각하기보다 교회를 묘사하는 것으로 생각하는 것이 더 타당하다.

그런데 교회와 연관시켜 "충만"이라는 용어를 능동적으로 생각하면 교회가 그리스도를 완전하게 만든다는 뜻으로 해석이 된다. 즉 머리가 그 자체로 완전할지라도 지체가 없으면 무엇인가 불완전하기 때문에 교회의 머리이신 그리스도가 완전하게 되기 위해서는 교회를 필요로 한다는 것이다. 칼빈(Calvin)은 "하나님의 아들이 우리와 연합되기까지는, 그가 어떤 면에서 스스로를 불완전하게 여기는 이 사실이 교회의 최고 영예이다"[108]라고 말한다. 이 견해를 지지하는 개혁주의 신학자들은 칼빈(Calvin), 헨드릭센(Hendriksen), 하지(C. Hodge) 등이다. 이들은 그리스도의 자체 완전성은 양보하지 않는다. 하지만 바울이 문맥에서 머리와 몸의 비유를 사용했기 때문에 그리스도의 완전이 교회를 필요로 한다고 해석한다.

그러나 "충만"을 능동으로 해석하기보다는 수동으로 해석하는 것이 문맥과 더 잘 어울린다고 생각된다. 수동으로 해석하면 교회가 '채우는 것'이 아니요 '채워지는 것'이 된다. 그렇다면 교회가 그리스도의 충만인 까닭은 교회가 그리스도를 충만하게 하기 때문이

---

108 John Calvin, *The Epistles of Paul the Apostle to the Galatians, Ephesians, Philippians and Colossians*, p.138.; Hendriksen, *Ephesians (NTC)*, pp. 103-104.: "I have, after lengthy study, reached the conclusion that the following is the correct interpretation: *the church is Christ's complement.*" italics original.

아니라 그리스도가 교회를 충만하게 하기 때문이다.[109] 교회는 그리스도의 몸일 뿐만 아니라 그리스도에 의해 채워지는 것이다. 본 필자는 다음 두 가지 이유로 "충만"을 능동으로 해석하기보다는 수동으로 해석하는 것이 더 정확하다고 생각한다.

첫째, 전후 문맥에 비추어 볼 때 전체 구절이 그리스도가 누구이며 그리고 그리스도가 우주에게 또 교회에게 무슨 일을 하셨는지 강조하고 있다. 본 구절의 논리의 방향이 그리스도로부터 교회와 우주에게로 이지, 교회로부터 그리스도에게로가 아니다. 바울 사도가 시종일관 예수님의 절대주권을 강조하면서 같은 문맥에서 교회가 그리스도를 완전하게 한다고 생각할 수 없다.

둘째, 성경의 유추를 들 수 있다. 성경은 일반적으로 교회가 그리스도를 충만하게 한다고 말하지 않고 그리스도가 교회를 충만하게 한다고 가르친다(엡 2:21, 22).[110] 충만을 수동으로 해석하면 본 구절의 뜻을 다음과 같이 요약해 볼 수 있다. "본 구절의 개념은 그리스도 안에 있는 풍요한 신적인 능력들과 특질들이 그리스도에 의해 교회에 전해진 것이다. 그러므로 교회는 그리스도의 임재로 충만해지고 그리스도의 생명으로 활기에 차 있으며 그리스도의 은사들과 능력들과 은혜들로 충만하다. 그리스도는 우주의 유일한 머리이며 우주의 존재와 질서를 위해 필요한 것을 제공하신다. 그는 또한 교회의 유일한 머리이며 교회는 그리스도가 소유한 것을 전해 받고

109 Stott, *God's New Society*, p.64.

110 Stott, *God's New Society*, p.65.

사명의 실현을 위해 필요한 모든 것을 그리스도로부터 제공 받는다."[111]

바울 사도는 본 문맥에서 하나님의 지극히 크신 능력이 그리스도를 교회의 머리로 세우시고 그리스도로 하여금 교회의 존재와 사명에 필요한 모든 것을 충분하게 제공할 수 있도록 하신다고 설명하고 있다.

111 Salmond, *The Epistle to the Ephesians*, p.282.

에베소서
주해

제2장 주해

1. 인간의 본래 형편 (엡 2:1~3)
2. 그리스도와 함께 산 자 (엡 2:4~7)
3. 하나님의 걸작품 (엡 2:8~10)
4. 그리스도 안에서 창조된 새 사람 (엡 2:11~18)
5. 완성의 과정에 있는 교회 (엡 2:19~22)

제2장 주해

1. 인간의 본래 형편(엡 2:1~3)

> "그는 허물과 죄로 죽었던 너희를 살리셨도다 그 때에 너희는 그 가운데서 행하여 이 세상 풍조를 따르고 공중의 권세 잡은 자를 따랐으니 곧 지금 불순종의 아들들 가운데서 역사하는 영이라 전에는 우리도 다 그 가운데서 우리 육체의 욕심을 따라 지내며 육체와 마음의 원하는 것을 하여 다른 이들과 같이 본질상 진노의 자녀이었더니" (엡 2:1~3, 개역개정)

바울 사도는 에베소서 1장에서 성부, 성자, 성령, 삼위일체 하나님이 성도들의 구원을 위해 성취하신 사역을 설명하고(엡 1:3~14), 독자들의 눈이 성령으로 밝아져 하나님이 그들을 부르신 의미와 하나님의 크신 능력이 그들이 받은 축복을 끝까지 보장해 주신다는 사실을 알게 되기를 위해 기도했다(엡 1:15~23). 그런데 에베소서 2장에서는 성도들이 그리스도 안에서 받은 엄청난 축복을 언급하기에 앞서 그리스도 없는 인간이 얼마나 비참한 상태에 있었는지를 설명한다.

먼저 본문의 구조를 생각해 보면 에베소서 2:4에 이르기까지 문장의 주어가 나타나지 않는다. 에베소서 2:1에 주어와 동사가 없고 에베소서 2:2과 에베소서 2:3은 관계 대명사가 이끄는 문장으로 연속된다. 그리고 에베소서 2:4에 가서야 "하나님"(ὁ θεός)이 주어로 나타나며, 다시 분사가 이끄는 문장을 사용하여 그리스도 없는 인간의 상태를 설명하다가 에베소서 2:5에 가서야 하나님을 주어로 받는 동사 "함께 살리셨고"(συνεζωοποίησεν)가 나타난다. 그리고 에베소서 2:6에서 함께 살리셨다는 의미를 더 발전적으로 설명하는 "함께 일으키다"(συνήγειρεν) "함께 앉히다"(συνεκάθισεν)가 나타난다. 한글 개역판과 개역개정판을 위시한 많은 번역본은 문장의 흐름을 위해 "살리셨다"는 동사를 에베소서 2:1에서 빌려 쓴다(AV, NKJV, ARV).

그러나 이런 삽입은 바울 사도의 의도를 바로 전달하고 있다고 생각할 수 없다. 바울은 에베소교회 성도들의 구원받기 이전의 형편이 어떤 형편이었는지를 상기시켜 주기 위해 에베소서 2:5에 가서야 주동사를 사용하고 있는 것이다. 이와 같은 문장 구조는 바울 사도가 그리스도 안에서 성도들이 누리는 축복에 대한 감사의 마음으로 압도되어, 그리스도 안에서 풍요를 누리기 전의 인간이 얼마나 비참한 상태에 있었는지를 먼저 언급하기 위해 주어(하나님)와 동사(함께 살리셨다)를 뒤로 미루어 놓았다는 것을 보여주는 구조다.

즉 바울 사도는 하나님의 살리시는 은혜를 언급하기 이전 에베소 성도들이 본질적으로 비참한 상태에 있었음을 지적한다. 사도 바울의 이런 방법은 대단히 의미심장할 뿐만 아니라 효과 있는 방법이다. 왜냐하면 죄에 대한 바른 견해를 갖지 못하면 은혜에 대해서도 바른 견해를 갖지 못하기 때문이다(롬 1장~3장 참조).

사람이 그리스도를 알게 될 때만 죄의 극악함을 알 수 있다. 로이드 존스(Lloyd-Jones)는 "항상 가장 큰 불행은 죄에 대한 부적절한 개념이다. 사람들은 만약 당신이 정신만 차린다면, 만약 당신이 선한 생활만 한다면 당신은 하나님을 만족하게 할 것이요 하나님은 기뻐하실 것이라는 등의 말을 한다. 그런 사람들의 진정한 불행은 그들이 '죄'라는 말의 의미를 이해하지 못한 것이다. 그들은 그들 스스로를 구원할 수 있다고 생각한다. 그들은 하나님의 전능하신 능력의 필요성을 결코 보지 못한다. 그 이유는 전적으로 그들이 그들 자신의 진정한 모습을 결코 보지 못한 사실 때문이다."[112]라고 바로 지적했다.

바울은 에베소서 2:1~3에서 하나님의 은혜를 받기 전의 인간의 상태를 적나라하게 노출시키고 있다. 인간은 본래 허물과 죄로 죽었던 자들이다. 인간이 죽었다는 것은 그리스도 밖에서는 누구나 영적으로 죽었다는 것을 말한다. "허물과 죄"는 인간이 하나님 앞에서 얼마나 잘못되어 있는가를 증거 한다. 의미적으로 볼 때 "허물"은 "잘못된 발걸음"(false step) "침범"(transgression) 등의 뜻을 가지고 있다. 따라서 허물은 경계선을 넘는 죄, 바른 길에서 이탈하는 죄 등의 뜻을 함축하고 있다. 그리고 "죄"는 "표적을 맞추지 못했다"는 뜻이다. 따라서 "죄"는 하나님과의 관계에 있어서 인간 편에서의 실패를 뜻한다.

그런데 본문에서 "허물"과 "죄"의 뜻을 명확하게 구분하는 것은

---

112 D. M. Lloyd-Jones, *God's Way of Reconciliation: Studies in Ephesians 2* (Grand Rapids: Baker, 1972), p.8.

불가능한 일이다. 바울은 이 두 용어를 사용함으로 인간이 범할 수 있는 모든 죄를 전체적으로 가리키고 있다. 인간이 범할 수 있는 적극적인 죄, 소극적인 죄, 알고 지은 죄, 알지 못하고 지은 죄를 총망라하여 모두 포함시키고 있다. "허물과 죄로 죽었던"이라는 표현은 예수를 알기 전의 인간의 상태가 얼마나 비참한 상태인지를 단적으로 지적해 주고 있다.[113]

그러면 인간의 죽은 상태는 어떤 상태를 가리키는가? 죽은 상태는 "죽어 가고 있는" 상태나 "죽도록 정죄 받은" 상태가 아니라 이미 죽어 있는 상태를 가리킨다. 인간이 살아서 활동하는데 죽은 상태에 있다는 말은 무슨 뜻인가? 그 뜻은 그들의 활동이 죽은 활동이라는 말이다. 인간은 아무리 살아서 움직일지라도 그리스도 없는 인간은 영적으로 죽은 인간이라는 뜻이다.

스토트는 "그들은 마치 시체처럼 하나님께 아무런 반응도 보이지 않는다. 따라서 우리는 하나님 없는 생명(아무리 육체적으로 건장하고 정신적으로 기민한 사람일지라도)은 살아 있는 죽음이며 그러한 삶을 사는 사람들은 그들이 활동하고 있는 동안에도 죽은 것이라는 점을 주저하지 말고 확실히 해야 한다."[114]라고 바로 설명했다. 바울은 "그들의 총명이 어두워지고 그들 가운데 있는 무지함과 그들의 마음이 굳어짐으로 말미암아 하나님의 생명에서 떠나 있도다"(엡 4:18, 개역개정)라고 본 구절의 의미를 보충 설명해 준다. 그러므로 인간의

113 Lenski, *Ephesians*, p.407; Salmond, *The Epistle to the Ephesians: Expositor's Greek Testament*, p.283.

114 J. R. W. Stott, *God's New Society*, p.72.

죽은 상태는 영적으로 죽어 있는 상태로 하나님과의 관계가 끊어진 상태를 뜻한다. 이런 상태에 있는 사람들은 그리스도의 생명에 참여하게 될 때까지는 살아 있으나 죽은 자들이다.

바울 사도는 에베소서 2:2~3에서 허물과 죄로 죽었던 상태가 어떤 상태였는지를 좀 더 구체적으로 설명한다. 에베소서 2:2~3은 이미 설명한 대로 두 개의 관계 대명사가 이끄는 문장으로 에베소서 2:1을 확대 설명하고 있다. 바울은 에베소서 2:2 서두에서 "행하여"라는 용어를 사용함으로 허물과 죄로 죽었던 상태가 정적이고 소극적인 상태가 아니요 동적이고 적극적인 상태였음을 지적하고 있다. "행한다"(to walk)라는 말은 수신자들이 특별한 방향을 향하여 의도적으로 진행하고 있었음을 뜻한다. 그들의 생활 태도가 자의적으로 하나님이 인간을 위해 세워 주신 기준과는 반대 방향으로 나가고 있었음을 가르쳐 주는 것이다. 그래서 그들은 하나님께 능동적으로 반항하고 있었다.[115] 그러면 그들의 상태는 어떠했는가?

(1) "이 세상 풍조를 따르는" 상태(엡 2:2)

"이 세상 풍조를 따르는"은 좀 더 문자적으로 해석하면 "이 세상의 세대를 따라"(according to the age of this world)이다. 바울은 "이 세대를 따라"라는 표현만 사용해도 충분할 곳에서 "이 세상의 세대를 따라"

115 Wilson, *Ephesians*, p.44.

라고 세상(κόσμος)과 세대(αἰών)를 같이 사용하여 더 포괄적으로 설명하고 있다. "이 세상의 세대를 따라"는 하나님을 떠난 사회 전체의 가치 체계를 따라 사는 것을 의미한다.[116] 즉 없어질 세상의 악한 방법에 완전히 영합하는 생활이요 하나님 나라의 영적인 법칙에는 전적으로 상반되는 생활을 뜻한다. 그들의 생은 "이 악한 세대"(갈 1:4)의 방법대로 사는 생애였다. "이 세상 풍조를 따르는" 삶은 하나님 나라의 가치 체계와는 정 반대 되는 가치 체계를 따라 사는 삶이다. 그런 삶은 다른 곳에 언급된 바울의 말을 빌리면 "육체의 일"로서 구체적으로 "음행과 더러운 것과 호색과 우상 숭배와 주술과 원수 맺는 것과 분쟁과 시기와 분냄과 당 짓는 것과 분열함과 이단과 투기와 술 취함과 방탕함과 또 그와 같은 것들"(갈 5:19~21, 개역개정)을 즐기면서 사는 생을 가리킨다. "이 세상 풍조를 따르고"로 옮긴 한글 번역은 본문의 의미를 비교적 잘 나타낸 번역이라고 할 수 있다. 이 세상의 풍조는 그 자체가 악한 것이므로 그대로 사는 것은 삶 자체가 악한 것이다.

(2) "공중의 권세 잡은 자를 따라 사는" 상태(엡 2:2)

본문에 나타난 "공중의 권세 잡은 자"는 사탄(Satan)을 가리킨다. 그들은 공중 나라의 통치자로 알려진 사탄에 예속되어 있었다. 사실

116 Stott, *God's New Society*, p.73.

상 그들은 사탄을 위해 기꺼이 봉사했던 자들이었다(골 1:13; 딤후 2:26). 오늘날 사탄의 존재를 인정하는 것은 케케묵은 생각으로 간주하는 사람들이 많다. 그러나 성경은 사탄과 귀신들의 존재를 분명히 한다. 예수님이 사탄에게 시험을 받으셨으나 승리하셨으며(마 4:1~11; 눅 4:1~13), 또 예수님이 귀신들을 내쫓기도 하셨다. 예수님은 "내가 하나님의 성령을 힘입어 귀신을 쫓아내는 것이면 하나님의 나라가 이미 너희에게 임하였느니라"(마 12:28)라고 말씀하셨다. 그리고 바울도 사탄의 존재를 인정했다(행 13:10; 26:18; 롬 16:20; 고전 5:5; 7:5; 고후 2:11; 11:14; 살전 2:18; 살후 2:9; 딤전 1:20; 3:6, 7; 5:15; 딤후 2:26). 이처럼 사탄의 존재에 대한 성경의 명백한 증거는 시대의 변화에 따라 나타나는 주장에 의해 무효화될 수 없는 것이다. 사탄은 우리가 그의 존재를 인정하든 인정하지 않든 계속 존재하면서 활동하고 있다.

그러면 사탄의 영역은 어디인가? 이 질문의 답은 본문의 "공중"을 어떻게 해석하느냐에 따라 달라진다. 성경학자 중 본문의 "공중"을 상징적으로 해석하는 사람과 문자적으로 해석하는 사람이 있다. 상징적인 해석은 "공중"을 악한 환경 또는 타락한 상태로 해석하며, 문자적인 해석은 지구를 둘러싸고 있는 대기권을 가리키는 것으로 해석한다. 심슨(Simpson)은 "공중은 특별한 장소를 가리킬 수도 있지만 그것은 한 개인이나 공동체가 그 안에서 호흡을 하고 움직이게 되는 일반적인 영향이나 환경을 가리키는 적절한 상징이다."[117]라고

117 Simpson and Bruce, *Commentary on Ephesians and Colossians (NICNT)*, p.48

본문의 공중을 상징적으로 해석한다. 그는 "본문을 문자적으로 해석한다면 우리들은 모든 하나님을 경외하는 사람들이 비행기 타는 것을 열심히 막아야만 한다. 그러나 이 문맥에서 한 마디도 그런 생각을 제시하지 않는다."[118]라고 문자적 해석을 괴상한 환상으로 돌려버린다.

렌스키(Lenski)는 본문의 "공중"을 문자적으로 해석하는 것과 상징적으로 해석하는 것 사이에 어느 것이 바른 해석인지를 분간할 수 없다고 솔직히 시인한다.[119] 그러나 헨드릭센, 살몬드, 박윤선, 모울 등은 본문의 "공중"을 문자적으로 해석한다.[120]

헨드릭센이 열거한 이유를 다음에 요약하면 도움이 되리라 생각된다.

첫째, 헨드릭센은 심슨의 주장을 논박하면서 비행기 여행이 왜 하나님을 경외하는 사람에게만 위험하겠는가? 왜 예수님은 사탄을 가리켜 "이 세상의 임금"이라고 불렀는가?(요 12:31; 14:30)

둘째, 성경 어디에 "공중"(ἀήρ)을 상징적으로 사용한 곳이 있는가?

셋째, 사탄이 영적인 존재이기 때문에 그들의 처소를 생각하는 것이 잘못인가? 마가복음 5:13에 더러운 귀신이 사람으로부터 나와서 돼지 떼에게 들어갔다면 사탄의 종자들이 거처하면서 영향을

118 Simpson and Bruce, *Commentary on Ephesians and Colossians*, p.48.

119 Lenski, *Ephesians*, pp.408~410.

120 Hendriksen, *Ephesians*, pp.113~114; Salmond, *The Epistle to the Ephesians*, p.284; 박윤선, 『바울 서신 주석』(1967), p.110; Moule, *Ephesian Studies*, pp.71~72, No.4.

미칠 장소가 있었음에 틀림없다. 그런데 그 거처를 오로지 지옥으로 국한시킬 수 있는가? 만약 그렇게 생각한다면 마태복음 8:29; 16:18, 베드로전서 5:8과 정면으로 상충되는 것이다. 그리고 사탄과 그의 종자들은 구속받은 성도들이 거하는 하늘에 그 처소가 없음이 확실하다(유 6). 그러므로 성경의 일관된 교훈에 의하면 악한 영들이 거할 장소가 있음에 틀림없고 하늘이 그들의 처소가 아니라면 "공중의 권세 잡은 자"는 하나님의 섭리적인 허락 하에서 대기권의 주변을 그들의 처소로 삼고 악랄한 일을 하고 있다고 생각하는 것이 자연스러운 것이다.

넷째, 에베소서 6:12도 이와 같은 일반적인 방향을 가리키고 있지 않은가?[121]

이상의 이유 중 특히 ②와 ③이 "공중"의 문자적 해석을 강하게 지지해 주고 있다. 여기서 ③번을 좀 더 강화시킨다면, 신약성경에 "공중"(air)이 7회 사용되는데(행 22:23; 고전 9:26; 14:9; 엡 2:2; 살전 4:17; 계 9:2; 16:17) 이 모든 경우에서 모두 문자적 의미로 사용되고 있다는 것이다.

"공중"을 문자적으로 해석할 때 "공중의 권세 잡은 자"는 사탄으로서 그의 활동 장소는 지상과 하늘 사이인 것이다. 바울 사도는 이 사탄이 바로 "불순종의 아들들 가운데서 역사하는 영"(엡 2:2)이라고 말한다. 불순종은 단순한 불신이 아니라 하나님의 뜻을 강하게 반대하는 적극적인 거부 반응을 뜻한다. "불순종의 아들들"은 불순종

121 Hendriksen, *Ephesians*, pp.113~114.

의 원리가 그들 속에 내재해 있으므로 그들의 본성이 불순종이라고 규정지을 수 있는 사람들이다. 이들은 곧 중생 받지 못한 불신자들을 가리킨다. 사탄은 공중의 권세 잡은 자로서 이들 속에서 역사하고 있다.

(3) "육체의 욕심을 따라 사는" 상태(엡 2:3)

본문의 "육체"(σάρξ)는 타락한 인간 본성을 가리킨다. 여기 사용된 육체라는 말은 하나님으로부터 소외되고 죄의 다스림 아래 예속되어 있는 타락한 인간 본성을 뜻한다. 그리고 "욕심"(ἐπιθυμία)은 금지된 것을 갈망하는 것이다. 따라서 "육체의 욕심을 따라 사는" 상태는 몸(body)의 죄만을 가리키지 않고 전인간(全人間)이 짓는 죄를 가리킨다. 본문에서 "육체의 욕심을 따라 지내며" 바로 다음에 "육체와 마음의 원하는 것을 하여"를 사용함으로 본문에서 언급되는 죄가 단순히 몸의 죄들로 국한시켜 말하는 것이 아니요 마음의 죄들까지 포함시키고 있음을 증거하고 있다.[122] 칼빈(Calvin)은 이런 상태를 가리켜 "우리들의 본성과 마음의 뜻에 따라 사는"[123] 상태라고 지적했다. 이처럼 바울 사도는 인간이 하나님의 은혜를 받기 전까지는 타락한 본성을 따라 자기중심적으로 살았다고 명백하게 진술한다.

---

122 Wilson, *Ephesians*, p.45.

123 John Calvin, *Ephesians*, trans. T. H. L. Parker, p.141

바울은 "육체의 욕심"을 인간이 소유한 자연적인 욕심과 구별시켜 설명하고 있다. 하나님께서 인간에게 주신 신체적 욕심은 죄가 될 수 없다. 식욕, 성욕, 혹은 수면욕 등이 바로 그런 자연적인 욕심들이다. 왜냐하면 하나님이 그런 욕심들을 영위할 수 있도록 인간의 신체를 만드셨기 때문이다. "단지 음식에 대한 욕망이 폭식이 되고 잠에 대한 욕망이 태만이 되며, 성에 대한 욕망이 정욕이 될 때, 자연적인 욕망들이 죄의 성격을 띤 욕망들로 변한다."[124]

(4) "본질상 진노의 자녀"(엡 2:3)

바울은 기독교인이 되기 전 사람들이 세상 풍조를 따르고 공중의 권세 잡은 자를 따라 살며 육체의 욕심을 따라 사는 이유를 설명한다. 그 이유는 그들이 본질상 진노의 자녀였기 때문이다. 여기서 "본질상"은 습관적인 행위나 개발되는 성격을 뜻하지 않고 사람 속에 본래적으로 내재해 있는 것을 뜻 한다(롬 2:14; 갈 2:15; 4:8 참조). 그러므로 사람들은 태어날 때부터 진노 아래 있다.

그리고 본문의 "진노"는 사람의 진노가 아니라 하나님의 진노를 가리킨다. "진노"는 죄를 미워하는 하나님의 거룩한 진노를 가리킨다. 물론 "진노"라는 말이 인간 속에 있는 격정을 가리킬 때 사용되기도 한다(엡 4:31; 골 3:8; 약 1:19). 그래서 대일(Dale)은 인간이 태어

124 Stott, *God's New Society*, p.74.

날 때부터 하나님의 진노 아래 있지 않다고 주장한다. 데일은 "본 문구는 이따금 마치 우리가 태어난 것만으로도 하나님의 진노를 사는 일이며 우리의 자발적인 행악과는 별개로 우리가 하나님의 저주 아래 놓여 있다는 혹독한 교리를 확고히 하기 위해 쓰이기라도 한 것처럼 인용된다. 이러한 무시무시한 이론은 신 · 구약의 재가(裁可)를 받지 못한다."[125]라고 주장한다.

그러나 대일의 주장은 문맥을 생각할 때 지지를 받을 수 없다. 바울은 본 문맥에서 인간이 하나님의 은혜를 받기 전에는 "허물과 죄로 죽었던" 상태에 있었고 사탄의 조종하에 있었다고 강조한다. 그러므로 본질상 진노의 자녀란 말이 본래 하나님의 진노 아래 있는 존재들이란 뜻 이외의 다른 뜻을 가지고 있다고 생각할 수 없다. 살몬드(Salmond)는 본문의 진노를 인간의 과격한 분노나 제어할 수 없는 충동으로 해석하는 견해를 논박하면서 "이런 해석은 전체 진술에서 그 요점과 그 장엄함과 그 보편성을 박탈한다. 여기에 나타난 견해는 하나님의 진노를 가리킨다."[126]라고 바로 지적했다. 모울(Moule)은 "'진노'라는 용어가 바울 서신에 20회"[127] 나타나는데 그 중 13회가 명백하게 하나님의 진노를 가리키고 있다고 말한다.[128]

125 R. W. Dale, *Lectures on the Epistle to the Ephesians, its Doctrine and Ethics*, 5th edition (Hodder and Stoughton, 1890), p.162

126 Salmond, *The Epistle to the Ephesians*, p.286.

127 Justin, A. Smith (*Commentary on the New Testament*, Valley Forge: The Judson Press, n.d., p.250)는 21회로 계산한다(롬 1:18; 2:5 [2회], 8; 3:5; 4:15; 5:9; 9:22[2회]; 12:19; 13:4, 5; 엡 2:3; 4:31; 5:6; 골 3:6, 8; 살전 1:10; 2:16; 5:9; 딤전 2:8).

128 Moule, *Ephesian Studies*, p.73, n. l.

여기서 바울은 인간의 원죄를 다루고 있다. 원죄는 아담이 범죄함으로 아담의 후예들에게 자연적으로 발생한 인간의 타락하고 더러운 본성이라고 말할 수 있다. 바울은 "한 사람으로 말미암아 죄가 세상에 들어오고 죄로 말미암아 사망이 들어왔나니 이와 같이 모든 사람이 죄를 지었으므로 사망이 모든 사람에게 이르렀느니라"(롬 5:12, 개역개정)라고 원죄의 실재를 가르친다. 바울은 아담 안에서 아담과 더불어 모든 사람이 죄를 지었다고 가르친다. 바울 사도는 죄의 보편성을 강조하기 위해 에베소서 2:1에서 "허물과 죄로 죽었던 너희를"로 끝맺지 않고 에베소서 2:3에서 "우리도다"(ἡμεῖς πάντες)를 사용하고 있다. 보이스(Boice)는 원죄를 설명하면서 "요점은 모든 사람이 죄인들이기 때문에 죄를 짓는다. 아담의 원죄와 죄책은 피할 수 없는 방법으로 모든 인류에게 전해졌다. 성경적인 견해는 하나님께서 아담의 범죄로 인해 모든 인류가 유죄하다고 평결하셨다는 것이다."[129]라고 정리한다.

모든 사람이 하나님의 진노의 자녀였고 허물과 죄로 죽은 상태에 있었다. 하나님은 이런 인간들에게 무조건적으로 그의 은혜를 베풀어주신 것이다.

---

129 James M. Boice, *Foundations of the Christian Faith* (Downers Grove: InterVarsity Press, 1986), p. 205.

2. 그리스도와 함께 산 자(엡 2:4~7)

"긍휼이 풍성하신 하나님이 우리를 사랑하신 그 큰 사랑을 인하여 허물로 죽은 우리를 그리스도와 함께 살리셨고 (너희는 은혜로 구원을 받은 것이라) 또 함께 일으키사 그리스도 예수 안에서 함께 하늘에 앉히시니 이는 그리스도 예수 안에서 우리에게 자비하심으로써 그 은혜의 지극히 풍성함을 오는 여러 세대에 나타내려 하심이라" (엡 2:4~7, 개역개정)

에베소서 2:1~3에 묘사된 인간의 상태는 마치 고무풍선에 공기를 계속 주입함으로 언제 터질지 모르는 그런 긴장된 상태이다. 인간은 자력으로는 돌이킬 수 없는 비참한 상태에 있었다. 그런데 에베소서 2:4은 이런 인간의 상태가 완전히 180도 달라진 것을 말한다.

바울 사도는 에베소서 2:1~3에서 주어와 동사 없는 문장을 계속하다가 에베소서 2:4에서 "그러나 하나님이"라는 주어를 등장시킴으로 진노의 상태에 있는 인간에게 큰 변화가 있음을 제시한다. 인간은 죄와 허물로 인해 하나님의 진노의 대상이었으나 하나님께서 "우리를 사랑하신 그 큰 사랑을 인하여"(엡 2:4) 긍휼을 베푸시고 우리를 그리스도와 함께 살리신 것이다. 하나님은 그의 풍성하신 긍휼과 그의 위대한 사랑과 그의 놀랄만한 은혜로 우리가 죽은 상태로 있을 때 우리를 그리스도와 함께 살려주신 것이다.

여기 나타난 하나님의 긍휼, 사랑, 은혜 가운데 가장 기본적인 것이 하나님의 사랑이다. 그리고 사랑은 세 용어 중 가장 포괄적인 뜻을 가지고 있다. "만약 긍휼(mercy)이 죄인들을 향한 하나님의 태도라면, 사랑(love)은 하나님이 죄인들을 위해 행하신 모든 일의 동기이다. 그리고 긍휼이 '풍성'(rich)하신 것처럼 사랑은 '위대'(great)하시다."[130]라고 살몬드는 하나님의 죄인들을 향한 긍휼과 사랑을 바로 설명한다.

여기 에베소서 2:4의 "우리"는 하나님의 사랑의 대상인 예수를 믿는 기독교인을 가리킨다. 좀 더 구체적으로 본문에서 "우리"는 바울 자신을 포함한 편지의 독자들을 가리킨다. 하나님은 인간이 하나님의 사랑에 응답할 때까지 무력하게 기다리시는 분이 아니요 우리를 효과적으로 부르셔서 그의 사랑에 응답하게 하시는 적극적이고 능력 많으신 하나님이시다. 우리는 죽은 상태로 아무런 반응을 보일 수 없었으나 하나님이 일을 시작하시고 진행시키시며 결과를 이루시는 것이다. 그래서 바울은 "우리가 아직 죄인 되었을 때에"(롬 5:8) 하나님께서 그의 아들 예수 그리스도의 희생을 통해 우리를 향한 그의 사랑을 확증하셨다고 천명하는 것이다. 또한 요한 사도 역시 우리가 하나님을 사랑한 것이 아니요, 하나님이 우리를 먼저 사랑하셨다(참조, 요일 4:9-11)고 가르치는 것이다.

130 Salmond, *The Epistle to the Ephesians*, p.287.

(1) 그리스도와 함께 살리심(엡 2:5)

바울은 에베소서 2:1부터 보류해 왔던 동사를 에베소서 2:5에 와서야 소개한다. 그런데 그 동사를 소개하기 전에 다시 한 번 그리스도 없는 인간의 상태가 어떤 상태였는지를 상기시킨다. 에베소서 2:5 서두의 "그리고"(καί)는 단순 접속사가 아니고 강조형으로 에베소서 2:1 서두의 "그리고"보다 더 강한 의미를 가지고 있다. 에베소서 2:5의 "그리고 허물로 죽은 우리를"이 에베소서 2:1의 "그리고 너희의 허물과 죄로 죽었던 너희를"의 사상을 받아 그 다음에 나오는 "그리스도와 함께 살리셨고"와 대조를 이룬다.

바울 사도가 보류해 온 동사는 "그리스도와 함께 살리셨고"(συνεζωοποίησεν)이다. 주동사인 "그리스도와 함께 살리셨고"는 에베소서 2:6의 "함께 일으키사"(συνήγειρεν), "함께 하늘에 앉히시니"(συνεκάθισεν)와 함께 에베소서 2:4의 "하나님"을 주어로 받는다. 이 세 동사에 복합적으로 사용된 "함께"(συν)라는 뜻은 그리스도와 함께 라는 뜻이지 그리스도 안에서 유대인과 이방인이 함께 교제 관계에 들어갔다는 뜻이 아니다.

그런데 "함께 살리셨고," "함께 일으키셨고," "함께 앉히셨고"를 해석 할 때 개혁주의적인 입장에 있는 학자들도 두 가지로 견해를 달리한다. 일부 학자들은 에베소서 2:5~6의 세 용어를 구속 역사적인 의미로 해석해야 한다고 주장하는 반면, 다른 학자들은 이 세 용어를 개인 성도의 구속 경험으로 해석해야 한다고 주장한다.

첫째, 구속 역사적인 의미로 해석해야 한다는 견해를 먼저 고찰해 보자. 리델보스(Ridderbos)는 에베소서 2:4~6을 해석하면서 "바울은 여기서 인간론적이나 구원 서정(anthropologisch-heilsordelijk)의 뜻이 아니라 기독론적, 구속 역사적(christologisch-heilshistorisch)인 뜻으로 생각 한다."[131]고 말함으로 개인 성도의 구속 경험을 배제하고 있다. 이 해석은 "함께 살리셨고," "함께 일으키셨고," 그리고 "함께 앉히셨고"의 상태가 그리스도 안에서 역사적으로 우리를 위해 성취된 것은 사실이나 오직 실제적으로 개인 성도의 구속 경험으로 적용되지 않은 상태라고 주장한다.

이 견해에 의하면 그리스도가 죽은 자 가운데서 일으킴을 받았을 때 우리는 그의 몸의 지체들로서 원리적으로 그와 함께 일으킴을 받은 것이다. 그래서 우리가 고대하는 미래의 부활은 그가 전 지체를 위해 단번에 성취하신 것을 단순히 개인에게 적용하는 것이 될 것이라는 뜻으로 성도의 도덕적 형편(moral condition)보다는 성도의 신분(standing)을 우선적으로 가리키는 것으로 생각한다.[132] 이처럼 이 견해는 그리스도의 역사적인 경험과 그 경험에 성도들이 원리적으로 연합된 것을 가리킬 뿐이지, 성도 개인의 생애에서 경험하는 구속 경험을 가리키지 않는다고 생각한다. 반 류웬과 흐로샤이데도 같은 입장을 취한다.[133]

---

131 H. Ridderbos, *Paulus: Ontwerp van zijn Theologie* (Kampen: J. H. Kok, 1971), p.231.

132 Salmond, *The Epistle to the Ephesians*, p.287.

133 Van Leeuwen, *Paulus' Zendbrieven aan Efeze, Colosse, Filemon, en Thessalonika, Kommentaar op het Nieuwe Testament*, 10 (Amsterdam: van Bottenburg,1926), p.53; F.W. Grosheide, *De Brief Van Paulus aan de Efeziërs.*(*C. N. T.*, Kampen: J. H. Kok, 1960), p.39.

둘째, 개인 성도의 구속 경험으로 해석해야 한다는 견해를 고찰해 보자. 영국과 미국 쪽에 있는 대부분의 학자들은 에베소서 2:5~6의 세 동사를 개인 성도의 구속 경험을 뜻하는 것으로 해석한다. 심슨(Simpson)은 "사도는 단순히 구원받은 후사들의 경험과 그들의 대속주 사이의 유추만을 말하는 것이 아니요 완성의 과정 가운데서의 숭고한 교제를 주장하고 있다."[134]라고 해석한다.

스토트도 본문을 해석하면서 "그러나 우리를 놀라게 하는 것은 지금 바울이 그리스도에 대해서 쓰는 것이 아니라 우리에 대해 쓰고 있다는 사실이다. 바울은 하나님이 그리스도를 살리시고 일으키시며 앉히신 것을 주장하고 있는 것이 아니라 하나님이 그리스도와 함께 우리를 살리시고 일으키시며 앉히신 것을 확증하고 있다."[135]라고 본문의 세 동사가 성도들의 구속 경험을 설명하고 있는 것으로 해석한다.

심슨(Simpson)과 스토트 이외에도 이 견해를 지지하는 학자들은 헨드릭센, 로이드 존스, 하지, 개핀[136] 등이다. 이 학자들 모두는 에베소서 2:5~6에 나타난 세 동사의 뜻이 구속 역사적인 뜻도 포함하고 있지만 본 구절에서 강조하고 있는 것은 오히려 개인 성도가 경험하는 구속 경험이라고 주장한다.

---

134 Simpson and Bruce, *Commentary on Ephesians and Colossians*, p.51

135 Stott, *God's New Society*, p.81.

136 Hendriksen, *Ephesians*, pp.116~118; Lloyd-Jones, *God's Way of Reconciliation*, pp.72~73.; C. Hodge, *A Commentary on the Epistle to the Ephesians* (New York: Robert Carter, 1856), pp.112~116.; Gaffin, Jr. *Resurrection and Redemption*, pp.44~47.

본 필자는 다음 세 가지 이유로 에베소서 2:5~6의 세 동사가 개인 성도들의 구속 경험을 우선적으로 가리키고 있다고 생각한다.

첫째, 하나님이 우리를 그리스도와 함께 살리신 때는 우리가 실제적으로 죽어 있던 상태였다. 에베소서 2:5의 "허물로 죽은 우리를"은 에베소서 2:1의 "허물과 죄로 죽었던 너희를"을 받는다. 그리고 허물과 죄로 죽었던 때에는 이 세상 풍조를 따르고 공중의 권세 잡은 자를 따라 살았으며 그리고 육체의 욕심을 따라 살았던 때이다. 이처럼 허물과 죄로 죽었던 때는 적어도 도덕적으로 타락한 삶을 살던 때를 가리키고, 그 때 하나님께서 우리를 그리스도와 함께 살리셨다면 우리의 살리심에 도덕적 갱신과 변화를 포함하고 있다고 생각할 수 있다.

둘째, 본 문맥에서(엡 2:1~10) "산다" 혹은 "행한다"라는 용어가 두 번 나타난다. 첫 번째는 허물과 죄로 죽었던 우리가 어떻게 살았는지를 설명하기 위해 사용되었고(엡 2:2, περιεπατήσατε), 두 번째는 하나님이 우리를 그리스도와 함께 살리신 후 어떤 삶을 살아야 할 것을 가르치기 위해 사용되었다(엡 2:10, περιεπατήσωμεν). 그런데 이미 지적한 것처럼 첫 번째 "행한다"가 우리의 도덕적 타락을 가리킴이 틀림없다면, 그와 대칭을 이루고 있는 두 번째 "행한다"는 구원받은 자의 실제적 삶을 가리킨다고 생각된다. 왜냐하면 우리는 하나님의 만드신 바로 그리스도 예수 안에서 선한 일을 위하여 지음을 받았기 때문이다(엡 2:10). 따라서 "그리스도와 함께 살리셨고," "함께 일으키셨고," "함께 앉히셨고"는 성도들의 개인 생애의 변화

와 도덕적 갱신을 가리킨다고 생각된다.[137]

셋째, 에베소서 2:7에 "이는"(ἵνα)은 우리를 그리스도와 함께 살리시고 함께 일으키시고 함께 앉히신 목적을 설명한다. 그 목적은 그 은혜의 지극히 풍성함을 성도들을 통해 오는 여러 세대에 나타내기 위한 것이다. 여기서 "나타낸다"는 뜻은 외적인 변화를 전제하고 있다. 물론 "오는 세대"가 어느 기간을 가리키느냐에 따라 해석이 달라질 수 있지만, 오는 여러 세대를 성도가 현재 살고 있는 세상을 포함하고 있는 것으로 해석할 경우(뒤에 나오는 해석 참조) "나타낸다"(ἐνδείξηται)[138]는 뜻은 성도의 외적 변화를 통해 나타내는 것으로 해석해야 한다. 에베소서 2:5~6에 나타난 세 동사는 성도의 외적 변화의 시작을 가리키는 것으로 생각할 수밖에 없다. 그러므로 그리스도와 함께 살리셨고, 함께 일으키셨고, 함께 하늘에 앉히셨다는 세 용어는 성도들의 도덕적 갱신과 변화의 시작을 뜻하는 것으로 생각할 수 있다.

그러면 그리스도와 함께 살리셨고 함께 일으키셨고 함께 하늘에 앉히셨다는 뜻이 성도들의 구속경험에서 구체적으로 어떤 경험을 가리키고 있는가? "그리스도와 함께 살리셨다"는 것은 성도의 중생의 경험을 뜻하며 "함께 일으키신" 것은 성도의 부활을 뜻하고 그리고 "함께 하늘에 앉히신" 것은 성도가 그리스도와 함께 승천했다는

137 Gaffin, Jr. *Resurrection and Redemption* (1970), pp.45~47

138 Johannes P. Louw와 Eugene A. Nida (*Greek-English Lexicon of the New Testament based on Semantic Domains*, Vol. 1, United Bible Societies, 1989, pp.338~341)는 ἐνδείκνυμαι를 "안다"(know)의 범주 가운데 "Well Known, Clearly Shown, Revealed"의 항목에 넣어 그 단어가 외적 변화를 함축하고 있음을 제시한다(참조, sections, 28.47; 28.51).

것을 뜻한다. 성도들은 그리스도와 연합됨으로 그리스도의 생명, 그리스도의 부활, 그리고 그리스도의 승천에 실제적으로 참여하게 되는 것이다.[139] 그래서 바울 사도는 "우리의 시민권은 하늘에 있는지라"(빌 3:20)라고 말했으며 "위의 것을 생각하고 땅의 것을 생각하지 말라 이는 너희가 죽었고 너희 생명이 그리스도와 함께 하나님 안에 감추어졌음이라(골 3:2~3, 개역개정)라고 말했다.

(2) 하나님의 전시물(엡 2:7)

하나님께서 우리를 그리스도와 함께 살리시고 일으키시고 하늘에 앉힌 목적은 무엇인가? 그 목적은 성도들의 구원을 통해 하나님의 은혜의 지극히 풍성함을 오는 여러 세대에 나타내시기 위한 것이다. 바울은 하나님의 은혜를 설명할 때 "지극히"(ὑπερβάλλον) 풍성한 은혜라고 말한다. 이런 표현은 하나님의 은혜에 대한 바울의 감격스런 마음의 표현이다. 그는 다른 곳에서도(롬 5:20; 빌 4:7; 딤전 1:14; 고후 7:4 등) 비슷한 표현으로 하나님의 은혜의 크심을 나타낸다.

본문에서 "나타낸다"는 뜻은 "명백히 하다"라는 뜻을 가지고 있다. 본문은 구원받은 백성이 나타내는 수단이 됨을 말하고 있다. 그

139 바빙크(Herman Bavinck, *Our Reasonable Faith*. Grand Rapids: Eerdmans, 1956, p.259)는 생명과 죽음을 다음과 같이 설명한다. "Life is enjoyment, blessedness, superabundance, and death is misery, poverty, hunger, the want of peace and blessedness. Death is dissolution, separation of what belongs together."

렇다면 구원받은 백성은 밖에서 잘 보이는 유리 상자 안에서 살고 있는 것과 같다. 구원받은 백성들은 하나님의 은혜의 풍요함을 세상에 나타낼 의무가 있음을 지적하고 있는 것이다. 보이는 교회는 하나님의 사랑(Love)과 하나님의 성결(Holiness)을 동시에 나타내야 한다. 하나님의 성결 없이 하나님의 사랑만 나타내면 교회는 타협으로 가득 차게 될 것이요, 하나님의 사랑 없이 하나님의 성결만 나타내면 교회는 딱딱하고 아름다움이 전혀 없게 된다. 교회는 타락한 세상에 균형 잡힌 미(美)를 보여주어야 한다. 젊은 층의 사람들이 교회는 아름다움을 소유하고 있다고 믿을 수 있도록 만들어야 한다.[140] 이처럼 성도들이 구원받은 목적은 하나님의 작품(엡 2:10, ποίημα)이 얼마나 멋있고 훌륭한 것인지를 세상에 나타냄으로 하나님께 영광을 돌리는데 있다.

하나님께서 그 은혜의 지극히 풍성함을 나타낼 "오는 여러 세대"(ἐν τοῖς αἰῶσιν τοῖς ἐπερχομένοις)는 어느 기간을 가리키는가? 이 구절의 뜻을 해석하는데 일반적으로 세 가지의 견해로 나뉜다.

첫째, "오는 여러 세대"가 그리스도의 재림 때까지 계속적으로 이어지는 세대를 가리킨다고 생각하는 견해이다. 스미스(Smith)는 오는 여러 세대를 그리스도의 재림 때까지 연속적으로 도래하는 세대를 가리키는 것으로 해석하는 것이 바르다고 말한다.[141] 빈센트

140 Francis A. Schaeffer, *The Church Before the Watching World* (Downers Grove: Inter Varsity Press, 1971), p.63.

141 Justin, A. Smith, *Commentary on the New Testament*, p.37.

(Vincent)[142]도 같은 입장을 지지한다. 그러나 바울 사도가 그리스도의 재림 이전의 기간을 지칭할 때 "때가 참"(엡 1:9, 헬라어 1:10)이나 "이 세상"(엡 1:21)이라는 용어를 사용하는 것으로 볼 때 이 견해는 설득력이 없다.

둘째, "오는 여러 세대"가 그리스도의 재림 이후의 영원한 기간을 가리킨다고 생각하는 견해이다. 살몬드(Salmond)는 "그러므로 하나님의 목적은 영원한 미래 즉 그리스도의 재림으로 시작되는 미래에, 그리고 그 미래의 계속되는 기간 동안에, 한때 죄 가운데서 죽었던 그들을 구원하신 하나님의 방법의 은혜가 그 넘치는 풍요의 모든 웅대함 가운데서 선포되어지고 이해되어지는 것이다."[143]라고 말한다. 살몬드처럼 "오는 여러 세대"를 그리스도의 재림 이후 영원한 기간으로 생각하는 학자들은 렌스키,[144] 박윤선, 모울 등이다.

이 주장은 일반적으로 에베소서 1:21에 나오는 "오는 세상"이 그리스도의 재림 이후의 영원한 기간을 가리키는 것으로 생각하고 에베소서 2:7의 "오는 여러 세대"도 같은 기간을 가리키는 것으로 해석하는 것이다. 그러나 "오는 세상"이 바울의 용법으로 볼 때 그리스도의 재림 이후의 기간만을 가리키는 것으로 해석할 수 없고[145] 또한 에베소서 1:21은 단수로 되어 있지만 에베소서 2:7의 경우는

---

142 M. R. Vincent, *Word Studies in the New Testament*, Vol.Ⅲ (Grand Rapids: Eerdmans, 1975), p.376.

143 Salmond, *The Epistle to the Ephesians*, p.288.

144 Lenski, *Ephesians*, p.420; 박윤선, 『바울 서신 주석』(1967), p.112; Moule, *Ephesian Studies*, p.77.

145 G. Vos, *The Pauline Eschatology* (Grand Rapids: Eerdmans, 1961), p.38.

복수로 되어 있기 때문에 에베소서 1:21을 근거로 에베소서 2:7의 "오는 여러 세대"를 그리스도의 재림 이후의 기간으로 한정시키는 것은 역시 설득력이 약하다.

셋째, "오는 여러 세대"가 구속받은 이후의 모든 미래 세대를 가리킨다고 생각하는 것이다. 이 견해는 "오는 여러 세대"가 성도들이 현재 살고 있는 세대뿐 아니라 예수님 재림 이후의 영원한 세대도 포함하는 것으로 생각한다. 칼빈은 하나님께서 우리를 구원하신 그 위대한 선하심을 모든 세대를 통해 거룩하게 하는 것이 하나님의 뜻이었다고 말한다.[146]

헨드릭센은 "본 문맥에서 아무 것도 이 구절의 적용을 그리스도의 재림 이전이나 이후 어느 한 시기로 제한시키지 않고 사도 자신이 교회의 고상한 목표에 대해 더 충분히 설명할 때(엡 3장), 재림 이전 현재의 시기에 이방인들을 불러 모으는 것과 오는 시대에 교회의 궁극적 완성을 언급하고 있기 때문에 나는 세 번째 입장이 가장 적절한 설명이라고 생각한다."[147]라고 해석한다. 본 문맥의 의미로 볼 때나 바울 사도가 사용한 "오는 세상"의 용법을 볼 때 본 구절에 나타난 "오는 여러 세대"는 성도가 구원받은 이후 계속되는 영원한 기간을 포함한다고 생각하는 것이 바람직하다.

하나님께서 우리를 그리스도와 함께 살리시고 함께 일으키시며 함께 하늘에 앉힌 것은 하나님의 걸작품을 모든 세대를 통해 나타

146 Calvin, *Ephesians, trans.* T. H. L. Parker, p.143.

147 Hendriksen, *Ephesians*, p.120.

내시기 원함이었다. 성도들은 하나님의 전시물이다. 세상은 하나님의 진열장 속에 있는 성도들을 보고 하나님의 은혜의 지극히 풍성함을 보게 되는 것이다.

3. 하나님의 걸작품(엡 2:8~10)

> "너희는 그 은혜에 의하여 믿음으로 말미암아 구원을 받았으니 이것은 너희에게서 난 것이 아니요 하나님의 선물이라 행위에서 난 것이 아니니 이는 누구든지 자랑하지 못하게 함이라 우리는 그가 만드신 바라 그리스도 예수 안에서 선한 일을 위하여 지으심을 받은 자니 이 일은 하나님이 전에 예비하사 우리로 그 가운데서 행하게 하려 하심이니라" (엡 2:8~10, 개역개정)

인간의 구원은 전적으로 하나님께 의존되어 있다. 인간의 구원에는 인간의 공로나 노력이 전혀 가산될 수 없다. 그래서 바울 사도는 "너희는 그 은혜에 의하여 믿음으로 말미암아 구원을 받았으니"(엡 2:8, 개역개정)라고 에베소서 2:5의 내용을 좀 더 구체적으로 힘주어

반복 설명한다.

바울은 에베소서 2:8의 말씀을 통해 세 가지의 중요한 진리를 가르치고 있다. 그 세 가지는 은혜와 믿음과 구원에 관한 것이다.

첫째, 우리가 구원을 받은 것은 하나님의 은혜 때문이다. 죄인을 향하신 하나님의 사랑스러운 호의 때문에 우리가 구원을 얻을 수 있게 되었다(롬 5:8). 우리의 구원에 대해 우리가 공헌할 수 있는 부분은 아무 것도 없다. 우리의 구원은 전적으로 하나님이 만드신 하나님의 작품인 것이다.

둘째, 우리의 구원은 "믿음으로 말미암아" 이루어진 것이다. 여기서 믿음은 구원을 위한 도구요 수단이지 구원을 위한 근거는 아니다. 우리의 구원의 근거는 예수 그리스도의 십자가상의 죽음과 부활이다. 어떤 이는 "은혜는 하나님께 속한 것이요 믿음은 우리의 것이다."[148]라고 조심성 없는 말을 한다. 이 말은 그럴듯하게 들릴는지 모르지만 우리의 구원이 하나님과 우리의 합작인 것처럼 생각하게 만든다. 바울은 우리의 구원과 관련하여 믿음이란 용어를 쓸 때마다 "믿음으로 말미암아"(διὰ πίστεως)라는 표현을 사용하지 "믿음 때문에"(διὰ τὴν πίστιν)라는 표현을 사용하지 않는다. 이는 "믿음이 우리의 구원의 근거나 원인이 아니기 때문이다."[149] 그리고 믿음 자체도 자생(自生)적인 것이 아니요 하나님의 선물이다. 믿음이 우리의 구원에 아무 것도 공헌할 수가 없다. 그래서 바울은 "믿음으로 말미

148 A. T. Robertson, *Word Pictures in the New Testament*, Vol.Ⅳ (Grand Rapids: Baker, 1931), p.525.

149 Salmond, *The Epistle to the Ephesians*, p.289.

암아"라고 표현한 것이다.

셋째, "구원을 받았으니"는 완료 시상으로 성도들의 구원 상태가 완전한 상태임을 묘사하고 있다. 에베소서 2:5과 에베소서 2:8에 사용된 완료 시상은 과거의 행위의 결과로 성취된 것들이 현재에도 계속되고 있는 상태를 가리킨다. 본문의 완료 시상은 성도들이 완성된 구원을 현재 누리고 있음을 강조하고 있다. 즉, 성도들은 하나님의 은혜로 구원을 받았고 그리고 구원받은 상태로 계속 살아가는 것이다.

바울 사도는 "너희는 그 은혜에 의하여 믿음으로 말미암아 구원을 받았으니"(엡 2:8)라는 짧은 구절을 통해 성도들의 구원은 하나님의 은혜로만 가능한 것이요 성도들의 믿음까지도 구원을 위한 단순한 수단에 지나지 않으며 그리고 성도들은 현재 완전한 구원을 누리고 있음을 가르치고 있다.

(1) 하나님의 선물(엡 2:8)

바울은 에베소서 2:8에서 우리가 받은 구원이 하나님의 선물임을 재차 확인한다. 바울은 "이것은 너희에게서 난 것이 아니요 하나님의 선물이라"(엡 2:8)고 천명한다. 본문의 "이것"이란 대명사가 전 절의 무엇을 가리키느냐에 대해 의견이 나누어진다. 한 가지 견해는 "이것"이 전 절의 "믿음"을 가리킨다고 생각하며, 다른 한 가지 견해는 "전 과정을 포함한 구원"을 가리킨다고 생각한다.

첫째, "이것"이 믿음을 가리킨다고 주장하는 이유를 들어보자. 본문에서 바울은 하나님의 은혜의 지극히 풍성함을 이야기 한다(엡 2:7). 그리고 에베소서 2:8에서는 성도들이 그 은혜에 의하여 믿음으로 말미암아 구원을 받았다고 말한다. 그런데 이 경우 혹시라도 성도들의 믿는 행위에 대한 공로가 성도들에게 있는 것처럼 생각할까 봐 바울은 즉시로 "이것이" 즉 믿음까지도 너희에게서 난 것이 아니요 하나님의 선물이라(엡 2:8)고 말한 것이라고 주장한다.

그리고 "이것"이 믿음을 가리킨다고 주장하는 다른 논증은 만약 "이것"이 "구원받은 사실"을 가리킬 때 바울은 필요 없는 반복을 하고 있다는데 근거한다. 즉 "너희가 그 은혜에 의하여 믿음으로 말미암아 구원을 받았으니"라고 말하고 곧 바로 구원을 얻은 사실은 "너희에게서 난 것이 아니다"라고 말했다면 바울은 구원을 받았다는 말을 계속 반복하는 셈이 된다고 주장한다.[150]

둘째, "이것"이 "구원의 전 과정"을 가리킨다고 주장하는 이유를 들어보자. 본문의 "이것"은 헬라어로 중성 대명사이다. 헬라어의 경우 대명사의 성(性)은 일반적으로 선행하는 명사의 성과 일치한다. 그런데 선행하는 명사의 성은 중성이 아니요 모두 여성이다. 앞에 나온 "은혜"도 여성 명사요 "믿음"도 여성 명사이다. 그러므로 "이것"은 은혜나 믿음을 가리킬 수 없다고 주장한다. 따라서 "이것"은

---

150 William Hendriksen, *Ephesians*, p.122; A. Kuyper, *The Work of the Holy Spirit* (1975), pp.407~414; Bengel, *Bengel's New Testament Commentary*, Vol. 2 (Grand Rapids: Kregel Publications, 1981), p.393; Simpson and Bruce, *Ephesians and Colossians*, p.55: H. C. G. Moule, *Ephesian Studies*, p.77.; 그 이외에 Chrysostom, Jerome, Theodoret, Beza, Zanchius, Erasmus, C. Hodge 등이다.

"구원의 전 과정"을 가리키는 것으로 생각하는 것이다.[151]

이상의 두 견해는 지지하는 학자들의 명성으로 보아 우열을 가릴 수 없을 만큼 서로 팽팽히 맞서 있다. 그리고 두 견해의 논리 전개도 상당히 설득력을 가지고 있음에 틀림없다. 그래서 두 견해 중 어느 견해를 취하느냐의 문제가 그렇게 쉬운 것이 아니다. 로이드 존스(Lloyd-Jones)의 다음 말은 이런 고충을 잘 반영해 주고 있다. "그 논쟁을 해결하는 것이 가능한가? 가능하지 않다. 그것은 문법의 문제도 아니요 언어의 문제도 아니다. … 그것은 결정지을 수 없는 질문이다. 그리고 그 문제는 사실상 그렇게 큰 문제가 아님을 느낄 수 있다. 왜냐하면 그 문제는 종국에 같은 것으로 귀결되기 때문이다."[152]

로이드 존스의 고충을 공감하면서 본 필자는 둘째 해석을 따르고 싶다. 왜냐하면 능숙한 헬라어를 구사하는 바울이 여성 명사를 받아서 중성 대명사를 사용했다고 생각할 수 없기 때문이다. 여성 대명사가 없다면 모르지만 헬라어에서 분명히 여성 대명사가 있는데도 불구하고 여성 명사를 가리키기 위해 중성 대명사를 사용했다고 생각되지 않기 때문이다.

그리고 대단히 유명한 문법학자인 로버트슨(Robertson)은 "너희는 그 은혜에 의하여 믿음으로 말미암아 구원을 받았으니 이것은 너희

151 Salmond, *The Epistle to the Ephesians*, p.289; Lenski, *Ephesians*, p.423; Stott, *God's New Society*, p.83: Calvin, *Ephesians*, trans. T. H. L. Parker, p.144; Wilson, *Ephesians*, p.50: Justin, A. Smith, *Commentary on the New Testament*, p.38; Summers, *Ephesians*, p.38.

152 Lloyd-Jones, *God's way of Reconciliation*, p.135.

에게서 난 것이 아니요"를 해석하면서 "이것"이 믿음을 가리키지 않고 "구원의 개념"을 가리킨다고 해석한다.[153] 헨드릭센(Hendriksen)은 이 견해를 평가하면서, 로버트슨이 대명사의 성이 "일반적으로"(in general) 선행 명사의 성과 일치한다고 말한 것은 예외가 있다는 것을 인정한 것이요 따라서 에베소서 2:8은 그 예외에 해당할 수 있다고 주장한다.[154] 헨드릭센의 평가는 전혀 설득력이 없다. 왜냐하면 헨드릭센은 예외 법칙을 근거로 자신의 입장을 세우고 있기 때문이다. 그리고 그 "일반적으로" 속에 더 많은 정상적인 용례가 포함되어 있기 때문이다. 또한 카이퍼(Kuyper)가 열거한 중성 대명사가 남성이나 여성 명사를 가리키는 예도 성경에서 나온 것이 아니요 고전 헬라어의 용례이기 때문에[155] 완벽한 근거라고 말할 수 없다.

그러므로 에베소서 2:8의 "이것"은 정상적인 문법의 원리에 따라 선행하는 여성 명사를 가리킨다고 생각하기보다 "구원의 전 과정"을 가리키는 것으로 생각하는 것이 더 타당하다.

그러면 바울 사도는 본문에서 무엇을 가르치고 있는가? 바울 사도는 우리의 구원이 처음부터 끝까지 하나님께 의존되어 있음을 가르친다. 은혜도 하나님으로부터요 믿음도 하나님으로부터이기 때문에 우리의 구원은 말할 필요 없이 전적으로 하나님으로부터 유래

153 A. T. Robertson, *A Grammar of the Greek New Testament in the Light of Historical Research* (Nashville: Broadman Press, 1934), p. 704.: "In Eph. 2:8, τῇ γὰρ χάριτί ἐστε σεσωσμένοι διὰ πίστεως· καὶ τοῦτο οὐκ ἐξ ὑμῶν, there is no reference to πίστεως in τοῦτο, but rather to the idea of salvation in the clause before."

154 Hendriksen, *Ephesians*, p.121.

155 Kuyper, *The Work of the Holy Spirit* (1975), pp.412~413.

한다. 우리의 구원의 근원은 사람에게 있지 않고 하나님께 있다. 무한한 지혜와 사랑을 가지신 하나님만이 우리의 구속 계획을 고안해 내실 수 있고 실천해 나아갈 수 있다.

우리의 구원의 어느 한 부분도 인간의 노력이나 공로로 이루어진 것이 없다. 우리의 구원은 성취가 아니요 선물인 것이다. 그리고 그 선물은 바로 하나님으로부터 온 것이다. 물론 믿음의 책임과 믿음의 행위는 우리들이 해야 할 것이다. 왜냐하면 하나님이 우리를 위해 대신 믿어 주지 않기 때문이다. 그러나 우리가 믿을 수 있기 전에 하나님이 우리 속에 믿음의 씨앗을 심어 주신다. 하나님이 먼저 우리에게 믿음을 주시지 않으면 우리는 믿음을 행사할 수가 없는 것이다. 그래서 바울은 "성령으로 아니하고는 누구든지 예수를 주시라 할 수 없느니라"(고전 12:3, 개역개정)라고 말한다.

믿음은 구원을 전달하는 도구이다. 믿음은 하나님의 은혜로 인한 구원이 우리에게 전달될 수 있도록 도구 역할을 한다. 믿음은 우리의 구원을 위한 통로요 방편에 지나지 않는다. 이처럼 우리의 구원에 관한 한 모든 것이 전폭적으로 하나님의 행위이기 때문에 바울 사도는 "이것은 너희에게서 난 것이 아니요 하나님의 선물이라"(엡 2:8)라고 말한다. 선물은 값을 치르지 않고 받는 것이며 공로 없이 받는 것이다. 그러므로 우리의 구원은 우리 편의 행위에서 난 것이 아니다.

그러면 우리의 구원이 순전한 하나님의 선물로 성취된 이유는 무엇인가? 바울 사도는 에베소서 2:9에서 그 이유를 설명한다. 바울은 "이는"(ἵνα) 이하에서 그 이유를 설명 한다. 그것은 아무도 자랑할 수 없게 하기 위해서이다. 우리의 구원에 대한 영광과 자랑은 전적으로 하나님께 속한 것이요 우리에게 있지 않다. 우리에게는 자랑할 수 있는 근거가 전혀 없다(롬 3:27; 고전 1:29; 4:7; 갈 6:14; 빌 3:3 참조). 우리의 구원은 하나님의 선물이므로 우리는 자랑할 수가 없다.

(2) 하나님의 걸작품(엡 2:10)

바울은 하나님께서 우리를 구원하신 목적을 계속해서 설명한다. 바울은 "우리는 그가 만드신 바라 그리스도 예수 안에서 선한 일을 위하여 지으심을 받은 자"(엡 2:10, 개역개정)들이라고 말한다. 본문의 "만드신 바"(ποίημα)는 "만들어진 것," "작품," "창조"의 뜻을 가지고 있는데 하나님의 창조 사역을 가리키는 데만 사용되는 용어이다.[156] "만드신 바"는 신약성경에서 로마서 1:20과 본 구절에만 나타난다. 로마서 1:20에는 자연적인 창조를 설명하기 위해 사용되었고 본 구절은 새로운 창조를 설명하기 위해 사용되었다(엡 2:15; 4:24의 "새 사람" 참조). 하나님이 그리스도와 함께 살리시고, 함께 일으키시고, 그리고 함께 하늘에 앉히신 성도들이 바로 하나님의 "만드신 바"(ποίημα)

156 W. F. Arndt and F. W. Gingrich, *A Greek-English Lexicon of the New Testament and other Early Christian Literature*, 2nd ed (Chicago and London: The University of Chicago press, 1979), p.683; F. Thiele, "ποιέω," *NIDNTT*, Vol. 3 (Grand Rapids: Zondervan, 1979), pp.1152~1155: "*poiema*, occurring only in Rom. 1:20 and Eph. 2:10, means the works of God's creation and new creation."(p.1154)

이시다(엡 2:10). 하나님은 약속하신 것을 실천하셨고(롬 4:21; 9:28), 시작하신 것을 완성하셨다(빌 1:6; 살전 5:24).[157]

렌스키는 "바울은 하나님이 사람을 만드실 때의 처음 창조 행위와 하나님이 우리들의 영적인 생명을 존재하게 하는 때의 이 두 번째 행위, 즉 똑같이 창조적인 이 행위 사이의 밀접한 병행을 생각하고 있다. 물론 커다란 차이점들이 있다. 왜냐하면 첫째 창조는 전능의 행위요, 둘째 창조는 은혜의 행위이기 때문이다. 그러나 본질적인 점에 있어서는 두 행위 모두 같은 것이다."[158]라고 바로 지적했다.

성도들의 존재는 하나님의 재창조의 명령에 의존되어 있다. 우리가 하나님의 "만드신바"라는 말은 우리가 불신의 상태에서 믿는 상태로 전환되는 정도를 뜻하지 않고 전혀 새롭게 창조되었다는 뜻을 포함하고 있다. 성도들은 하나님께서 친히 만드신 영적인 걸작품(masterpiece)이다. 그러므로 비록 성도들이 외형적으로는 불신자들과 별 차이가 없지만 본질적으로 엄청난 차이가 있다. 신자와 불신자의 차이는 하나님의 아들과 사탄의 추종자의 차이요 천국과 지옥의 차이이며 영생으로의 부활과 영벌로의 부활의 차이인 것이다.

스미스(Smith)는 하나님의 만드신 바를 설명하면서 "그것은 개혁 이상의 것이요 생애를 다스리는 목적의 변화가 생애 자체로 봐서 위대한 것일지라도 그런 변화 이상의 것이다. 그것은 궁극적인 효

157 Herbert Braun, "ποιέω, ποίημα, ποίησις, ποιητής," *Theological Dictionary of the New Testament*, Vol. VI (Grand Rapids: Eerdmans, 1971), p.464.

158 Lenski, *Ephesians*, p.425.

과에 있어서 절대적인 변질을 가져올 만큼 재생의 사역이 철저한 것이다."[159]라고 구원이 가져다주는 엄청난 변화를 바로 설명한다.

바울 사도는 하나님의 걸작품에 대해 두 가지로 보충 설명한다. 첫째, 하나님의 걸작품은 그리스도 안에서 창조되었다(엡 2:10). 본문의 "그리스도 안에서"라는 말은 그리스도와 성도들의 연합을 설명하고 있다. 성도들은 그리스도를 떠나 존재할 수가 없다. 예수님께서 이미 "나는 포도나무요 너희는 가지라 그가 내 안에, 내가 그 안에 거하면 사람이 열매를 많이 맺나니 나를 떠나서는 너희가 아무 것도 할 수 없음이라"(요 15:5, 개역개정)라고 말씀하셨다. 바울 사도는 예수 그리스도의 생애에 성도들이 연합되었다는 사실을 여러 가지 표현으로 설명한다. 성도들은 예수와 함께 살게 되었고(롬 6:8; 딤후 2:11), 예수와 함께 고난을 받고(롬 8:17), 예수와 함께 십자가에 못 박히고(롬 6:6), 예수와 함께 죽고(고후 7:3; 딤후 2:11), 예수와 함께 장사지냄 받고(롬 6:4),예수와 함께 부활하고(골 2:12; 3:1) 예수와 함께 살림을 받고(골 2:13; 엡 2:5), 예수와 함께 영광에 이르고(롬 8:17), 예수와 함께 상속자가 되었고(롬 8:17), 그리고 예수와 함께 통치한다(딤후 2:12). 바울의 이런 여러 가지 표현은 예수 그리스도와 성도들의 연합이 얼마나 중요한가를 단적으로 설명하고 있다. 하나님은 성도들을 그리스도와 연합되게 하심으로 그의 걸작품을 만드신 것이다.

둘째, 하나님의 걸작품은 선행을 위해 지으신 것이다(엡 2:10).

159 Justin, A. Smith, *Commentary on the New Testament*, p.39.

헨드릭센(Hendriksen)은 "비록 선행이 공로를 이루는 것은 아니지만, 그것들이 대단히 중요하여 하나님께서 우리가 그것들을 행하도록 우리를 창조 하셨다."[160]라고 바로 지적했다. 성도들은 선을 행하도록 지음을 받았다. 우리의 선행이 우리의 구원에는 아무런 공로가 되지 못하지만 우리가 구원받은 것은 선한 일을 위하여 구원받은 것이다. 본문의 "에피"(ἐπί)가 여격과 함께 사용될 때 목적을 나타낸다. 그러므로 성도가 그리스도 안에서 지음을 받은 것은 선한 일을 하도록 지음 받은 것이다.

그런데 이 선한 일은 하나님이 전에 예비하신 것이다(엡 2:10). 이 사실은 선한 일이 하나님의 영원한 계획 속에 있었음을 증거한다. 바울은 "이 일은 하나님이 전에 예비하사"라는 표현으로 하나님이 우리를 우리들의 회심(conversion)으로 그리스도 안에서 새롭게 창조하시기 전, 우리의 생애를 위해 선한 일을 미리 준비해 놓으셨음을 설명하고 있다. 성도들을 향한 하나님의 궁극적 목적은 성도들의 삶 자체가 선한 일로 엮어지는 것이다.

바울 사도는 본 문맥(엡 2:1~10)을 "우리로 그 가운데서 행하게 하려 하심이니라"(엡 2:10)로 끝맺는다. 에베소서 2:2도 "행한다"(walk)라는 동사를 쓰고 에베소서 2:10도 같은 "행한다"(walk)라는 동사를 쓴다. 그러나 에베소서 2:2은 허물과 죄 가운데서 행한 것을 설명하는 반면, 에베소서 2:10은 선한 일 가운데서 행하는 것을 설명한다. 이 사실은 성도들을 그리스도와 함께 살리시고 함께

160 Hendriksen, *Ephesians*, p.124.

일으키시고 함께 하늘에 앉게 하시어 하나님의 걸작품으로 만드신 목적이 무엇인지를 설명한다. 성도들이 선한 일 가운데서 행함으로, 하나님의 걸작품을 통해 하나님 자신이 영광을 받으시기 원해서이다.

4. 그리스도 안에서 창조된 새 사람(엡 2:11~18)

"그러므로 생각하라 너희는 그 때에 육체로는 이방인이요 손으로 육체에 행한 할례를 받은 무리라 칭하는 자들로부터 할례를 받지 않은 무리라 칭함을 받는 자들이라 그 때에 너희는 그리스도 밖에 있었고 이스라엘 나라 밖의 사람이라 약속의 언약들에 대하여는 외인이요 세상에서 소망이 없고 하나님도 없는 자이더니 이제는 전에 멀리 있던 너희가 그리스도 예수 안에서 그리스도의 피로 가까워졌느니라 그는 우리의 화평이신지라 둘로 하나를 만드사 원수 된 것 곧 중간에 막힌 담을 자기 육체로 허시고 법조문으로 된 계명의 율법을 폐하셨으니 이는 이 둘로 자기 안에서 한 새 사람을 지어 화평하게 하시고 또 십자가로 이 둘을 한 몸으로 하나님과 화목하게 하려 하심이라 원수 된 것을 십자가로 소멸하시고 또 오셔서 먼 데 있는 너희에게 평안을 전하시고 가까운 데 있는 자들에게 평안을 전하셨으니 이는 그로 말미암아 우리 둘이 한 성령 안에서 아버지께 나아감을 얻게 하려 하심이라" (엡 2:11~18, 개역개정)

본문의 내용을 생각하기 전에 먼저 본 구절과 이전 구절의 관계, 그리고 본 구절 자체의 구조를 생각하는 것이 본문의 내용을 더 잘 이해하는데 도움이 되리라 생각한다.

본 구절 서두가 "그러므로 생각하라"(엡 2:11)로 시작되는 사실이 본 구절과 그 이전 구절과의 관계를 필연적으로 만든다. 사실상 에베소서 2장 전체를 분석해 보면 크게 두 문단으로 나뉜다. 그 구분은 에베소서 2:1~10과 에베소서 2:11~22이다. 따라서 구조적으로 볼 때 "그러므로 생각하라"는 단순히 그 이전 문장과만 연관되어진 것이 아니요 에베소서 2:1~10 전체 구절의 내용을 염두에 두고 시작하는 말이다. 허물과 죄로 인해 죽었고 본질적으로 하나님의 진노를 받을 수밖에 없었으며 선한 일을 전혀 할 수 없는 상태에 있을 때 긍휼에 풍성하신 하나님이 우리를 그리스도와 함께 살리셔서 하나님의 걸작품으로 만들어 주신 사실의 전모를 생각하라고 말하는 것이다.

그리고 좀 더 자세하게 관찰해 보면 에베소서 2:11~12은 에베소서 2:1~3과 비교되며 에베소서 2:13~18은 에베소서 2:4~10과 비교된다. 그 내용을 살펴보면 에베소서 2:1~3은 예수 믿기 이전의 모든 사람의 상태를 설명하는 반면 에베소서 2:11~12은 좀 더 구체적으로 구원받기 전 이방인들의 상태를 설명하고 있다. 그리고 에베소서 2:4~10은 하나님께서 성도들을 그리스도 안에서 구원하셔서 하나님의 걸작품으로 만드신 사실을 일반적으로 설명하는 반면, 에베소서 2:13~18은 하나님께서 유대인과 이방인을 그리스도 안에서 한 새 사람(새로운 공동체)[161]으로 만드셔서 하나님과 화목하고 서로 간에 화목할 수 있도록 만드셨다고 설명한다. 이처럼 에베소서 2:11~18과 그 이전 구절을 비교해 보면 내용 전개에

161 엡 2:15의 "한 새 사람"은 ἕνα καινὸν ἄνθρωπον 이요, 엡 4:24의 "새 사람"은 τὸν καινὸν ἄνθρωπον 이다. 두 구절의 차이는 엡 2:15이 정관사가 없는 반면, 엡 4:24은 정관사가 있다는 것이다. 그러나 두 구절의 의미는 현저하게 다르다. 엡 2:15은 그리스도 안에서 유대인과 이방인이 하나의 공동체가 되었다는 뜻에서 "새 사람"으로 표현했고, 엡 4:24은 한 사람이 그리스도 안에서 구원받아 새롭게 창조되었다는 뜻에서 "새 사람"으로 표현했다. 이와 같은 차이는 성경 이해에 있어서 문맥의 중요성을 다시 한 번 일깨워 준다. cf. 행 17:25; 눅 4:40에 사용된 θεραπεύω 의 두 의미를 참조하라.

도 발전이 있음을 알 수 있다.

이제 에베소서 2장 후반부의 구조를 잠시 생각해보자. 에베소서 2:11~22은 세 부분으로 나뉜다. 첫째 부분은 에베소서 2:11~12이요, 둘째 부분은 에베소서 2:13~18이며, 셋째 부분은 에베소서 2:19~22이다. 그리고 각 부분은 필요하고 적절한 표현으로 서두를 시작하며 내용 전개에 논리적 발전이 나타난다. 바울 사도는 에베소서 2:11~12을 "그 때에"라는 말로 시작함으로 이방인들이 그리스도밖에 있었던 형편을 서술하고, 에베소서 2:13~18을 "이제는"이라는 말로 시작함으로 그리스도께서 성취하신 사역으로 어떤 일이 발생했는지를 설명한 다음, 에베소서 2:19~22을 "이제부터"라는 말로 시작함으로 구속받은 새로운 백성이 어떻게 될 것을 설명하고 있다.

(1) 그리스도 밖에 있는 이방인의 상태(엡 2:11~12)

인간이 타락하기 전에는 하나님과 인간, 인간과 인간 사이의 간격이 없었다. 그러나 아담의 타락으로 인하여(창 3장) 완전한 창조 질서가 파괴되었다. 하나님과 인간 사이가 불화의 관계로 전락되었으며 그 결과로 인간과 인간 사이, 심지어 인간과 자연 사이의 관계가 불편한 관계로 떨어졌다. 인간과 인간 사이의 불목의 관계는 본 구절이 잘 설명하고 있으며(엡 2:11~12), 타락 이후 인간과 자연과의 관계는 창세기 3:17~18과 로마서 8:19~25에서 잘 설명하고 있다. 본 구절의 해석은 잠시 후 자세하게 설명할 것이므로 여기서 인간과 자연과의 관계를 간략하게 언급하기로 한다.

창세기의 구절은 인간의 타락으로 말미암아 하나님께서 자연을 저주하신 내용을 기술하고 있으며 로마서의 내용은 저주받은 자연이 썩어짐의 종노릇하고 있는 상태에서 해방되기를 고대하고 있다고 설명한다. 피조물이 허무한 데 굴복하는 상태에서 해방되는 때는 하나님의 자녀들이 부활체를 입는 때이다(롬 8:23). 하나님의 구속 역사가 완성되고 예수님이 재림하는 그 때, 인간의 구원이 완전히 성취되는 그 때, 자연은 완전히 새롭게 되어 통일과 조화를 이루게 될 것이다. 그 때에 이리가 어린양과 함께 거하며 어린 사자가 어린 아이에게 끌리며 젖 먹는 아이가 독사의 구멍에서 장난하며 하나님의 거룩한 산 모든 곳에서 해함도 상함도 없을 것이라는 이사야 선지자의 예언이(사 11:6~9) 궁극적으로 완성될 것이다. 이처럼 아담의 타락은 인간 전체 역사에 엄청난 영향을 미친 것이다.[162] 던(Dunn)은 로마서 8:18~30을 주해하면서 하나님께서 자연에 저주를 내리신 것은 "하나님의 다루심(행위)의 최종 목적이 아니요 그의 목표의 단계로서, 이는 죄의 자멸성을 끄집어내어 파멸시키는 수단이요, 회복된 하나님의 자녀들을 위한 환경으로서의 정상적인 기능을 하는 창조의 회복을 뜻한다."[163]라고 설명한다. 그는 계속해

162 W. Hendriksen, *Exposition of Paul's Epistle to the Romans* (*N.T.C.*, Grand Rapids: Baker, 1981), pp.266~269; 박형용, 『바울신학』(수원: 합신대학원출판부, 2022), pp.78-83.

163 James D. G. Dunn, *Romans 1~8: Word Biblical Commentary*, Vol. 38A (Dallas: Word Books, Publisher, 1988), p.471.

서 "부활 소망이 부활체의 소망인 것처럼 부활 생명은 완성된 창조의 일부가 된다. 바울은 확실히 여러 곳에서 언급된 유대주의 종말론 소망의 한 단면을 설명하고 있다. 즉 최종의 시간은 원시의 시간에 대해 유추가 된다."[164]라고 창조와 재창조를 연결시켜 설명한다.

에베소서 2:11~12은 아담의 타락으로 인해 인간과 인간 사이에 건널 수 없는 간격이 있음을 설명한다. 바울은 "너희는 그때에 육체로는 이방인이요 손으로 육체에 행한 할례를 받은 무리라 칭하는 자들로부터 할례를 받지 않은 무리라 칭함을 받는 자들이라"(엡 2:11, 개역개정)라고 설명한다. 이 말씀은 유대인과 이방인 사이의 소외된 상태를 잘 지적한다. 유대인들은 육체에 할례를 받은 자들이었다. 할례는 언약 백성의 일원이라는 외적 징표로서 난 지 8일 만에 남자의 양피를 자르는 의식이다(창 17:9~14). 그런데 이 할례 자체가 선민이라는 특권적 표지가 되었고 반면 무할례자라는 말은 경멸조의 명칭이 된 것이다.

바울은 본문에서 이방인들이 "손으로 육체에 행한 할례를 받은 무리라 칭하는 자들로부터 할례를 받지 않은 무리라 칭함을 받는 자들"(엡 2:11, 개역개정)이라고 말함으로 이방인들에 대한 유대인들의 태도를 설명한다. 스토트(Stott)는 바울이 "마치 이름들과 표지들(labels)은 그것들의 배후에 있는 실재와 비교할 때 중요하지 않다고 선언하고 또한 '손으로 육체에 행한 할례' 배후에 유대인들과 이방인들 모두에게 똑같이 필요하고 또한 유효한 또 다른 종류의 할례

164 Dunn, *Romans 1~8: Word Biblical Commentary*, Vol. 38A (1988), p.471.: "that *Endzeit* would be analogous to *Urzeit*."

즉 육체적이 아니라 영적인 마음의 할례가 있다고 선언한다(참조. 롬 2:28~29; 빌 3:3; 골 2:11~13)."[165]라고 본문의 뜻을 바로 설명한다. 사실상 바울은 본문에서 이방인을 경멸하는 유대인의 태도에 대해 냉소적인 논조를 엿보인다.

바울 사도는 유대인과 이방인의 반목을 체험적으로 잘 알고 있었다. 바울이 로마 감옥에 갇힌 것은 하나님의 섭리적인 인도이지만 직접적인 원인은 바울이 에베소 사람 드로비모(Trophimus)를 예루살렘 성전에 데리고 들어간 줄로 오해받은 결과였다. 바울이 로마의 감옥에서 에베소서를 쓰면서 약 3년 전에 성전과 연루되어 발생한 드로비모 사건을 잊을 리 없다(행 21:27~31). 또한 바울 사도는 베드로가 안디옥에서 이방인과 같이 먹기를 거절할 때 자신이 베드로를 책망한 사건이나(갈 2:11~21), 율법의 행위로 되돌아가려고 하는 갈라디아교회 내의 유대주의자를 강하게 책망한 일을(갈 3:1~13) 통해 유대인과 이방인 사이의 간격의 문제가 얼마나 깊은지를 잘 알고 있었다.

바울 사도는 이방인들의 상태를 설명하기 위해 "그 때에"(엡 2:11, 12)라는 말을 두 번 쓴다. "그 때에"는 그리스도가 성육신하시기 이전 시기요 또 이방인들이 그리스도를 알기 이전 시기이다. 바울은 에베소서 2:12에서 이방인들의 형편을 다섯 가지로 설명하고 있다.

165 Stott, *God's New Society*, p.95.

① **이방인들은 그리스도 밖에 있었다.** 바울은 하나님께서 이방인들에게 전혀 관심을 갖지 않았다는 뜻으로 이 말씀을 쓴 것은 아니다. 왜냐하면 이 편지를 받는 에베소교회의 이방인들은 하나님께서 예정하시고 택하셔서 그리스도를 통해 구속하신 대상들이었기 때문이다(엡 1:3~14). 그러나 그들이 구속받기 전 그들은 메시아를 대망하고 기다릴 수 없는 상태에 있었다. 섬머즈(Summers)는 "너희는 그리스도 밖에 있었고"(엡 2:12)를 "이제는 … 너희가 그리스도 예수 안에 있다"(엡 2:13)와 비교해서 생각할 때 가장 강한 뜻으로 이해할 수 있다고 바로 지적한다.[166]

그리스도 안에서의 축복이 얼마만큼 크다는 것을 알면 그리스도 밖에 있는 상태도 짐작할 수 있다. 그리고 에베소서 1장에서 그리스도 안에서의 축복이 얼마만큼 큰가를 설명한 것과 대조해 볼 때 바울 사도의 이 표현은 상당한 비중을 차지하고 있다. 이방인들이 그리스도 밖에 있었다는 상태가 뒤따라 설명되는 네 가지 비참한 상태의 기초가 된다.

② **이방인들은 이스라엘 나라 밖에 있었다.** 본문의 "이스라엘 나라"라고 할 때에 "나라"(πολιτεία)는 "시민권"이란 의미로도 사용된다.[167] 바울은 본문에서 신정국인 이스라엘 나라를 생각했음에 틀림없다. 바울은 로마서 9:3~5에서 이스라엘의 특권을 설명한다. 이

166 Summers, *Ephesians*, p.42.

167 행 22:28의 "나는 돈을 많이 들여 이 시민권(τὴν πολιτείαν ταύτην)을 얻었노라"가 이를 증거 한다. cf. Josephus, *Antiquities*, 12.3.1.

스라엘은 "양자됨과 영광과 언약들과 율법을 세우신 것과 예배와 약속들이 있는"(롬 9:4, 개역개정) 축복 받은 백성이었다. 빈센트(Vincent)는 이스라엘을 국가적인 구분보다는 영적인 구분으로 생각한다.[168] 하지만 바울이 본문에서 유대인과 이방인을 대조시킨 사실을 생각할 때 단순히 영적인 이스라엘보다는 신정국 이스라엘의 특권을 생각했음에 틀림없다. 비록 이방인들이 국가가 없는 백성은 아니었지만 하나님의 통치를 받는 신정국의 범위 밖에 있었다. 유대인들은 신정국의 시민들로서 하나님과의 언약 관계에 있었으며 따라서 하나님께서 제공하신 특권과 축복을 누릴 수 있었다. 그런데 이방인들은 이스라엘 밖에 있어서 이런 축복을 누리지 못한 것이다.

③ 이방인들은 약속의 언약들에 대하여 외인이었다. 본문에서 왜 "언약들"이라고 복수를 사용했는가? 하나님은 "내가 너와 네 후손의 하나님이 되리라"라는 약속과 함께 은혜의 언약을 아브라함과 맺었고 그 후 이삭과 야곱, 그리고 모든 하나님의 백성들에게 재확인해 주셨다. 그러므로 은혜의 언약은 하나이지만 많은 재확인이 있었다(창 17:7~8; 26:1~5; 28:10~17; 출 20:2; 렘 24:7; 30:22; 31:33; 슥 13:9). 이런 의미에서 바울은 "약속의 언약들"이라고 복수로 사용한 것이다.[169]

168 Marvin R. Vincent, *Word Studies in the New Testament*, Vol. Ⅲ (1975), p.377.

169 Hendriksen, *Ephesians*, p.130; Lincoln, *Ephesians* (*WBC*), p.137.

그런데 이스라엘은 하나님의 약속된 언약을 소유했지만 이방인들은 그리스도 안에서 구원받기 이전 이런 특권에서부터 제외된 백성이었다. 하나님이 이방인들에게 자신이 그들의 특별한 하나님임을 계시해 주지 않았다.

④ 이방인들은 세상에서 소망이 없었다. 비록 하나님께서 그들을 축복의 반열에 넣을 것을 계획하였지만, "그때에" 이방인들은 메시아의 소망을 바라볼 수 없는 형편에 있었고 전혀 소망이 없는 상태였다. 성도의 소망은 하나님의 약속에 근거하는데 하나님의 구원과 그리스도를 알지 못한 상태에서 이방인들이 이 세상 이외의 다른 소망을 가질 수 없었다.

⑤ 이방인들은 하나님이 없는 자들이었다. 바울은 이방인들이 무신론자라고 말하지 않는다. 그들은 자신들이 만든 신을 섬기고 있었다. 그러나 그들은 진정한 하나님을 모르는 상태에 있었다. 하나님은 자연을 통해 자신을 온 인류에게 계시해 주셨지만 이방인들은 그것을 알아차리지 못하고 우상을 숭배하게 된 것이다(롬 1:18 이하, 행 14:15 이하 참조).

본문의 "하나님도 없는"은 아데오스(ἄθεος)로 형용사형이다. "형용사" 아데오스(ἄθεος)는 70인 역에나 외경에 결코 나타나지 않고 신약에서 여기 에베소서 2:12에 한 번 사용되었다(hapax legomenon). 고전 헬라어에서는 국가의 신들을 부인하고 무시한다는 의미로 불경건(impious)하다는 뜻으로 쓰였다. 그러나 때로 ① 하나님을 알지 못한다는 의미나, ② 하나님을 경배하지 않는다는 의미, 혹은 ③ 하나님에 의해 버림받았다는 의미로 사용되기도 한다. 본문에서는 첫 번째 의미인 "하나님을 모르는"의 뜻으로 사용되었다. 왜냐하면 이방인들은 무신론자는 아니었지만 살아 계신 진정한 하나님을 모르고 있었기 때문이다.[170]

이처럼 이방인들은 5중으로 하나님과 먼 상태에 있었다. 핸드릭센(Hendriksen)의 말을 빌리면 이방인들은 "그리스도도 없었고, 나라도 없었고, 친구도 없었고, 소망도 없었고, 그리고 하나님도 없었던"[171] 상태에 있었다.

(2) 우리의 화평, 그리스도(엡 2:13~18)

바울 사도는 이전 구절과의 명백한 대조를 이루기 위하여 에베소서 2:13 서두에 "이제는"이라고 대칭적인 말을 사용한다. 에베소서 2:12의 "그 때에"와 에베소서 2:13의 "이제는"이 대칭을 이루고 있고, 또한 "전에 멀리 있던"과 "그리스도 예수 안에서"가 대칭적으로 사용되었다. 바울은 "이제는 전에 멀리 있던 너희가 그리스도 예수 안에서 그리스도의 피로 가까워졌느니라"(엡 2:13, 개역개정)라고 말한다. 이 말씀은 멀리 있던 이방인들이 하나님께 가까워질 수 있게

---

170 Salmond, *The Epistle to the Ephesians*, pp.292~293.

171 Hendriksen, *Ephesians*, p.129.

된 이유를 명백히 밝힌다. 바울은 "그리스도 예수 안에서"라는 구절만 사용하지 않고 좀 더 구체적으로 "그리스도의 피로"를 덧붙여 사용한다(엡 1:7 참조). 이방인들이 현재와 같이 특권을 누리고 축복을 받은 것은 그리스도께서 십자가상에서 피 흘려 대속적 죽음을 죽으시고 사흘 만에 부활하셨기 때문이다.

본문의 "그리스도의 피"는 화목을 이루시기 위해 하나님께서 얼마나 값진 대가를 지불하셨는지를 웅변적으로 증거한다(히 9:22 참조). 그리스도는 십자가에서 피를 흘리심으로 우리의 화평이 되셨다. 예수 그리스도의 십자가의 죽음과 부활은 이 세상을 철저하게 변혁시킨 사건이요 성도들에게 그리스도는 우리의 화평이시다(엡 2:14). 그리스도는 단순히 화평을 주시는 자, 혹은 화평하게 하시는 자에 그치지 않고 그 자신이 우리의 화평이시다. 이와 비슷한 표현으로 "예수는 … 우리에게 지혜와 의로움과 거룩함과 구원함이 되셨으니"(고전 1:30, 개역개정)라는 표현이 있다. 구약의 예언은 메시아 시대의 평화에 대해 자주 언급한다(사 9:5, 6; 52:7; 53:5; 57:19; 미 5:5; 슥 9:10). 본문은 그리스도 안에서 구약 예언이 성취된 것을 증거한다. 본문의 "그는"은 강조적인 의미로 사용되어 "다른 이가 아니라 바로 그만이"라는 뜻을 가지고 있다. 그리스도만이 홀로 우리의 화평이시다.

살몬드는 "그는 이처럼 우리를 위해 화평(the Peace)이시다. 즉, 모든 다른 이를 제외시킨 절대적인 의미에서 화평이시다."[172]라고 바

172 Salmond, *The Epistle to the Ephesians*, p.294

로 해석한다. 그리스도만이 우리의 화평이라는 말은 그 반대적인 효과도 함축하고 있다. 즉 이 말은 그리스도 밖에서는 화평이 있을 수 없다는 뜻이다. 칼빈은 이 사실을 아름답게 표현하고 있다. "만약 그리스도가 우리의 화평이시면 그리스도 밖에 있는 모든 사람은 하나님과 적대 관계에 있다는 뜻이다. 하나님과 사람 사이의 화평은 그리스도의 아름다운 명칭이다. 누구든지 그리스도 안에 남아 있으면 하나님이 그에게 은혜를 베푸신다는 사실을 의심하지 못하게 하라."[173] 그리스도는 우리의 화평이시다. 그러므로 진정한 화평은 그 안에 있을 때에만 누릴 수 있다.

에베소교회의 이방인들은 바로 그리스도 안에서 이런 화평을 누릴 수 있었다. 왜냐하면 그리스도께서 유대인과 이방인을 "하나로 만드사 원수된 것 곧 중간에 막힌 담을 자기 육체로 허셨기"(엡 2:14) 때문이다. 2천여 년이 지난 오늘 우리는 바울이 에베소서를 쓸 때의 유대인과 이방인 사이의 간격을 몸으로 체험 할 수가 없다. 하지만 바울 사도가 "중간에 막힌 담을 허시고"라는 표현을 쓴 것으로 보아 예루살렘 성전을 중심으로 유대인과 이방인의 적대 관계가 얼마나 심각했는지를 짐작하게 한다. 요세프스는 『유대인의 전쟁』(*Wars of the Jews*)이란 책에서 유대인과 이방인 사이가 어떠했는지를 설명해준다. "돌로 만든 칸막이가 온 주위를 둘렀는데 그 높이는 3규빗(약 1.5m)이었다. 그 건축은 대단히 웅장했고 그 위에 일정한 간격으로 기둥을 세웠다. 그리고 기둥에는 어떤 것은 헬라어로, 어떤

173 Calvin, *Ephesians*, p.150.

것은 로마 글자로 '이 지성소에 외국인은 결코 들어갈 수 없노라'라는 순결의 법을 선포하는 말이 쓰여 있었다."[174] 탈무드(Talmud)에 보면 하나님이 이방인을 사람처럼 창조한 것은 유대인들이 종으로 부릴 때 불쾌하지 않게 하기 위해서였다고 설명한다.

이런 언급은 유대인들이 이방인들에 대해 얼마나 배타적이고 경멸적인 태도를 가졌었는지 보여 준다. 그러므로 그리스도가 유대인들과 이방인들 사이의 "중간에 막힌 담"을 허시고 둘로 하나를 만들었다는 사실은 화평이신 그리스도의 사역의 위대함을 극명하게 증거 한다. 유대인과 이방인이 화목할 수 있게 되었다는 사실은 은혜의 이적일 수밖에 없다.

우리의 화평을 위해 그리스도는 "율법을 자기 육체로 폐하셨다"(엡 2:15). 바울 사도는 에베소서 2:14의 "막힌 담"이라는 은유적인 표현을 좀 더 명백하게 설명한다. 예수님께서 그의 육체로 폐하신 것은 "원수된 것"(enmity)이다. "원수된 것"은 에베소서 2:14의 "화평"과 대칭을 이루고 있으며 에베소서 2:15에서 더 구체적으로 설명된다. "원수된 것"은 "법조문으로 된 계명의 율법"과 동격으로 사용되었다. "원수된 것"은 사람을 적대 관계에 있도록 만드는 주관적인 느낌인 반면, "율법"은 하나님께서 유대인들에게 주셔서 그들

174 Flavius Josephus, *The Works of Flavius Josephus*, Vol. I (*The Wars of the Jews*, Book V, Chapter 5, Verse 2.), trans William Whiston (Grand Rapids: Baker, 1975), p. 373: "When you go through these (first) cloisters, unto the second (court of the) temple, there was a partition made of stone all around, whose height was three cubits: its construction was very elegant; upon it stood pillars, at equal distances from one another, declaring the law of purity, some in Greek, and some in Roman letters, that 'no foreigner should go within that sanctuary.'"

을 구별되게 하신 객관적인 계율이다. 그런데 객관적인 계율은 주관적인 느낌을 생성하게 하는 원인이 되기 때문에 둘을 구별해서 생각할 수 없다. 예수님께서 율법을 폐하신 것은 바로 원수된 것을 폐하셨다는 뜻이다.[175]

그러면 본문에서 "법조문으로 된 계명의 율법을" 폐하셨다는 말은 무슨 뜻인가? 예수님께서 "내가 율법이나 선지자를 폐하러 온 줄로 생각하지 말라 폐하러 온 것이 아니요 완전하게 하려 함이라"(마 5:17, 개역개정)라고 하신 산상보훈의 말씀과 상충되는가? 그렇지 않다. 구약의 율법은 도덕적인 율법, 의식적인 율법 그리고 법률적인 율법(혹은 국가적인 율법)으로 나누어 생각할 수 있다. 예수님께서 율법을 완전하게 하셨다(마 5:17)는 말씀이나 그리스도가 율법의 마침이 되셨다(롬 10:4)는 말씀은 율법 전체를 성취하셨다는 뜻이다. 그러므로 성도가 의식적인 율법, 법률적인 율법, 도덕적인 율법을 지킬 수 있는 길은 그리스도 안에 있을 때에만 가능한 것이다.

어떤 이는 구약의 도덕적 율법은 그리스도와 상관없이 영구한 효과를 가지고 있는 것처럼 생각하나, 예수 그리스도가 율법을 완전하게 하셨다는 말은 도덕적 율법까지도 포함해서 하신 말씀이다. 구약의 도덕적 율법에 속한 "네 부모를 공경하라," "네 이웃을 사랑하라" 등의 계명을 그리스도 밖에 있는 사람이 온전히 실천할 수 없다는 사실이 이를 증거해 준다. 그리스도 밖에 있는 사람은 율법을 온전히 지킬 수가 없다. 따라서 그들에게는 도덕법의 정죄가 부가

175 Lenski, *Ephesians*, p.441.

되어 있다.

그러나 그리스도 안에 있는 사람은 도덕법의 정죄에서 자유할 수 있다. 왜냐하면 그리스도께서 도덕적 율법을 완전히 실천하셨고 성도들은 그리스도와 연합이 되었으므로 그리스도의 성취가 우리의 성취가 되기 때문이다. 이처럼 그리스도는 구약의 모든 율법을 완전하게 하셨으므로 우리가 그리스도를 믿을 때 구약의 율법을 지킬 수 있게 된다.

그러나 바울 사도는 본문에서 의식적인 율법(ceremonial law)을 중점적으로 생각하고 있다. 바로 전에 "그는 우리의 화평이신지라 둘로 하나를 만드사 원수된 것 곧 중간에 막힌 담을 자기 육체로 허시고"(엡 2:14)라는 말씀이나 "법조문으로 된 계명의 율법을 폐하셨다"(엡 2:15)는 등의 구절은 예수님께서 자기를 단번에 제사로 드리심으로 대대로 이어온 구약의 제사 의식을 폐하시고 완전하게 하셨다는 뜻을 함축하고 있음에 틀림없다(히 9:25~28).

칼빈은 다음과 같이 해석한다. "바울은 이방인들이 은혜의 교제에 동등하게 영입되어 그들이 더 이상 유대인들과 다르지 않다는 사실을 뜻할 뿐만 아니라 차이의 표지(標識)가 제거되었음을 뜻한다. 왜냐하면 의식들이 폐지되었기 때문이다."[176]

예수님께서 자신을 제물로 완전한 제사를 단번에 드리셨기 때문에 우리들은 구약의 제사 의식을 지킬 필요가 없게 되었다. 유대인

---

176 Calvin, *Ephesians*, p.151: "계명의 율법"(2:15)이 의식적인 율법을 가리킨다고 해석하는 학자는 Stott (*God's New Society*, p.100: "Paul's primary reference here, however, seems to be to the *ceremonial law*."), Hendriksen (*Ephesians*, pp.134~135), J. A. Smith (*Commentary on the New Testament*, p.43) 등이다.

의 특수 의식을 자아내게 한 제사 의식이 그리스도 안에서 완전하게 됨으로 이제는 유대인과 이방인이 공히 예수 그리스도를 믿음으로만 참 하나님의 백성이 될 수 있게 되었다. 이제 우리는 그리스도를 믿음으로 구약의 의식들을 지키게 된다. 본문의 "허시고"(λύσας)나 "폐하셨으니"(καταργήσας)는 부정과거형(aorist)으로 그리스도의 사역이 완성된 것을 가리킨다. 그리스도는 중간에 막힌 담을 완전히 헐어 원수된 것을 폐하시고 유대인과 이방인을 하나로 만드신 것이다.

그리스도는 그의 죽음과 부활로 한 새 사람을 창조하셨다(엡 2:15). 하나님은 첫 사람 아담을 흙으로 빚으시고 생기를 불어넣어 창조하셨다(창 2:7). 그런데 하나님은 마지막 아담 그리스도 안에서 새로운 인류를 창조하신 것이다. 본문에서 "이는 이 둘로 자기 안에서 한 새 사람을 지어 화평하게 하시고"(엡 2:15)라고 한 것은 유대인과 이방인이 그리스도 안에서 구성된 새 인류가 된 것을 뜻한다.

우리는 본 구절을 읽을 때 새 인류에 대해 세 가지 점을 강조해야 한다. 그것은 "한"(one), "새"(new), 그리고 "지어"(create)라는 말이다.

첫째, 그리스도 안에는 하나(one)의 그룹만 있다. 한 성령에 의해 한 믿음으로 구속받아 이룩된 하나의 위대한 영적 가족만이 존재한다. 모든 가족이 동등한 위치와 같은 중요성을 소유한 새로운 인류가 만들어진 것이다.

둘째, "새"(new)라는 뜻은 시간적인 의미에서만 새롭다는 뜻이 아니요 질(質)적으로 새롭다는 뜻이다. 역사의 어떤 한 시점에 생성된 그런 새로운 인류가 아니요 인류 자체가 다른 어떤 인류와도 비교될 수 없는 본질적으로 새로운 인류라는 뜻이다. 이렇게 볼 때 기독교인과 비기독교인의 차이는 엄청난 것이다. 비록 얼굴 모양이 비슷하고 입고 있는 옷은 큰 차이가 없을는지 모르지만 기독교인과 비기독교인은 본질적으로 다르기 때문에 그 목적이 다르고 방향이 다르고 생각이 다르고 종착역이 다른 것이다.

셋째, "지어"라는 말은 "창조하여"(create)라는 뜻으로 앞의 새롭다는 의미를 보강해 주는 역할을 한다. 하나님께서 새 사람을 지으시되 있는 자료를 활용해서 구성하신 것이 아니요 전혀 새롭게 창조하신 것을 뜻한다. 창세기의 창조 사역과 상응하는 창조 사역인 것이다.

살몬드는 하나님께서 한 새 사람을 만드신 "결과는 그들 사이의 구별이 제거되었을지라도 유대인은 유대인으로 남아 있고 이방인은 이방인으로 남아 있는 그런 것이 아니다. 그것은 유대인과 이방인을 갈라놓는 옛 구분이 폐기된 것으로 '사람'(man)으로 생성된 셋째 질서 즉 기독교인(the Christian man)이라는 어떤 새로운 질서이다."[177] 라고 바로 설명한다. 그리스도 안에서는 "헬라인이나 유대인이나 할례파나 무할례파나 야만인이나 스구디아인이나 종이나 자유인이 차별이 있을 수 없다"(골 3:11, 개역개정). 하나님은 그리스도 안에서 모든 인류 사이에 막힌 담을 허시고 새로운 인류를 창조하신 것이다.

그리스도는 유대인과 이방인을 하나님께 화목시켰다(엡 2:16). 본문은 그리스도의 십자가상의 죽으심으로 이루신 화목의 이중적 효

177 Salmond, *The Epistle to the Ephesians*, p.296.

과를 설명한다. 한편으로 십자가 사건은 유대인과 이방인을 한 몸으로 만드셨다. 여기 "한 몸"은 그리스도의 몸을 가리키지 않고 오랫동안 떨어져 있었고 적대 관계에 있었던 유대인과 이방인이 하나님과 바른 관계를 갖게 한 위대한 몸으로 구성되어졌다는 뜻이다(고전 10:17; 엡 4:4; 골 3:15). 살몬드는 "여기서 언급한 몸은 유대인들과 이방인들이 한 몸을 이루는 것을 가리킨다. … 그의 목적은 오랫동안 이산되었고 적대 관계에 있었던 두 그룹을 하나의 전체, 하나의 위대한 몸으로 만들어 십자가에 의해 하나님과 바른 관계 안에 있게 하는 것이었다."[178]라고 바로 지적한다.

윌슨(Wilson)도 "이 화목의 완성은 그리스도의 처형된 몸을 가리키지 않고 그의 몸인 교회를 가리키는 '한 몸으로'라는 구절에 의해 지적되고 있다(엡 1:23)."라고 해석한다.[179] 유대인과 이방인은 그리스도의 십자가로 서로 간 화목할 수 있게 된 것이다.

다른 한편으로 십자가 사건은 한 몸이 된 유대인과 이방인을 하나님께 화목시킨 것이다. 칼빈은 "죄는 하나님과 우리 사이에 있는 적대감의 원인이다. 그리고 그것이 폐지될 때까지는 우리가 결코 하나님의 호의 가운데 있을 수 없다. 그것은 자신을 화목제물로 아버지께 바친 그리스도의 죽음으로 제거되어졌다."[180]라고 해석한다. 사실상 하나님과의 화목은 유대인과 이방인간의 화목의 근거가 된다(고후 5:14~21 참조).

178 Salmond, *The Epistle to the Ephesians*, p.297.

179 Wilson, *Ephesians*, p.56.

180 Calvin, *Ephesians*, p.152.

그리스도는 교회를 통해 평안을 전하신다(엡 2:17~18). 인간은 하나님과 화목한 관계에서만 평안을 누릴 수 있다. 본 문맥은 누차 평안에 대해 말씀하신다. 그리스도는 "우리의 화평이시고"(엡 2:14), 새로운 인류를 창조하사 "화평하게 하셨다"(엡 2:15). 이제는 더 나아가서 그리스도께서 "먼 데 있는 너희에게 평안을 전하셨다"(엡 2:17)고 말한다. 예수님은 지상에 계실 때도 평화의 메시지를 선포하셨다(마 5:9; 눅 10:6; 요 14:27; 16:33). 하지만 본문에서 전파한 평안은 예수님이 지상 생애 기간에 전파한 평안의 메시지가 아니요 그의 죽음과 부활로 성취한 평안의 복음을 그의 교회를 통해 선포한 것을 말한다.

본문의 "오셔서"(엡 2:17)는 그리스도의 성육신을 가리키기보다는 그리스도가 성령으로 오심을 가리킨다(참조. 요 14:18, 28; 행 26:23). 왜냐하면 그 이전의 구절이 그리스도의 피와 십자가를 언급하고 있기 때문이다. 논리적으로 볼 때 그리스도께서 평안을 성취하셨다는 것은 십자가에서요 오셔서 평안을 전했다는 것은 그가 성령으로 오셔서 교회를 통해 평안의 복음을 전했다는 뜻이다. 교회는 그리스도의 대사로서 화목의 복음, 평안의 메시지를 전하는 것이다(고후 5:20).

"한 새 사람" 즉 교회는 이 좋은 복된 소식을 먼 데 있는 사람과 가까운 데 있는 사람들에게 전하는 것이다(엡 2:17). 본문의 멀고 가까움은 장소상의 거리를 가리키지 않고 유대인들과 이방인들의 하나님과의 관계를 설명해 주고 있다. 유대인들은 하나님과 언약 관계에 있었기 때문에 하나님과 가까운 상태에 있었고 이방인들은 구

원의 약속이 없는 자들로서 하나님과 먼 상태에 있었다.[70]

그리스도가 성취하신 화목은 하나님과 우리와의 사이에 막힌 죄 문제를 해결했기 때문에 우리들은 담대히 하나님께 나아갈 수 있다. 본문의 "나아간다"(엡 2:18)는 말은 왕의 알현 허가를 얻고 그에게 나아가는 장면을 연상하게 한다. 우리는 왕이신 하나님께 그리스도로 말미암아 한 성령 안에서 담대히 나아갈 수 있게 되었다. 바울은 짧은 한 절에서 성부, 성자, 성령의 삼위일체 하나님을 언급한다. 우리는 그로 말미암아(성자) 한 성령 안에서(성령) 아버지께(성부) 나아가는 것이다.[182]

181 Calvin, *Ephesians*, p.153: "The words 'afar off' and 'nigh' do not refer to distance of place. The Jews, by reason of the covenant, were nigh to God. The Gentiles, who were banished from the Kingdom of God so long as they had not the promise of salvation, were afar off."

182 Stott, *God's New Society*, p.103.

5. 완성의 과정에 있는 교회(엡 2:19~22)

> "그러므로 이제부터 너희는 외인도 아니요 나그네도 아니요 오직 성도들과 동일한 시민이요 하나님의 권속이라 너희는 사도들과 선지자들의 터 위에 세우심을 입은 자라 그리스도 예수께서 친히 모퉁잇돌이 되셨느니라 그의 안에서 건물마다 서로 연결하여 주 안에서 성전이 되어 가고 너희도 성령 안에서 하나님이 거하실 처소가 되기 위하여 그리스도 예수 안에서 함께 지어져 가느니라" (엡 2:19~22, 개역개정)

(1) 그리스도 안에 세워진 성전(엡 2:19~20)

바울 사도는 "그 때에"(엡 2:11, 12)와 "이제는"(엡 2:13)에 상응하는 "이제부터"(엡 2:19)라는 말로 본 구절을 시작한다. 바울은 지금까지 언급한 사실을 근거로 결론을 소개한다. 바울은 그리스도 안에 있는 이방인들이 하나님 나라의 시민이요 하나님의 권속이라고 말 한다(엡 2:19). 이방인들은 이스라엘 나라로부터 소외된 국적도 없고 공민권도 없는 외국인이었지만(엡 2:12) 이제는 성도들과 동일한 시민(συμπολίται)이 되었다. 이방인 신자들은 유대인 신자들과 함께 "하나님의 이스라엘"(갈 6:16)의 일원이 된 것이다.

교회 내에는 1급 성도, 2급 성도 혹은 3급 성도와 같은 구분이 없다. 그리스도 안에서는 유대인이나 이방인이나 모두 하나님의 통치를 받는 동료 시민이요 한 가족이다. 그리스도 안에 있는 모든 사람은 하나님을 아버지라고 부를 수 있는 특권을 동등하게 부여받았다. 그런데 이 특권을 부여받은 사람들로 이룩된 것이 교회이다. 이 교회는 사도들과 선지자들의 터 위에 세우심을 받았다(엡 2:20).

본문의 선지자가 어떤 선지자를 가리키느냐에 대해 의견의 차이가 나타난다. 칼빈(Calvin)은 본 구절의 "선지자들"을 구약의 선지자로 생각한다.[183] 이 해석은 구약과 신약을 전 포괄적으로 생각한다는 점에서 장점이 있다. 하지만 본 구절의 문맥과 에베소서 내의 용법을 볼 때 신약의 선지자들을 가리키는 것으로 생각하는 것이 더 타당하다. 본문의 선지자가 신약의 선지자를 가리킨다고 생각되는 몇 가지 이유는 다음과 같다.

첫째, 바울이 구약의 선지자를 생각했었다면 "사도들과 선지자들"이라고 표현하기보다 "선지자들과 사도들"이라고 순서를 바꾸어 표현했을 것이다.

둘째, 터 위에 세움을 받을 대상이 유대인과 이방인임을 생각할 때 구약의 선지자를 가리키기보다 신약의 선지자를 가리키는 것으로 생각하는 것이 더 타당하다.

셋째, 에베소서 3:5에 "사도들과 선지자들"이라는 같은 표현이 나오는데 여기의 선지자는 신약의 선지자임이 틀림없다. 왜냐하면 문맥의 "선지자들에게 성령으로 나타내신 것같이"라는 말은 구약의

183 Calvin, *Ephesians*, p.155.

선지자를 제외시키기 때문이다.

넷째, 에베소서 4:11에 승천하신 그리스도가 교회에 주신 은사 중 "선지자" 은사가 나타난다. 이는 본문의 선지자가 구약의 선지자를 가리키지 않고 신약의 선지자를 가리키고 있음을 증거한다.

다섯째, 신약시대에 선지자 직분이 존재한 사실이(행 13:1; 15:32; 21:9; 고전 12:10) 에베소서 2:20의 선지자를 신약의 선지자로 생각하는데 무리가 없게 한다.[184] 이상과 같이 본 구절의 "선지자"가 신약의 선지자를 가리킨다고 생각하는 것이 더 타당하다.

그러면 "사도들과 선지자들의 터"가 교회의 터라는 말은 무슨 뜻인가? 본문에서 사도들과 선지자들이 함께 사용된 것으로 보아 제한된 의미로 열두 사도만을 염두에 두고 말하고 있지 않음을 알 수 있다. 그러나 사도들이란 말은 영감받은 사람들로 신적 권위를 소유한 계시의 전달자라고 생각할 수 있다. 이 용어는 예수께서 선택하시고 부르시사 그의 이름으로 가르치도록 권위를 부여해 주셨으며 그리고 그리스도의 부활을 목격한 12제자들과 바울, 야고보 그리고 다른 한 두 사람들로 구성된 작은 특수한 집단을 의미한다.[185]

그리고 선지자들도 이미 언급한 사도들과 교제하면서 영감받아 가르치는 자들의 작은 집단을 가리킴에 틀림없다. 본문의 "사도들과 선지자들"은 모두 가르치는 역할을 지닌 사람들이기 때문에 교

---

184 Hendriksen, *Ephesians*, p.142; Salmond, *The Epistle to the Ephesians*, p.299; Wilson, *Ephesians*, p.59; Summers, *Ephesians*, p.50.; Stott, *God's New Society*, p.107.; J. A. Smith, *Commentary on the New Testament*, p.45.; 이상근,『옥중서신』(서울: 총회교육부, 1986), p. 67.

185 Stott, *God's New Society*, p.107

회의 기초를 구성하는 것은 그들의 교훈 즉 그리스도의 말씀이라고 생각할 수 있다(롬 15:20 참조). 살몬드는 "그러므로 여기서는 사도들에 의해 선포된 그리스도의 복음을 교회의 기초로 이해하는 것이 전반적으로 가장 좋은 것 같다. 그 기초 위에 그들의 회심자들이 영적인 집으로 지어진 것이다."[186]라고 말한다.

실제적인 의미로 볼 때 "사도들과 선지자들"의 교훈은 곧 신약성경이며 따라서 교회는 신약 성경을 기초하여 세워졌다고 생각할 수 있다. 성경은 교회의 기초를 이루는 문서들이다. 그러므로 건물의 기초가 일단 놓여지고 그 위에 건물이 세워지면 함부로 변경할 수 없는 것처럼, 신약이라는 교회의 기초도 어떤 누구에 의해서 침해될 수 없고 변경될 수 없다. 교회의 기초로서의 신약은 완성되고 종료된 것이다.

"너희는 사도들과 선지자들의 터 위에 세우심을 입은 자라"(엡 2:20)는 말씀이 예수 그리스도가 교회의 유일한 터라는 교훈과(고전 3:10~11) 상충되는가? 바울은 서로 상충되게 말하지 않고 고린도전서에서는 자신들과 다른 사역자들을 건축자로 생각하지만 에베소서에서는 건물의 돌로서 생각한다. 물론 교회의 유일한 기초는 그리스도이시다. 하지만 사도들과 선지자들은 성령의 충만함을 입고 그리스도와 특이하게 가까운 관계에서 사역했기 때문에 그들은 교회를 위해 교체될 수 없고 전수 될 수 없는 특별한 역할을 한 것이다. 그러므로 바울은 에베소서에서 "너희는 사도들과 선지자들의 터 위

186 Salmond, *The Epistle to the Ephesians*, p.299.

에 세우심을 입은 자라"라고 말하고 있다.

(2) 교회의 모퉁이 돌, 그리스도(엡 2:20~22)

그리스도는 교회의 모퉁이 돌이 되신다(벧전 2:6 참조). 모퉁이 돌은 사실상 건물의 기초의 일부분으로 가장 중요한 위치에 놓여 건물 구조를 지탱하는 가장 중요한 돌이다. 모퉁이 돌은 건물의 기초이자 다른 돌들과 연결되어 건물을 지탱하며 건물을 이루어 나간다. 모퉁이 돌이 없으면 건물이 존재할 수 없으며 건물의 기능을 유지할 수 없다. 그러므로 교회는 그 존재, 그 능력 그리고 그 성장을 그리스도에게 의존하고 있다.

바울 사도가 교회를 건물에 비유하고 있다는 사실이 큰 교훈을 준다. 한 건물이 세워지기 위해서는 모든 부분이 튼튼해야 한다. 모퉁이 돌과 기초는 튼튼하지만 그 위에 세워지고 있는 부분들이 튼튼하지 않으면 전체 건물이 튼튼할 수 없다. 이 말은 성도들 각자가 영적으로 튼튼하지 않으면 하나님의 거하실 처소가 튼튼하게 지어질 수 없음을 시사한다.

그러나 항상 기억할 것은 성도들은 성도들 안에서 역사하시는 성령의 작업장으로서 완전을 향해 전진하고 있기 때문에 오늘의 미완숙을 낙망해서는 안 된다. 본문에서 "성전이 되어 가고"(αὔξω)나 "예수 안에서 함께 지어져 가느니라"(συνοικοδομεῖσθε)는 현재 시상으로 건물이 현재 건축 중에 있다는 뜻을 함축하고 있다(엡 2:21~

22).[187] 교회가 "주 안에서 성전이 되어간다"는 뜻은 교회가 성전으로 성장해 간다는 뜻을 함축하고 있다. 그러나 그 성장의 과정은 외적으로나 양적으로 증명할 수 없는 것이다.[188] 바울은 성도들의 몸을 가리켜 "성령의 전"이라고 설명했다(고전 3:16; 6:19). 그러므로 성도들의 모임인 믿음의 공동체는 자동적으로 "성전"(ναὸν ἅγιον)이라 할 수 있다.

그런데 건물이 성전으로 되어 간다는 사상 속에는 두 가지의 분명한 비유적 표현이 나타난다. "교회를 건물로 생각할 때는 교회가 아직 건축 도상에 있지만 교회를 성전으로 생각할 때는 교회는 성령이 내주하시는 처소인 것이다."[189] 새 하늘과 새 땅이 창조되면 이런 과도기적인 성격이 없어지고 "하나님의 장막이 사람들과 함께 있게"(계 21:3)되는 때가 이를 것이다.

하나님은 멀리 있는 백성과 가까운 데 있는 백성을 그리스도 안에서 하나로 만들어 새 인류를 창조하셨다. 하나님과의 사이에 또 사람과의 사이에 소외와 적대감과 불화를 그리스도 안에서 폐하시고 하나님이 통치하시고 사랑하시는 새로운 사회인 교회를 이룩하셨다.

그런데 오늘날 교회 안에서 하나님이 그리스도 안에서 폐지시킨 인종주의, 민족주의, 지방색, 성직자주의, 오만, 질투, 편견 등의 담

---

187 John A. Allan, *The Epistle to the Ephesians* (*Torch Bible Commentaries*, London: SCM Press, 1959), p.88.

188 J. Pfammatter, "οἰκοδομή," *Exegetical Dictionary of the New Testament*, Vol. 2 (Grand Rapids: Eerdmans, 1991), p.496.

189 R. J. Mckelvey, *The New Temple* (Oxford: Oxford University Press, 1969), p.117.

을 그대로 가지고 있는 것은 교회를 설립하신 하나님의 의도와는 다른 것이다. "그의 안에서 건물마다 서로 연결하여 주 안에서 성전이 되어 가고 너희도 성령 안에서 하나님이 거하실 처소가 되기 위하여 그리스도 예수 안에서 함께 지어져 가느니라"(엡 2:21~22, 개역개정).

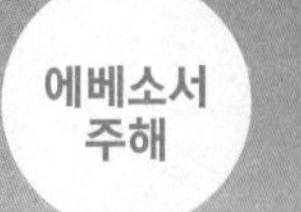
에베소서
주해

제3장 주해

1. 바울의 특권(엡 3:1~13)
2. 바울의 두 번째 기도(엡 3:14~21)

제3장 주해

1. 바울의 특권(엡 3:1~13)

"이러므로 그리스도 예수의 일로 너희 이방인을 위하여 갇힌 자 된 나 바울이 말하거니와 너희를 위하여 내게 주신 하나님의 그 은혜의 경륜을 너희가 들었을 터이라 곧 계시로 내게 비밀을 알게 하신 것은 내가 먼저 간단히 기록함과 같으니 그것을 읽으면 내가 그리스도의 비밀을 깨달은 것을 너희가 알 수 있으리라 이제 그의 거룩한 사도들과 선지자들에게 성령으로 나타내신 것 같이 다른 세대에서는 사람의 아들들에게 알리지 아니하셨으니 이는 이방인들이 복음으로 말미암아 그리스도 예수 안에서 함께 상속자가 되고 함께 지체가 되고 함께 약속에 참여하는 자가 됨이라 이 복음을 위하여 그의 능력이 역사하시는 대로 내게 주신 하나님의 은혜의 선물을 따라 내가 일꾼이 되었노라 모든 성도 중에 지극히 작은 자보다 더 작은 나에게 이 은혜를 주신 것은 측량할 수 없는 그리스도의 풍성함을 이방인에게 전하게 하시고 영원부터 만물을 창조하신 하나님 속에 감추어졌던 비밀의 경륜이 어떠한 것을 드러내게 하려 하심이라 이는 이제 교회로 말미암아 하늘에 있는 통치자들과 권세들에게 하나님의 각종 지혜를 알게 하려 하심이니 곧 영원부터 우리 주 그리스도 예수 안에서 예정하신 뜻대로 하신 것이라 우리가 그 안에서 그를 믿음으로 말미암아 담대함과 확신을 가지고 하나님께 나아감을 얻느니라 그러므로 너희에게 구하노니 너희를 위한 나의 여러 환난에 대하여 낙심하지 말라 이는 너희의 영광이니라" (엡 3:1~13, 개역개정)

(1) 이방인의 사도(엡 3:1~2)

바울 사도는 에베소서 3장에 들어서서 자신에 대한 소개를 간단히 한다. 바울은 "그리스도 예수의 일로 너희 이방인을 위하여 갇힌 자"(엡 3:1)라고 자신이 지금 감옥 속에 있음을 소개한다. 인간적으로 말하자면 바울은 네로(Nero: AD 54-68)황제의 죄수였다. 그러나 바울은 인간 세상에서 발생하는 모든 일에 대한 하나님의 주권을 믿었으므로 예수 그리스도를 위해 갇힌 자 되었다고 말하는 것이다.

바울은 그의 생애 전체와 세상에서 일어나는 모든 사건들이 예수 그리스도의 주권 아래 있다는 것을 확신하였다(엡 1:21~23). 그리고 바울은 그가 죄수가 된 것은 바로 "너희 이방인을 위하여"라고 말한다. 사실상 바울은 이방인의 사도로 부름을 받았고(행 9:15) 그리스도의 복음을 이방인들에게 전하다가 갇힌 몸이 되었다. 특히 에베소교회 성도들은 바울이 에베소 사람 드로비모(Trophimus)의 사건으로 체포되고 투옥되기에 이르렀다는 사실을 들었을 것이다.

바울이 제3차 전도여행을 마치고 예루살렘에 돌아왔을 때 바울은 에베소 사람 드로비모와 함께 있었다. 그런데 유대인들은 바울이 이방인인 드로비모를 성전에 데리고 들어갔다고 거짓 증거하게 되었다. 이 사실로 인해 바울은 체포당하고 투옥되게 되었고 결국 이 편지를 쓰고 있는 로마의 감옥에 갇히게 되었다(행 21:27~36). 이렇게 볼 때 바울이 갇힌 것은 말 그대로 이방인의 유익을 위해서였다고 말할 수 있다. 바울이 이렇게 이방인을 위해 그리스도의 일꾼이 되고 감옥에 갇힌 자가 된 것은 인간의 뜻으로 된 것이 아니요 하나님의 은혜로 말미암아 된 것이다. 이것이 바울의 생애를 위한 하나님의 목적이요 바울은 그것을 가리켜 "내게 주신 하나님의 그 은혜의 경륜"(엡 3:2)이라고 표현한다. 바울은 이방인을 위해 선택된 특별한 사도였다(갈 2:7; 골 1:25 참조).

(2) 계시의 수납자 바울(엡 3:3~6)

바울은 에베소서 3:1~2에서 자신에 대한 소개를 한 후 에베소서 3:3~6에서는 하나님께서 자신에게 비밀의 계시를 알려주셨다고 말한다. "계시로 내게 비밀을 알게 하신 것은 내가 먼저 간단히 기록함과 같으니"(엡 3:3, 개역개정)의 말씀이 이를 증거한다.

여기서 말하는 비밀(μυστήριον)은 우리들이 일상 사용하는 개념과는 차이가 있다. 한국어나 영어의 비밀(mystery)은 감추어져 있고 어두운 면이 있어 설명할 수가 없거나 심지어 파악할 수 없는 것을 뜻한다. 그러나 헬라어의 비밀은 이전에 감추어진 것이었지만 이제는 밝히 드러난 진리를 가리킨다. 기독교의 비밀은 인간의 지식이나 이해력으로는 결코 깨달을 수 없으나 하나님의 계시에 의해 비로소 깨닫게 된 진리를 뜻한다.[190] 그리고 기독교의 비밀은 어떤 신비종교처럼 조직 내에서 높은 위치에 있는 일부 사람들에게만 알려

---

190 구약에서 비밀(μυστήριον)은 다니엘서에서만 사용 된다(단 2:18, 19, 27, 28, 29, 30, 47(2회); 4:6). 그런데 다니엘서의 명백한 교훈은 하나님만이 비밀을 나타내 보여주실 수 있다는 것이다(단 2:28, 47 참조). 다니엘서에서 μυστήριον이란 용어가 처음으로 종말론적인 비밀을 가리키는 것으로 사용된다.

진 것이 아니요 누구나 알 수 있도록 공개된 진리이다.

이 비밀은 곧 "그리스도의 비밀"이요(엡 3:4) 좀 더 구체적으로 그리스도의 복음을 가리킨다. 바울 사도는 "나의 복음과 예수 그리스도를 전파함은 영세 전부터 감추어졌다가 이제는 나타내신바 되었으며 영원하신 하나님의 명을 따라 선지자들의 글로 말미암아 모든 민족이 믿어 순종하게 하시려고 알게 하신 바 그 신비의 계시를 따라 된 것이니"(롬 16:25~26, 개역개정)라고 비밀에 대해 좀 더 구체적으로 설명한다. 바울이 여기서 말하고 있는 비밀은 바로 그리스도 자신이요 그가 이루신 구속 사역을 뜻한다. 그러므로 그리스도의 비밀은 그리스도 안에서 유대인과 이방인이 하나 되어 그리스도의 몸이 되는 것이다(엡 3:6). 이 비밀은 다른 세대에는 알려지지 않았는데 아들을 통해서 나타내신바 된 것이다(히 1:2).

본문의 "내가 먼저 간단히 기록함과 같으니"에 대한 해석은 두 가지로 나누어진다. 칼빈(Calvin)은 본 구절을 근거로 바울이 에베소서 이전에 다른 편지를 에베소교회에 보냈으나 그 편지가 분실되어 현재까지 전해 내려오지 않는다고 말한다.[191] 하지만 바울이 에베소교회에 에베소서 이외의 다른 편지를 썼다는 증거가 전혀 없기 때문에 본문은 앞에서 언급한 에베소서 2:11~22의 내용을 가리키고 있다고 생각하는 것이 더 타당하다. 바울은 조금 전에 기록한 유대인과 이방인을 위한 하나님의 구원 계획을 가리키고 있는 것이

191 Calvin, *Ephesians*, trans. T. H. L. Parker. pp.158~159.

다.[192]

바울은 본 구절에서 기록된 성경의 귀중함을 가르쳐 준다. 바울은 받은 계시를 글로 기록했다. 그는 "내게 비밀을 알게 하신 것은 내가 먼저 간단히 기록함과 같으니"라고 말한다. 바울은 그리스도의 완성된 구속 사역이 온 세상을 위해 무슨 의미인지 잘 알고 있었다. 바울은 이전에는 감추어져 있었지만 이제는 그리스도 안에서 분명하게 드러난 구속의 비밀을 잘 이해하고 있었다(롬 16: 25-27).[193] 바울은 하나님께서 계시해 주신 비밀을 글로써 객관화시킨 것이다. 자신이 받은 계시를 기록으로 표현한 것이다. 그 기록이 현재 우리가 소유하고 있는 성경이다.

그런데 놀랄만한 사실은 우리가 그 기록 즉 성경을 읽으면 바울이 깨달은 그리스도의 비밀을 우리도 알 수 있다는 것이다. 바울은 "그것을 읽으면 내가 그리스도의 비밀을 깨달은 것을 너희가 알 수 있으리라"(엡 3:4, 개역개정)라고 선언한다. 바울이 하나님으로부터 계시를 받아 기록해 놓은 것이 현 성경인데 그 성경을 읽으면 우리들도 바울이 받은 하나님의 계시를 알 수 있다는 말씀이다.

우리는 여기서 하나님의 계시와 관련된 두 가지 중요한 교훈을 배울 수 있다. 첫째, 하나님의 초자연적인 계시가 인간의 언어로 기록될 수 있음을 본다. 즉 하나님의 말씀이 언어를 통해 전달될 수

---

192 Hendriksen, *Ephesians*, p.153; Wilson, *Ephesians*, p.64; Salmond, *The Epistle to the Ephesians: Expositor's Greek Testament*, p.303, 박윤선, 『바울 서신 주석』(1967), p.118.

193 J. W. Fraser, *Jesus and Paul: Paul as Interpreters of Jesus from Harnack to Kuemmel* (Fieldplex, Abingdon, Berkshire: The Marcham Manor Press, 1974), p.129.

있다. 오늘날 성경의 객관적 권위를 부인하려는 사람이 많은데 이 사실은 그들에게 족쇄를 채우는 것과 같다. 둘째, 기록된 계시를 읽으면 본래 성경 저자가 받은 계시를 성경을 읽는 독자들이 알 수 있게 된다고 말한다. 그러므로 우리는 성경의 귀중함을 알게 되고 하나님과 직통 전화를 해야만 계시를 받을 수 있다고 생각하는 것이 잘못임을 알 수 있다. 즉 항상 하나님으로부터 직접 계시를 받아야 한다고 주장하는 것은 성경을 잘못 이해한 것이다. 어느 집회에서나 기도원에서 성경을 무시하고 하나님과 직통만 하려는 노력은 잘못된 것이다. 우리가 현재 가지고 있는 성경을 읽으면 바울이 2천 년 전 하나님으로부터 받은 비밀을 깨달을 수 있다고 본 구절은 말한다. 이것이 하나님의 방법이요 하나님의 섭리이다.

바울은 에베소서 3:5에서 우리가 깨달은 그리스도의 비밀이 어떻게 알려졌는지를 세 개의 병행 구로 아름답게 설명한다. 바울은 "다른 세대"와 "이제," "알리지 아니한 것"과 "나타내신 것," 그리고 "사람의 아들들"과 "거룩한 사도들과 선지자들"을 병행시켜 그리스도의 비밀을 이제는 거룩한 사도들과 선지자들에게 성령으로 나타내셨다고 설명한다.[194] 본문에서 언급된 선지자들은 구약의 선지자들을 가리키지 않고 신약시대의 선지자들을 가리킨다(엡 2:20 해석 참조).

바울은 에베소서 3:5에 이르기까지 비밀의 내용을 설명하지 않다가 에베소서 3:6에 가서야 비밀의 내용을 구체적으로 설명한다.

---

194 Wilson, *Ephesians*, p.65.

바울은 "이는 이방인들이 복음으로 말미암아 그리스도 예수 안에서 함께 상속자가 되고 함께 지체가 되고 함께 약속에 참여하는 자가 되는"(엡 3:6, 개역개정) 것이라고 비밀의 내용을 설명한다. 바울 사도는 "함께"(συν-)라는 접두어를 세 번 사용함으로 이방인이 유대인과 하나가 된 것을 명백히 한다. "함께 상속자가 된 것은" 성도들의 특권이요, "함께 지체가 된 것"은 성도들의 상태요, 또한 "함께 약속에 참여하는 것"은 성도들의 신분을 말한다.

그런데 본문의 "함께 상속자가 된다"는 뜻은 유대인과 이방인들이 함께 상속자가 된다는 뜻으로 이와 같은 개념으로는 신약 성경 가운데서 본 구절에서만 사용된다.[195] "함께 지체가 된다"는 뜻은 한 몸을 같이 나누고 있다는 뜻으로 이방인들이 실제적으로 하나님의 교회의 일원이 되었다는 뜻이다(엡 1:23; 2:16; 4:4, 16 참조). 이 용어는 바울이 만든 용어로 신약 성경 중 여기에만 나타난다. 그리고 "함께 약속에 참여 한다"는 뜻은 이전에는 제외되었던 언약의 약속에 함께 참여하는 자들이 되었다는 뜻이다(엡 2:11~13; 딤후 1:1). 이 용어는 본 구절과 에베소서 5:7에만 나타나는 용어이다. 윌슨(Wilson)은 "동료 상속자," "동료 멤버," "동료 참여자"에 대해 다음과 같이 설명한다. "동료 상속자"는 비록 유산에 대한 그들의 관심이 단지 최근에야 나타났지만 그들의 유산은 결코 2급 축복이 아니다. 왜냐하면 그들은 전에 아들 된 사람들과 동등하게 유산을 받았기 때문이다. "동료 멤버"는 바울에 의해 창안된 용어로 "공동 협력

195 다른 적용으로는 롬 8:17; 히 11:9; 벧전 3:7을 참조하라.

체"(concorporate)라는 뜻이다. 몸과의 관계로 보면 멤버들은 "결합체"(incorporate)들이요 서로의 관계로 생각하면 멤버들은 공동 협력체이다. 즉 한 몸을 같이 나누는 것이다. "동료 참여자"는 한때 그들이 제외되었던 저 언약에 이제는 함께 공유자가 된 것을 보여준다.[196] "바울이 선언하고 있는 것은 이방인 및 유대인 기독교인들이 현재 함께 동일한 축복의 동료 상속자들이요, 동일한 몸의 동료 지체들이요, 동일한 약속의 동료 참여자들이라는 것이다. 그리고 함께 나누는 이 특권은 예수 그리스도 안에서 그리고 복음을 통하여 가능하다."[197]

여기서 우리는 말씀 선포의 중요성을 찾을 수 있다. 이방인들이 그리스도와 함께 연합될 수 있는 유일한 방법이 말씀 선포의 방법이기 때문이다. 바울 사도가 "십자가의 도가 멸망하는 자들에게는 미련한 것이요 구원을 받는 우리에게는 하나님의 능력이라"(고전 1:18, 개역개정)라고 말한 이유가 바로 이런 뜻이었다. 우리는 그리스도 안에서 구원을 받지만 말씀의 방편을 통해서 구원을 받게 된다. 그리스도 안에서는 민족도, 국경도, 피부 색깔도, 빈부의 차이도, 권력의 많고 적음도 관계없이 하나가 되는 것이다.

---

196 Wilson, *Ephesians*, p.66.

197 Stott, *God's New Society*, p.117.

(3) 복음을 위임받은 일꾼 바울(엡 3:7~13)

바울은 에베소서 3:7에 "이 복음을 위하여 … 내가 일꾼이 되었노라"라고 말한다. 바울은 다른 곳에서 "우리가 하나님과 함께 일하는 자"(고후 6:1)라고 말하며, 또 "모든 일에 하나님의 일꾼으로 자천하여"(고후 6:4)라고 말한다. 그리고 바울은 자신이 보배를 담고 있는 질그릇이라고 말한다(고후 4:7). 이처럼 바울은 다메섹 도상에서 개심한 이후 자신이 그리스도의 복음을 위해 선택받은 일꾼임을 항상 인식하고 있었다. 바울은 "만일 복음을 전하지 아니하면 내게 화가 있을 것이로다"(고전 9:16, 개역개정)라고 말함으로 자신이 복음 선포를 위해 부름 받은 자인 것을 확신한다.

그런데 바울은 자신이 그리스도의 일꾼이 된 것은 하나님의 은혜로 된 것이지 자신이 탁월해서 되지 않았다고 명백히 말한다. 바울은 "모든 성도 중에 지극히 작은 자보다 더 작은 나에게 이 은혜를"(엡 3:8) 주셨다고 고백한다. 바울은 다른 곳에서 "나는 사도 중에 가장 작은 자라"(고전 15:9)라고 했지만 여기서는 "모든 성도 중에 지극히 작은 자보다 더 작은 나"라고 말한다. 본 구절의 "지극히 작은 자보다 더 작은 나"라는 표현은 이중 비교급으로서(최상급과 비교급을 합한 것) 가장 강한 표현이다.

바울이 이처럼 강한 자기 부정을 한 것은 자신의 무익함을 인식하고 하나님의 은혜를 강조하기 위함이다. 바울이 바울된 것은 오직 하나님의 은혜로만 가능했기 때문이다. 바울은 "내가 나 된 것은 하나님의 은혜로 된 것이니 내게 주신 그의 은혜가 헛되지 아니하여 내가 모든 사도보다 더 많이 수고하였으나 내가 한 것이 아니요 오직 나와 함께하신 하나님의 은혜로라"(고전 15:10, 개역개정)라고 고백한 바 있다. "유대인을 기독교인으로, 훼방자를 성자로, 바리새인을 사도로, 핍박자를 선교사로 변화시킨 것은 은혜의 전능함에 의해서만 이루어질 수 있는 변화였기 때문이다."[198]

바울은 복음의 사역자로서 몇 가지의 일을 책임 맡았다.

첫째, 바울은 측량할 수 없는 그리스도의 풍성함을 이방인에게 전해야 한다(엡 3:8). 전하는 것은 좋은 소식을 전한다는 뜻이다. 이 좋은 소식은 이미 에베소서 1장과 2장에서 설명한 것처럼 그리스도의 수난, 십자가의 죽음, 부활, 승천 모두를 포함하며 그리스도의 이런 사건으로 말미암아 죄인이 죄로부터 해방되고 구원을 받아 새로운 사회를 이룩할 수 있다는 것이다.

바울은 자신이 전파해야 할 좋은 소식을 "측량할 수 없는 그리스도의 풍성함"(엡 3:8)이라고 표현한다. 그 이유는 그리스도 안에 하나님의 충만함이 있고 하나님의 영광과 완전의 풍요가 있으며 그리스도를 통해서만 인간의 구원이 성취되며 자신이 이방인의 사도로 부름 받은 사실까지도 그리스도 안에서만 가능하기 때문이다. 여기서 "측량할 수 없는"이라고 표현한 것은 그리스도의 풍성함이 측량될 수 없다는 뜻이 아니요 오히려 그리스도의 풍성함이 다함이 없이 무한대로 크다는 뜻이다. "측량할 수 없는"이란 용어는 본 구절과 로마서 11:33에만 나타나는데 로마서 11:33에서는 이방인의 구

198 Wilson, *Ephesians*, p.67.

원 후에 있을 유대인의 구원과 관련시켜 하나님의 지혜와 지식의 부요함을 찬양하는 내용이고 에베소서 3:8은 이방인의 구원과 관련시켜 그리스도의 풍성함을 말하는 내용이다.

이렇게 볼 때 바울은 유대인과 이방인의 구원, 즉 모든 인류의 구원 속에 그리스도의 무궁한 풍성함이 나타났음을 표현하고 있다. 바울은 이 풍성한 그리스도의 은혜를 모든 인류에게 선포할 책임이 있다. 바울의 책임이 바로 우리의 책임이다.

둘째, 바울은 이전에는 감추어졌던 비밀의 경륜을 모든 사람에게 나타내야 한다(엡 3:9). "감추어졌던 비밀"은 이방인들을 언약의 백성으로 받아들이는 것을 뜻한다. 바울은 "감추어졌던 비밀"이 예수 그리스도 안에서 성취하실 하나님의 심오한 구원 계획을 가리킬 뿐만 아니라 더 나아가 유대인과 이방인을 함께 그리스도의 몸인 교회에 접붙임시키는 것도 포함하고 있음을 분명히 한다(엡 3:6).[199]

여기 "드러낸다"(φωτίσαι)는 말은 가르치는 것이나 선포하는 것 이상의 뜻을 가지고 있다(엡 3:9). 이 말은 비추이게 하고 계몽시킨다는 뜻이 함축되어 있다. 바울은 사도적인 메시지만 전달하는 것이 그의 사명이 아니요 메시지를 들은 사람들을 영적으로 계몽시켜 그 메시지를 이해할 수 있도록 하는 것도 그의 사명이라고 말한다.

세상을 밝게 하고 계몽시키는 참 빛은 그리스도 자신이시다(요 1:9). 예수님은 자신을 가리켜 "나는 세상의 빛"(요 8:12)이라 말씀하시고 그의 제자들을 가리켜 "너희는 세상의 빛"(마 5:14)이라고 말씀

199 H. Krämer, "μυστήριον," *Exegetical Dictionary of the New Testament*, Vol. 2 (Grand Rapids: Eerdmans, 1991), p. 448.

하셨다. 예수님을 믿는 성도들은 참 빛인 예수님을 세상에 반사하는 책임이 있다. 바울은 "너희가 흠이 없고 순전하여 어그러지고 거스르는 세대 가운데서 하나님의 흠 없는 자녀로 세상에서 그들 가운데 빛들로 나타내며 생명의 말씀을 밝혀"(빌 2:15~16, 개역개정)라고 성도들의 책임이 무엇인지를 설명한다. 바울은 이방인에게 복음을 전파하여 그들의 마음을 열게 할 뿐만 아니라 그들의 눈을 크게 뜨게 해서 어둠을 떠나 빛으로 옮길 수 있도록 하게 하는 사명을 받은 것이다. 우리들도 복음을 전할 뿐만 아니라 어둠 속에 있는 백성들이 예수님의 반사체인 우리를 보고 어둠에서 빛으로 옮기게 해야 하는 사명을 받았다.

셋째, 바울은 하나님의 지혜를 통치자들과 권세들에게 알리는 역할을 감당해야 한다(엡 3:10). 바울의 전망은 인간에게 국한되지 않고 하늘에까지 넓혀진다. 바울은 교회의 사명이 하늘에서 통치자들과 권세들에게 하나님의 지혜를 알게 하는 것이라고 말한다. 이는 복음을 통한 하나님의 사역의 방향을 보여준다. 하나님은 바울에게 복음을 주셨다. 바울은 이 복음을 다른 사람들에게 전파했다. 그리고 복음 전파의 결과로 교회가 구성되었다. 이제 지상의 교회는 천상의 권력자들에게 하나님의 뜻을 알게 하는 것이다.

그러면 지상의 교회가 영적인 존재인 천사들에게 어떻게 하나님의 각종 지혜를 알 수 있게 하는가? 이 문제의 해결을 위해 두 가지 방법으로 접근할 수 있다. 첫 번째 방법은 하나님의 각종 지혜가 교회의 적극적 혹은 능동적 사역을 통해 하늘의 선한 천사들에게 알려질 수 있는가를 다루는 것이다. 즉 교회가 복음을 전파하므로 불신자에게 그리스도의 비밀의 내용을 알게 하는 것처럼, 선한 천사들에게도 복음을 선포하므로 하나님의 지혜를 알게 할 수 있는가 하는 문제이다. 그러나 바울 사도는 교회가 "통치자들과 권세들"에게 복음을 선포(설교)해야 할 책임이 있다고 말하지 않는다. 성경의 교훈은 교회가 천사들을 가르치거나 천사들에게 복음을 선포하는 일에 대해 지지하지 않는다. 그러므로 본문의 의미는 교회가 능동적으로 천사들에게 복음을 선포하는 것을 뜻하지 않는다.

그러면 하늘의 통치자들과 권세들이 어떻게 하나님의 지혜를 알게 되는가? 그 답은 두 번째 방법에서 찾아야 한다. 두 번째 방법은 하나님의 각종 지혜가 교회의 소극적 혹은 수동적 사역을 통해 하늘의 선한 천사들에게 알려지는 것이다. 본문은 "알게 하려 하심이니"(γνωρισθῇ)를 수동태로 표현했다. 이런 문법적 표현은 교회의 역할의 범위를 함축하고 있다. 바울 사도는 교회로서의 성도들의 존재 자체가 선한 천사들에게 하나님의 지혜를 알리는 역할을 하고 있다고 증거한다. 교회는 그 존재 자체로 하나님의 지혜에 대한 가시적 증거를 하고 있다.[200]

여기 "통치자들과 권세들"은 하늘의 선한 천사들을 가리킨다. 에베소서 6:12의 "통치자들과 권세들"은 악한 영적 존재들을 가리키나 본문은 선한 천사들을 가리킨다. 에베소서 6:12은 성도들이 하늘의 영적 존재들과 투쟁하는 관계이지만 에베소서 3:10의 "통치자들과 권세들"은 성도와 전혀 상충이 없는 관계이다. 그러므로 본문

---

200 Clinton E. Arnold, *Ephesians: Power and Magic*, pp.63~64.

의 "통치자들과 권세들"은 선한 천사들을 가리키는 것으로 생각하는 것이 더 타당하다.

본 구절의 놀랄 만한 사상은 하늘의 천사들이 교회를 통해 하나님의 구원에 관한 각종 지혜를 알게 되었다는 사실이다. 아놀드(Arnold)는 "천사들까지도 하나님의 지혜의 지식을 교회를 통해 얻게 되었다는 놀라운 선언은 우리로 하여금 잠시 깊은 사색에 빠지게 만든다. 왜냐하면 하나님에 의해 선택되고, 그리스도에 의해 구속되고, 성령에 의해 거룩하게 된 신약의 교회(ecclesia) 안에서 하나님의 영원한 목적의 완성이 경이적인 모습으로 응시하는 천사들에게 드디어 나타났기 때문이다(벧전 1:12 참조). 하나님은 여러 가지 방법으로 사람들을 대하셨다. 긴 세대의 과정을 통해 유대인은 한 방법으로 그리고 이방인은 다른 방법으로 대하셨다. 그러나 이 모든 것을 통해 하나님은 하나의 위대한 목적을 바라보고 계셨다. 이제 교회 안에서 그 목적의 실현이 나타난 것이다. 그리고 저 위대한 영적 조화 속에서 천사들은 이 위대한 결과를 이루기 위해 여러 가지 방법으로 사역하신 저 하나님의 지혜의 위엄과 다양함을 인식하게 된 것이다."[201]라고 적절하게 정리한다.

바울은 에베소서 3:1~13에서 자신이 그리스도의 비밀을 맡았으며 그 비밀을 전파할 사명을 받았다고 말한다. 우리는 하나님의 계시인 성경을 가지고 있다. 이제 이 말씀을 다른 사람들에게 전파할 책임이 우리에게 있음을 본다. 박윤선 박사도 "천사들도 교회로

201 Clinton E. Arnold, *Ephesians: Power and Magic*, p.69.

말미암아 구원 운동에서 하나님의 지혜를 깨닫게 된다 함은 이 구원 운동의 진리가 얼마나 놀라운 것임을 가르쳐 준다. 하나님의 은혜의 경륜은 이것이 교회에서 실현되는 그 때에야 비로소 천사들에게도 알려진 것이다."[202]라고 말한다.

바울 사도는 에베소서 3:11에서 "우리 주 그리스도 예수"라고 그리스도의 명칭을 모두 사용한다. 바울이 이렇게 그리스도의 모든 명칭을 사용한 이유는 그 다음 절에서 우리가 하나님께 담대히 나아갈 수 있는 길이 예수 그리스도 안에서만 가능함을 보여주기 위해서이다(엡 3:12). 하나님 아버지 앞에서 성도들의 담대함은 그리스도를 믿는 믿음을 통해서만 나타난다. 여기 사용된 "담대함과 확신"(엡 3:12)은 단순히 기도할 때 가질 수 있는 용기만을 가리키지 않고 구원받은 자가 하나님 아버지 앞에서 가질 수 있는 심령의 자유, 즉 하나님과 화목된 상태의 즐거운 모습을 가리킨다. 바울 사도는 성도의 담대함과 당당함이 인간의 공로에 근거한 교만한 모습이 아니라 오직 예수 그리스도로 말미암아 죄 문제를 해결 받고 하나님과 화목한 성도의 자신감 있는 모습임을 설명한다.

바울은 에베소서 3:13에서 자신이 당한 환난은 에베소 성도들의 영광이기 때문에 낙심하지 말라고 당부한다. 환난은 기독교인에게나 비기독교인에게 고통스러운 것이다. 그러나 기독교인이 겪는 환난은 특별한 의미를 가지며 건설적인 목적을 가지고 있다. 여기 사용된 환난(θλῖψις)은 누름이나 압력이라는 문자적인 뜻을 가진 용어

202 박윤선, 『바울 서신 주석』(1967), p.120.

로 외적 환경에 의해 겪는 고난을 뜻한다.[203] 이 용어는 포도주를 만들기 위해 포도를 큰 통에 담아 위에서 누르거나 밟을 때 사용한 용어이다. 포도가 담겨 있는 큰 통 위에 넓은 돌을 얹고 포도를 누르거나 직접 사람들이 포도를 밟아서 포도주를 만들 때 그 누르거나 압박하는 과정을 환난이라는 용어로 표현한다. 이런 과정의 첫 인상은 포도를 못 쓰게 하는 것 같지만 사실은 더 효과 있는 용도를 위해 포도가 다른 형태로 변형되고 있음을 알게 된다. 포도에 외부의 압력이 가해질 때(θλῖψις) 포도는 더 나은 효과를 나타낼 수 있는 다른 형태로 변형된다.

마찬가지로 기독교인에게 환난이 닥칠 때, 그 환난은 기독교인을 멸망시키는 것이 아니요 더 나은 봉사를 할 수 있도록 기독교인을 변형시키는 역할을 한다. 에베소 성도들이 바울의 감옥 생활을 그런 차원에서 생각만 한다면 낙심할 필요가 전혀 없다. 오늘날 성도들이 당하는 환난 역시 성도들을 더 유용한 그릇으로 만들기 위한 자극제라고 생각할 때, 환난을 통한 하나님의 뜻을 더 잘 이해할 수 있을 뿐 아니라 환난 자체를 더 잘 감당할 수 있게 된다.

---

203 W. F. Arndt and F. W. Gingrich, *A Greek-English Lexicon of the New Testament and Other Early Christian Literature*, p.362.

2. 바울의 두 번째 기도(엡 3:14~21)

"이러므로 내가 하늘과 땅에 있는 각 족속에게 이름을 주신 아버지 앞에 무릎을 꿇고 비노니 그의 영광의 풍성함을 따라 그의 성령으로 말미암아 너희 속사람을 능력으로 강건하게 하시오며 믿음으로 말미암아 그리스도께서 너희 마음에 계시게 하시옵고 너희가 사랑 가운데서 뿌리가 박히고 터가 굳어져서 능히 모든 성도와 함께 지식에 넘치는 그리스도의 사랑을 알고 그 너비와 길이와 높이와 깊이가 어떠함을 깨달아 하나님의 모든 충만하신 것으로 너희에게 충만하게 하시기를 구하노라 우리 가운데서 역사하시는 능력대로 우리가 구하거나 생각하는 모든 것에 더 넘치도록 능히 하실 이에게 교회 안에서와 그리스도 예수 안에서 영광이 대대로 영원무궁하기를 원하노라 아멘" (엡 3:14~21, 개역개정)

기도는 성도가 하나님과 대화하며 교제하는 것이다. 어떤 성도의 영적 상태나 믿음의 깊이를 알아보려면 그 성도의 기도 내용을 살펴보면 어느 정도 측정할 수 있다. 영적으로 어린아이와 영적으로 장성한 사람은 그 대화 내용의 차원이 다른 것을 볼 수 있다. 일반적으로 영적으로 어린 사람의 대화는 자기를 중심으로 퍼져 나가는 것을 볼 수 있다. 자기 자신이 기도 내용의 중심에 서 있게 된다. 그리고 영적으로 성숙한 사람의 대화는 하나님 중심으로 시작하며 자기 자신은 나중에 가서야 포함시킨다.

바울 사도는 기도의 사람이었다. 그는 회심했을 때 기도했고(행 9:11), 안디옥 교회의 파송을 받을 때 금식과 기도로 준비했으며(행 13:3), 교회를 개척한 후 기도로 그들을 주께 부탁했으며(행 14:23), 빌립보의 기도 처소에서 기도했으며(행 16:16), 빌립보 감옥 속에서 하나님을 찬미하며 기도했고(행 16:25), 밀레도에서 에베소 장로들과 함께 무릎을 꿇고 기도했으며(행 20:36), 두로에서 역시 무릎을 꿇고 기도했고(행 21:5), 예루살렘 성전에서 기도했으며(행 22:17), 멜리데(Malta) 섬에서 보블리오(Publius)의 부친의 병을 고칠 때 기도했다(행 28:7~9).

비록 성경이 바울 사도의 기도 생활 전반에 대해 많은 언급을 하고 있지 않지만 이상에 언급된 바울 사도의 기도는 그가 기도의 사람이었음을 증거 하는 충분한 자료가 된다. 본문은 에베소서에서 두 번째로 나오는 바울의 기도이다.

첫 번째 기도는 성삼위 하나님이 성도를 위해 성취하신 구속을 설명한 후 기도한 것이요(엡 1:15~23), 두 번째 본문의 기도는 유대인과 이방인이 그리스도 안에서 하나로 통일되는 하나님의 비밀을 설명한 후 기도한 것이다(엡 3:14~21). 그런데 바울은 감옥에 죄수로 갇혀 있으면서 이런 기도를 드린 것이다. 감옥 생활이 바울의 다른 활동은 제한시켰을지 모르지만 기도하는 것은 막지 못했다. 사탄이 성도가 하는 모든 활동은 방해할 수 있을지 모르지만 성도의 기도는 방해할 수 없다. 성도를 감옥에 넣고 발에 족쇄를 채우고 심지어 성도의 입술을 꿰맬지라도 성도의 기도는 막을 수가 없다. 바울 사도는 로마의 감옥 속에 갇혀 있으면서도 끊임없이 하나님께 기도를 드렸다. 이처럼 바울은 끊임없이 기도하는 사람이었고 그의 기도 내용은 항상 하나님

중심이었음을 알 수 있다.

본문을 구체적으로 고찰하기 전에 바울 서신에 나타난 기도의 형식에 대해 간단히 생각하는 것이 유익하리라고 본다. 바울 서신은 하나님을 직접 호칭하는 기도문은 기록하고 있지 않다. 그 이유는 다른 사람들에게 편지를 쓰는 상황에서 하나님의 이름을 직접 호칭하는 기도문은 적합하지 않기 때문이다. 그러나 바울 서신은 기도에 관한 많은 자료를 포함하고 있다. 일반적으로 학자들은 바울 서신에 언급된 기도의 자료를 그 형식에 있어서 소원 형식의 기도와 보고 형식의 기도라는 두 가지로 나누어 생각한다.

첫째, 소원 형식의 기도

소원 형식의 기도는 하나님을 3인칭으로 사용한다. 이 경우 문장은 희구법(optative)과 함께 사용된다. "이제 인내와 위로의 하나님이 너희로 그리스도 예수를 본받아 서로 뜻이 같게 하여 주사 한 마음과 한 입으로 하나님 곧 우리 주 예수 그리스도의 아버지께 영광을 돌리게 하려 하노라"(롬 15:5~6, 개역개정).[204]

이처럼 소원 형식의 기도는 희구법과 함께 자주 사용된다(살전 3:11~13; 5:23~24; 살후 2:16~17; 딤후 1:16; 4:16). 그리고 비록 희구법과 함께 사용되지는 않았지만 편지의 인사나 축복은 소원 형식의 기도의 범주에 넣을 수 있다(엡 3:14~21; 딤후 2:25).[205] 예를 들면

204 본문의 "주사"(δῴη)가 부정과거 희구법 3인칭 단수이다.

205 δίδωμι의 aorist, subjuctive가 사용되고 하나님 아버지가 동사의 주어 역할을 한다.

"주 예수 그리스도의 은혜와 하나님의 사랑과 성령의 교통하심이 너희 무리와 함께 있을지어다"(고후 13:13, 개역개정)의 경우이다.[206]

둘째, 보고 형식의 기도

바울은 자신이 다른 사람들을 위해 기도한 사실을 언급한다. "형제들아 내 마음에 원하는 바와 하나님께 구하는 바는 이스라엘을 위함이니 곧 그들로 구원을 받게 함이라"(롬 10:1, 개역개정). 그리고 다른 사람들이 바울의 편지를 받는 수신자들을 위해 기도한 사실도 언급 한다(고후 9:14). 그러나 보고 형식의 기도는 바울 사도 자신의 기도에서 가장 많은 부분을 차지한다. 왜냐하면 바울의 대부분의 서신이 하나님께 대한 바울의 감사와 수신자들을 위한 간구로 시작되기 때문이다(롬 1:8~10; 고전 1:4~8; 고후 1:3; 엡 1:3~14; 빌 1:3~11; 골 1:3~14; 살전 1:2~10; 살후 1:3~10; 딤후 1:3~5; 몬 4~7).[207] 이처럼 바울은 편지를 시작할 때 하나님께 대한 감사와 성도들을 위해 기도한 사실을 언급한다. 바울이 기도의 사람이었음은 그의 서신에 나타난 소원 형식의 기도나 보고 형식의 기도에서도 찾을 수 있다.

---

206 G. P. Wiles, *Paul's Intercessory Prayers: The Significance of the Intercessory Prayer Passages in the Letter of Paul* (Cambridge: Cambridge University Press, 1974), pp.238~239.

207 바울의 10개의 서신에는 "내가 하나님께 감사한다"(εὐχαριστῶ τῷ θεῷ, 롬, 고전, 빌, 몬), "찬송하리로다 하나님은 …"(εὐλογητὸς ὁ θεός, 고후, 엡), "우리 하나님께 감사한다"(εὐχαριστοῦμεν τῷ θεῷ, 골, 살전) 등의 표현이 나타나며 데살로니가후서(εὐχαριστεῖν ὀφείλομεν τῷ θεῷ), 디모데후서(χάριν ἔχω τῷ θεῷ)에는 변형된 표현으로 하나님께 감사하는 내용이 나타난다. 그러나 갈라디아서, 디모데전서, 그리고 디도서는 긴급한 상황에서 쓴 이유에서인지 바울의 인사가 끝나자 곧바로 편지의 내용을 소개하고 있다.

이제 본문으로 돌아가 에베소서에 나타난 바울의 두 번째 기도를 고찰하도록 하자.

(1) 기도의 서론(엡 3:14~15)

바울은 본 구절 서두에서 "이러므로"(τούτου χάριν)라는 말을 사용함으로 그 이전에 있었던 내용들을 염두에 두고 있다. 본 구절의 "이러므로"는 에베소서 3:1의 "이러므로"와 연관된다. 그러므로 바울이 기도하는 일차적인 이유는 에베소서 2장 후반부의 내용 때문이지만, 에베소서 3:2~13의 내용이 반드시 제외되었다고 생각할 필요는 없다. 이 두 가지 사실이 모두 바울로 하여금 기도하게 한 것이다. 하나님과 인간 사이에 막힌 담을 허신 그리스도의 화목하게 하시는 사역과(엡 2:11~22) 바울 자신이 그 사역을 하나님의 계시로 인해 알고 있는(엡 3:2~13) 이 두 가지 사실이 바울로 하여금 기도하게 한 것이다. 바울의 기도는 하나님의 화평하게 하시는 놀라운 계획과 자신이 받은 특별 계시와 사명으로 하나님의 목적을 알고 있는 그의 지식에 근거를 두고 있다. 바울이 하나님의 목적을 알지 못했다면 그는 기도할 수 없었을 것이다.

그러면 바울은 하나님의 목적을 어떻게 알 수 있었는가? 그것은 하나님께서 친히 바울에게 나타내 주셨기 때문이다. 하나님의 비밀은 하나님이 나타내 주시지 않으면 터득할 수 없다(고전 2:10, 14). 성도들이 하나님을 알 수 있는 것은 하나님이 먼저 자신을 계시해 주셨기 때문이다. 그런데 바울에게는 하나님의 계시를 직접 주셨지만 우리에게는 바울을 통해 같은 계시를 주셨다. 바울이 기록한 것을 우리가 읽으면 바울이 하나님으로부터 받은 계시를 알 수 있다(엡 3:3~4). 그러므로 바울이 하나님의 계시를 알 때 바로 기도할 수 있었던 것처럼 우리들도 바로 기도할 수 있기 위해서는 하나님의 뜻인 성경 말씀을 잘 알아야 한다는 결론이 나온다. 여기서 성경 읽기와 기도가 병행해서 있어야 한다는 것을 알 수 있다.

로이드 존스(Lloyd-Jones)는 "사도는 교리가 본질적임을 믿는다. 교훈은 마땅히 우선권을 가져야 한다. 그러나 지식을 심어 주는 것만으로는 충분하지 않다. 우리가 기도해야 하는 것도 동등하게 본질적이다. 즉 우리들은 지식과 교훈을 잘 수용하게 되도록 우리를 위해 기도해야 한다. … 지식과 교훈 그리고 기도는 항상 함께 있어야 한다. 그들은 결코 분리될 수가 없다."[208]라고 하나님의 교훈과 기도가 병행되어야 함을 강조한다.

바울은 하나님 아버지 앞에 무릎을 꿇고 기도했다(엡 3:15). 유대인들의 기도의 자세는 일반적으로 세 가지가 있다. 첫째로 서서 기도하는 자세(마 6:1; 막 11:25; 눅 18:11)가 있는데 이는 보통으로 기도할 때 취하는 자세이다. 둘째는 엎드려 기도하는 자세(스 10:1; 눅 18:13)인데 이는 죄를 자복할 때 취하는 자세이며, 셋째로 무릎을 꿇고 기도하는 자세인데(단 6:10; 눅 22:41; 행 7:60; 20:36; 21:5; 엡 3:15) 이는 간절한 기도의 자세이다. 바울 사도가 본 구절에서 무릎

---

208 D. M. Lloyd-Jones, *The Unsearchable Riches of Christ* (Grand Rapids: Baker, 1979), pp.109~110.

을 꿇고 기도한 것은 그의 마음의 진지함을 외적으로 나타낸 것이다.

렌스키(Lenski)는 "기도하는 동안 몸의 자세가 중요하다. 왜냐하면 몸의 자세는 하나님을 향한 영혼의 태도를 반영하고 있기 때문이다. 무릎을 꿇는 것은 굴복과 겸손한 간청을 나타내는 것이다."[209] 라고 말한다. 우리는 형식주의에 빠져서는 안 된다는 이유로 형식을 완전히 배척해서는 안 된다. 우리가 배척해야 할 것은 생각 없이 형식만을 강조하는 형식주의인 것이다. 우리는 신앙생활에서 형식의 중요함을 알아야 한다. 왜냐하면 외적인 형식을 통해서 내적인 마음의 진지함이 표출되고 보호를 받기 때문이다. 물론 우리는 기도할 때 서서 할 수도 있고, 앉아서 할 수도 있고, 걸어가면서 할 수도 있고, 무릎을 꿇고 할 수도 있지만 어떤 자세이건 우리의 마음을 쏟아 하나님께 기도하지 않으면 안 된다. 바울의 기도는 그의 영혼을 하나님께 쏟아 놓는 기도였다.

(2) 기도의 내용(엡 3:16~19)

본문 에베소서 3:16 서두의 히나(ἵνα)가 기도의 내용을 소개한다. 바울은 기도 할 때 하나님의 "영광의 풍성함을 따라" 기도한다. 에베소서 1:18에서도 같은 표현을 사용한다. "그 기업의 영광의 풍성함이 무엇이며"에서의 "풍성함"(πλοῦτος)과 본 구절에 나오는 영광의 "풍성

209 Lenski, *Ephesians*, p.489.

함"은 같은 말이다. 바울 사도는 하나님의 무한대한 풍성함을 확신하는 가운데 에베소 성도들이 하나님의 복과 부요를 받을 수 있도록 기도하는 것이다. 바울 사도가 언급한 기도의 내용은 다음과 같다.

①속사람의 강건을 위해 기도함(엡 3:16)

성경은 "네가 만일 네 입으로 예수를 주로 시인하며 또 하나님께서 그를 죽은 자 가운데서 살리신 것을 네 마음에 믿으면 구원을 받으리라 사람이 마음으로 믿어 의에 이르고 입으로 시인하여 구원에 이르느니라"(롬 10:9~10, 개역개정)라고 가르친다. 여기에 믿음의 대상이 누구이며 어떻게 그를 믿어야 구원을 얻을 수 있는지를 명백히 한다. 성경은 성도들의 믿음의 대상이 예수 그리스도 한 분뿐이시며 또한 성도들이 그리스도가 십자가에 달려 죽으신 것과 사흘만에 죽은 자 가운데서 부활하신 것을 마음으로 믿고 입으로 시인할 때 구원을 받게 된다는 것을 확실히 한다.

그런데 예수를 구주로 시인하고 믿는 것은 인간의 의지로 할 수가 없다고 성경은 말한다. 성경은 예수를 구주로 믿을 수 있는 믿음을 우리에게 주신 분이 성령 하나님이라고 말한다. "하나님의 영으로 말하는 자는 누구든지 예수를 저주할 자라 하지 아니하고 또 성령으로 아니하고는 누구든지 예수를 주시라 할 수 없느니라"(고전 12:3, 개역개정). 성령께서 우리에게 믿음을 주셔서 예수를 구주로 고백하게 하는 순간 성령은 우리 속에 내주하기 시작하신다. 그래서 성도들의 몸이 성령의 전이라고 말하는 것이다(고전 3:16; 6:19).

성령께서 성도 안에 내주 하신 때를 기점으로 성도 안에 속사람이 창조된다. “속사람”이란 용어는 신약에서 3회 나타나며 모두 바울 서신에서 사용된다(롬 7:22; 고후 4:16; 엡 3:16). 칼빈(Calvin)은 속사람을 영혼으로, 겉 사람을 몸으로 해석한다. 칼빈은 “마치 겉 사람이 몸(the body)을 뜻하며, 그리고 몸에 속한 모든 것 즉 건강, 명예, 부, 활력, 미 그리고 그와 같은 것들을 뜻하는 것처럼, 속사람은 영혼(the soul)을 뜻하며 그리고 영혼의 신령한 생활에 속한 모든 것을 뜻한다.”[210]라고 해석한다. 그러나 속사람(the inner man 혹은 the inward man)은 몸(body)에 반대되는 영혼(soul)을 가리키지 않고 관능적인 생활 원리와 구분되는 이상적인 생활 원리를 가리키지도 않는다. 속사람은 하나님의 법을 즐기는 본질적인 인간을 가리킨다.[211] 헨드릭센(Hendriksen)은 “이 ‘속사람’은 사람의 낮은 욕구와 대조를 이루는 사람 속에 있는 합리성이 아니다. 바울의 용어는 플라톤(Plato)이나 스토익(the Stoics)의 용어가 아니다. 반대로 ‘속사람’은 ‘겉 사람’의 반대이다(참조 고후 4:16). 속사람은 공중의 관찰로부터 감추어진 것이요, 겉 사람은 공중에게 공개된 것이다. 그것은 새로운 생명의 원리가 성도들의 마음(hearts) 속에 성령에 의해 뿌리박힌 것을 가리킨다(엡 3:17을 보라). 그러므로 저자가 기도하는 것은 그와 같은 주관하는 영향이 이런 마음들 속에서 위력을 발휘하여 그들이 성령

---

210 Calvin, *The Epistles of Paul the Apostle to the Galatians, Ephesians, Philippians and Colossians*, p.167.

211 G. Vos, *The Pauline Eschatology*, p.204 “The bodily life God sustained in Paul was the same life that enabled him to labor for the Corinthians. And he labored for them, certainly not by means of a mysterious invisible, embryonic corporeity built up within, but in no other way than by means of the present natural life of the body, in which he was undergoing hardships for their sake.”

이 부여하는 능력과 함께 더욱더 강건해지기를 소원하는 것이다."[212]라고 해석한다. 브루스(Bruce)는 "속사람은 믿음으로 그리스도에게 연합된 사람들 속에 성령에 의해 내적으로 잉태된 새로운 창조(the new creation)이다. 속사람은 하나님의 마음과 일치하며 그의 법을 즐긴다(롬 7:22); 속사람은 겉 사람 즉 죽을 본성이 후패되어 갈 때에도(고후 4:16) 매일 매일 새롭게 되어 간다. 속사람은 부활의 때에(시대에) 표명되어질 더 충분한 불멸성의 씨앗을 현재 구성하고 있는 불멸의 인격이다."[213]라고 바로 해석한다.

속사람과 겉 사람의 문제를 성도의 구원과 연관시켜 설명할 수 있다. 성도가 예수 그리스도를 믿음으로 구원을 받은 것은 성도 전인(全人)이 100% 구원받은 것을 의미한다. 이 경우 성도는 영혼과 육체 모두 100% 구원받은 것이다. 속사람은 바로 이런 존재 상태의 성도를 묘사할 때 사용된 것이다. 그러나 100% 구원받은 성도일지라도 앞으로 있을 "몸의 구속"(롬 8:23)을 기다리고 있다. "땅에 있는 우리의 장막 집"을 벗고 "하나님께서 지으신 집"(고후 5:1)을 입을 때를 기다리고 있다. "우리의 낮은 몸"을 벗고 그리스도의 "영광의 몸의 형체"(빌 3:21)를 입게 될 때를 기다리고 있다. 성도들은 예수 그리스도를 믿음으로 현재 100% 구원을 받았지만 "육의 몸"을 벗고 "신령한 몸" 즉 부활체(고전 15:42~45)를 덧입을 때까지 기다리고 있다. 하나님의 이런 구원 계획에 비추어 볼 때 100% 구원받은 성도

212 Hendriksen, *Ephesians*, p.171.

213 F. F. Bruce, *The Epistles to the Colossians to Philemon and to the Ephesians* (*NICNT*, Grand Rapids: Eerdmans, 1988), p.326.

가 "육의 몸", "낮은 몸"을 지니고 사는 존재 상태를 가리켜 겉 사람이라고 표현할 수 있다. 따라서 속사람과 겉 사람이란 표현은 성도 전인을 다른 측면에서 관찰한 것임을 알 수 있다. 개핀(Gaffin)은 "성도의 속사람, 감추어진 쪽에 관한 한 부활이 이미 발생했으나, 성도의 겉 사람, 공개된 쪽(지능과 감성 그리고 육체적 기능을 포함하여)에 관한 한 부활은 아직도 미래로 남아 있다."[214]라고 속사람과 겉 사람을 비교 설명한다. 요약하여 설명하면 "속사람"은 한 인격체인 성도를 구원받은 관점에서 묘사하는 것이요, "겉 사람"은 구원은 받았지만 아직도 죽을 몸을 지니고 세상에서 활동하는 한 인격체인 성도 전인(全人)을 묘사한다.

속사람은 감추어진 자아로서 후패되어 가는 겉 사람과 대조적으로 날마다 새롭게 된다(고후 4:16). 그러나 새롭게 되는 것은 자동적인 과정이 아니기 때문에 바울 사도는 속사람이 성령으로 말미암아 강건하게 되기를 위해 기도한다. 바울이 기도하고 있는 것은 성도가 성령을 받도록 하기 위한 것이 아니요 이미 성령을 받은 성도들의 속사람이 계속 성령으로 강건해지기를 위한 것이다.[215]

---

214 R. B. Gaffin, Jr. *Resurrection and Redemption* (Ann Arbor: University Microfilms, 1970), pp.78~79.

215 Hendriksen, *Ephesians*, p.171; Lenski, *Ephesians*, p.493: "We must also remember that the Spirit always operates with Word and Sacrament and never without these. It is incorrect to say that Paul is praying for a new Pentecost. Pentecost admits of no repetition; once poured out, the Spirit remains and by Word and Sacraments flows out into all the world and with ever-new power flows into the hearts of believers."; 박형용 『바울신학』 (2022), p. 389.

② **성도 안에 그리스도의 내주를 위해 기도함**(엡 3:17)

바울은 그리스도의 사역과 성령의 사역을 분리시키지 않는다. 오히려 그는 성령의 능력과 그리스도께서 성도들의 마음속에 내주하심으로 속사람이 강건해지기를 위해 기도한다. 그리스도의 부활 이후 성령의 내주와 그리스도의 내주로부터 오는 성도들의 경험은 동일하다. 성도들의 믿음을 통해 그들의 마음에 그리스도가 내주하게 되기를 원하는 기도는 그들이 하나님의 성령에 의해 내적으로 강건하게 되기를 원하는 기도와 동등한 것이다.[216] 그리스도의 내주에 대한 바울 사도의 의도는 그가 사용한 용어에서 분명해진다. 바울은 잠시 기거하다 떠나는 상태를 파로이케오(παροικέω)라는 용어를 사용하여 설명한다(엡 2:19). 이와는 대조적으로 영구적인 정착과 거주를 설명하기 위해 카토이케오(κατοικέω)라는 용어를 사용한다. 그런데 바울은 본문에서 카토이케오를 사용함으로 그리스도가 성도 안에 영구히 거하시기를 위해 기도한다. 그리스도가 성도 안에 거하시는 기간은 성도가 믿음 안에서 사는 기간 동안이다.[217]

그리고 그리스도께서 거하시는 처소는 느낌과 생각과 의지의 중심이 되는 마음(heart)이며 그리스도께서 마음을 소유하는 방법은 성도들의 믿음을 통해서이다. 그래서 바울은 "믿음으로 말미암아 그리스도께서 너희 마음에 계시게 하옵시고"(엡 3:17)라고 기도한다.

---

216 F. F. Bruce, *The Epistles to the Colossians to Philemon and to the Ephesians*, pp.326~27.

217 H. Fendrich, "κατοικέω," *Exegetical Dictionary of the New Testament*, Vol. 2 (Grand Rapids: Eerdmans, 1991), p.274

③ 사랑의 뿌리가 깊이 내리도록 기도함(엡 3:17)

본 구절에서 사용된 "사랑 가운데서"는 어떤 한정을 받지 않는 일반적인 의미로 사용되었다. 그러므로 "하나님의 사랑"이나 "그리스도의 사랑"을 구체적으로 언급하고 있지 않고 오히려 기독교인의 원리인 일반적인 사랑을 말하고 있다. 즉 그리스도 안에서 하나님을 향한 사랑, 주님 안에서 형제자매를 향한 사랑, 이웃과 적에 대한 사랑을 포함하는 광범위한 사랑을 뜻하는 것이다.[218]

스미스(Smith)는 "여기 언급된 사랑은 어떤 이들이 생각하는 것처럼 서로를 향한 기독교인의 사랑으로 국한시켜 생각할 수 없다. 또한 그것은 우리를 위한 그리스도의 사랑도 아니요 아버지의 사랑도 아니다. 그것은 영적 생활의 특징적 요소인 그 사랑이며 '완전하게 매는 띠'(골 3:14)인 그 사랑이며 셋 중에 제일인(고전 13:13) 그 사랑이며, 그리고 참다운 영적 애정의 모든 대상을 포함하는 그 사랑이다."[219]라고 말한다. 워필드(Warfield)도 "사랑은 크게 확장시키는 자이다. 사랑은 지능을 확대시킨다. 사랑으로 차 있지 않은 사람은 반드시 생애와 사물을 보는 전망에 있어서 좁고 메마르고 오그라지게 된다. 그리고 반대로 사랑으로 가득 차 있는 사람은 그의 이해에 있어서 크고 풍요롭다."[220]라고 바로 지적한다.

---

218 Salmond, *The Epistle to the Ephesians: Expositor's Greek Testament*, p.314; Hendriksen, *Ephesians*, p.172.

219 Justin A. Smith, *Commentary on the New Testament*, p.55.

220 B. B. Warfield, *Faith and Life* (Carlisle: The Banner of Truth Trust, 1974), pp.275~276.

바울 사도는 에베소 성도들이 이런 광범위한 사랑으로 뿌리가 박히고 터가 굳어지기를 위해 기도한다. 바울은 여기서 나무와 건물에 관한 이중 은유를 사용한다. 나무의 뿌리가 깊이 박히면 박힐수록 나무가 튼튼하고 가지를 많이 뻗칠 수 있는 것처럼, 집의 기초가 견고하면 견고할수록 집이 튼튼히 세워질 수 있는 것처럼 바울 사도는 에베소 성도들이 사랑 가운데서 견고하고 튼튼해지기를 위해 기도한다.

칼빈(Calvin)은 이 구절의 뜻은 "단순하고 진정한 의미는 우리들이 사랑 가운데서 깊이 뿌리가 박혀야만 하고 우리의 기초가 깊은 곳에 튼튼히 내려져서 아무 것도 우리를 움직이게 할 수 없어야 한다."[221] 라고 말한다. 에베소 성도들이 그리스도의 사랑의 위대함을 이해할 수 있기 위하여 그들의 생활의 계속적인 원리가 사랑으로 무장되어 있어야 한다고 바울은 기도한다.

④ **그리스도의 넘치는 사랑의 전모를 알도록 기도함**(엡 3:18~19)

바울 사도는 성도들이 그리스도의 사랑의 "너비와 길이와 높이와 깊이가 어떠함을 깨닫기를"(엡 3:19)[222] 원한다. 여기 사용된 "너비와 길이와 높이와 깊이"가 무엇을 가리키느냐에 대해 과거의 해석 역사를 보면

221 John Calvin, *The Epistles of Paul the Apostle to the Gala- tians, Ephesians, Philippians and Colossians*, trans. T.H.L. Parker, p.168.

222 본 구절의 의미를 이해하는데 구약의 교훈이 도움을 준다. "네가 하나님의 오묘함을 어찌 능히 측량하며 전능자를 어찌 능히 완전히 알겠느냐 하늘보다 높으시니 네가 무엇을 하겠으며 스올보다 깊으시니 네가 어찌 알겠느냐 그의 크심은 땅보다 길고 바다보다 넓으니라"(욥 11:7~9, 개역개정). LXX는 욥 11:8~9의 "높으시니"를 ὑψηλός로, "깊으시니"를 βαθύτερα로, "길고"를 μακρότερα로, 그리고 "넓으니라"를 εὔρους로 번역했다.

여러 가지 견해가 제시되었다. 예를 들면, 구속의 비밀(Theodoret Bullinger), 그리스도의 교회(Michaelis, Koppe), 성전(Bengel), 십자가의 비밀(Jerome, Augustine), 하나님의 사랑(Chrysostom, Erasmus), 하나님의 지혜(De Wette), 사랑(Moule), 그리스도의 사랑(Calvin, Meyer, Hodge) 등이 제시되었다. 그리고 어거스틴은 좀 더 자세하게 십자가의 너비는 사랑을 가리키고 높이는 소망을 가리키고 길이는 인내를 가리키고 그리고 깊이는 겸손을 가리킨다고 설명한다.

또 어떤 이(Estius)는 십자가의 높이는 그리스도의 신성을 가리키고 깊이는 그리스도의 인성을 가리키며 너비와 길이는 사도들이 받은 전도 명령의 범위를 가리킨다고 설명한다.

그러나 본문에서 명백한 것은 이 용어들이 "그리스도의 사랑"을 가리킨다는 것이다. 헬라어 성경은 "너비와 길이와 높이와 깊이"가 에베소서 3:18에 나타나고 "그리스도의 사랑을 알아"가 에베소서 3:19에 나오므로 다른 생각을 할 수 있는 여지를 제공하지만 한글 번역판은 "그리스도의 사랑을 알고 그 너비와 길이와 높이와 깊이가 어떠함을 깨달아"라고 연결시킴으로 문맥의 뜻을 명확하게 하였다.

스토트(Stott)는 그리스도의 사랑은 모든 인류를 포함할 만큼 넓으며, 영원히 지속할 만큼 길고, 가장 타락한 죄인을 변화시킬 수 있을 만큼 깊으며, 그를 하늘에까지 올릴 만큼 높다고 바로 말했다.[223] 바울은 "높음이나 깊음이나 다른 어떤 피조물이라도 우리를 우리 주 그리스도 예수 안에 있는 하나님의 사랑에서 끊을 수 없으리라"(롬 8:39,

223 Stott, *God's New Society*, p.137.

개역개정)라고 가르친다. 바울 사도는 본문에서 그리스도의 무한한 사랑의 전모를 에베소교회 성도들이 경험적으로 알기를 원한 것이다. 바울은 에베소교회 성도들이 하나님이시면서 성육신하시어 희생적인 삶과 고난과 죽음을 감수하시면서 끝까지 그들을 사랑하신 그리스도의 사랑의 전모를 알기 원하였다.

바울 사도는 그리스도의 사랑이 알 수 있는 사랑이기 때문에 그리스도의 사랑의 경험적인 지식이 에베소교회 성도들 안에서 증가되기를 위해 기도한다. 반면 어떤 인간도 그리스도의 무한한 사랑의 지식을 혼자 소유할 수 없음을 인식하고 있다.[224] 우리는 그리스도의 이런 무한한 사랑을 이해하는데 다른 성도들의 존재가 중요함을 알아야 한다. 우리가 성만찬에 참예할 때에도 이 사실은 확인된다. 우리가 같은 떡을 먹고 같은 잔을 마시는 것은 그리스도를 통해 나와 내 옆에 있는 성도들이 뗄 수 없는 관계로 연합되었음을 증거하는 것이다(고전 10:14~22). 바울 사도 "능히 모든 성도와 함께"(엡 3:18)라고 말함으로 다른 성도들의 존재가 우리들이 그리스도의 사랑을 이해하는데 필요 불가결한 것임을 설명하고 있다. 유대인이나 이방인이나 남자나 여자나 무슨 종족이든지 그들의 서로 다른 경험과 배경이 모두 합쳐져서 그리스도의 사랑의 깊이를 이해할 수 있게 되는 것이다.

⑤ 하나님의 충만을 맛보도록 기도함(엡 3:19)

성도가 성장해야 하는 최종적인 상태는 하나님의 충만을 맛보는 상

224 Wilson, *Ephesians*, p.75.

태이다. 하나님의 충만은 하나님 안에 있는 충만 또는 하나님 자신을 채우고 있는 것을 뜻한다. 하나님의 속성과 능력의 전부를 포함한다고 생각할 수 있다. 하나님의 충만은 하나님께서 주신 어떤 은사에 국한되지 않고 하나님의 완전의 전체, 또는 하나님 안에 있는 탁월함의 전체를 뜻하는 것으로 생각해야 한다.

여기서 한 가지 명백히 해야 할 사항은 성도들이 하나님의 충만으로 채워질 때에도 자신이 신(神)으로 변화되지 않고 피조물의 상태로 남아 있다는 사실이다. 성도들은 오로지 창조주의 영광을 영원히 반사하는 존재로, 그의 영광은 고유적인 영광이 아니요 하나님으로부터 유래된 영광인 것이다. 그러므로 바울 사도는 성도들이 가장 크고 가장 심오한 의미에서의 하나님의 충만을 맛볼 수 있기 위해 기도하는 것이다. 하나님은 성도가 매일 성장하기를 원하신다. 육신의 부모가 자녀들의 성장을 바라는 것처럼 하나님께서도 그의 자녀들이 성령의 도우심으로 계속해서 그리스도의 형상으로 변화되기를 원하신다(고후 3:18). 본문의 "교회 안에서와 그리스도 예수 안에서 영광이 대대로 영원무궁하기를 원하노라"(엡 3:21, 개역개정)는 하나님의 영화로운 완전이 교회와 그리스도 안에 나타나 있음을 증거하는 것이다. 교회는 하나님의 영광이 나타날 외적인 영역이요 그리스도는 내적인 영역으로 생각할 수 있다. 교회는 그리스도의 몸이요 그 몸의 머리는 그리스도이기 때문에 교회 안과 그리스도 예수 안에 하나님의 영광이 나타나는 것은 당연한 것이다.

(2) 기도의 결론(엡 3:20~21)

바울은 하나님께서 지금까지 올려드린 자신의 기도를 응답하실 수 있는 능력을 소유하고 계신다고 확신한다. 바울은 "능력"(δύναμις: 엡 1:19, 21; 3:7, 16, 20), "위력"(κράτος: 엡 1:19; 6:10), "힘"(ἰσχύς: 엡 1:19; 6:10), 그리고 "역사"(ἐνέργεια: 엡 1:19; 3:7; 4:16)라는 용어들을 에베소서에서 자주 사용한다.[225] 이는 하나님의 능력의 전모를 강조하기 위한 것이다. 바울의 확신의 표현이 첫째, 하나님은 우리 가운데서 역사하고 계시며 둘째, 하나님은 우리의 구하는 것을 능히 응답하실 수 있고 셋째, 하나님은 우리의 생각까지도 알고 계시고 넷째, 하나님은 우리의 구하는 것 이상 넘치도록 채워 주신다는 내용에 잘 나타나 있다. 바울은 이런 능력 있는 하나님께 영광이 영원무궁하기를 소원하면서 그의 기도를 끝맺는다.

---

225 개역개정판은 "κράτος"를 "능력"과 "위력"의 두 용어를 혼용하여 엡 1:19은 "힘의 위력"으로 번역했고, 엡 6:10은 "힘의 능력"으로 번역했다.

에베소서
주해

제4장 주해

1. 교회의 통일성 (엡 4:1~16)
2. 옛사람과 새 사람 (엡 4:17~32)

제 4 장 주해

1. 교회의 통일성(엡 4:1~16)

"그러므로 주 안에서 갇힌 내가 너희를 권하노니 너희가 부르심을 받은 일에 합당하게 행하여 모든 겸손과 온유로 하고 오래 참음으로 사랑 가운데서 서로 용납하고 평안의 매는 줄로 성령이 하나 되게 하신 것을 힘써 지키라 몸이 하나요 성령도 한 분이시니 이와 같이 너희가 부르심의 한 소망 안에서 부르심을 받았느니라 주도 한 분이시요 믿음도 하나요 세례도 하나요 하나님도 한 분이시니 곧 만유의 아버지시라 만유 위에 계시고 만유를 통일하시고 만유 가운데 계시도다 우리 각 사람에게 그리스도의 선물의 분량대로 은혜를 주셨나니 그러므로 이르기를 그가 위로 올라가실 때에 사로잡혔던 자들을 사로잡으시고 사람들에게 선물을 주셨다 하였도다 올라가셨다 하였은즉 땅 아래 낮은 곳으로 내리셨던 것이 아니면 무엇이냐 내리셨던 그가 곧 모든 하늘 위에 오르신 자니 이는 만물을 충만하게 하려 하심이라 그가 어떤 사람은 사도로, 어떤 사람은 선지자로, 어떤 사람은 복음 전하는 자로, 어떤 사람은 목사와 교사로 삼으셨으니 이는 성도를 온전하게 하여 봉사의 일을 하게 하며 그리스도의 몸을 세우려 하심이라 우리가 다 하나님의 아들을 믿는 것과 아는 일에 하나가 되어 온전한 사람을 이루어 그리스도의 장성한 분량이 충만한 데까지 이르리니 이는 우리가 이제부터 어린 아이가 되지 아니하여 사람의 속임수와 간사한 유혹에 빠져 온갖 교훈의 풍조에 밀려 요동하지 않게 하려 함이라 오직 사랑 안에서 참된 것을 하여 범사에 그에게까지 자랄지라 그는 머리니 곧 그리스도라 그에게서 온 몸이 각 마디를 통하여 도움을 받음으로 연결되고 결합되어 각 지체의 분량대로 역사하여 그 몸을 자라게 하며 사랑 안에서 스스로 세우느니라" (엡 4:1~16, 개역개정).

(1) 성도들의 소명(엡 4:1)

바울 사도는 에베소서 1장에서부터 3장까지 세 장에 걸쳐 역사 속에 실현되고 있는 하나님의 영원하신 계획을 설명했다. 하나님은 예수 그리스도의 죽음과 부활을 통해서 전적으로 새로운 사회를 창설하신 것이다. 새로운 사회는 죄에서부터 해방받은 성도들로 구성되고 세속적인 사회와는 구별된 교회를 뜻한다.

바울 사도는 에베소서 1~3장에서 하나님이 성취하신 영원한 목적에 대해 교훈 하시고 또 간구하신다. 그리고 에베소서 4장부터는 하나님의 은혜를 입은 성도들이 어떻게 행해야 할 것을 권고하신다. 바울 사도의 관습은 일반적으로 서신을 쓸 때 먼저 교리적인 부분 즉 믿어야 할 것을 설명하고 그 후에 일상생활과 관련된 행해야 할 것을 설명한다(참조. 롬 12:1; 골 3:1; 살전 4:1). 본 에베소서도 같은 특징을 나타내고 있다.

바울 사도는 본 서신의 후반부인 성도들이 행해야 할 것을 설명하는 부분을 "그러므로 주 안에서 갇힌 내가 너희를 권하노니"(엡 4:1)[226]라고 시작한다. 바울은 자신이 "주 안에서 갇힌" 것을 당당하게 소개한다. 칼빈은 "세상적인 눈으로 볼 때 불명예스러운 것일지라도 그리스도에 관한 것은 우리들이 가장 존경스럽게 받아야 한다. 사도가 그리스도를 위해 감옥에 갇힌 것은 왕들의 모든 화려함

226 본 절의 περιπατῆσαι는 엡 4:17에 나타난 μηκέτι ὑμᾶς περιπατεῖν과 대조를 이루고 있다. 엡 4:17의 권면은 이방인처럼 사는 삶에 대한 권면이다. 즉 부정적인 삶에 대한 권면이다.

과 공적보다도 더욱 더 경외로운 것이다."[227]라고 소개한다. 바울은 자신이 갇힌 것을 언급하고 뒤따라 나오는 권면에서 성도들이 어떻게 살아야 할 것을 담고 있다. "그러므로"는 교리적인 부분에서 생활적인 부분으로의 논리적인 전환을 잘 설명하고 있다. 그리고 바울의 호소는 성도들의 고귀한 소명에 근거하고 있다. 소명은 전적으로 하나님으로부터 나오며 소명에 상응하는 생활에는 그 소명에 적합한 열매가 뒤따르기 마련이다. 성도들의 생활은 하나님의 소명에 전적으로 합당할 수는 없지만, 생활의 열매는 성도들 안의 성령의 임재와 그리스도의 내주를 증거하고 있다. 그래서 바울은 부르심에 합당하게 행하라고 권면한다. 이 권면은 긍정적인 삶에 대한 권면이요 적극적인 삶에 대한 권면이다. 이 권면은 소명에 합당하게 살아야 한다는 권면이다.

하나님의 부르심은 성도들을 한 백성으로 부르셨고 또 세상과는 구별된 거룩한 백성으로 부르셨다. 이처럼 통일과 순결은 하나님의 백성들에게 있어야 할 근본적인 특징이다. 바울은 에베소서 4:1~16에서 교회의 통일성을 취급하고 에베소서 4:17~5:21에서 순결에 대해 설명한다. 이제 본문을 중심으로 교회의 통일성을 생각해 보기로 하자.

227 Calvin, *The Epistles of Paul the Apostle to the Galatians, Ephesians, Philippians and Colossians*, p. 171.

(2) 교회의 활동으로 나타난 통일성(엡 4:2~3)

바울은 교회의 통일성을 먼저 겸손(lowliness), 온유(meekness), 인내(longsuffering), 용납(forbearance) 그리고 사랑(love)의 특성을 통해서 설명한다. 사실상 겸손, 온유, 인내, 용납(혹은 관용)은 사랑의 특성들이다. 사랑은 이 모든 것을 포함하는 덕목이다. 고린도전서 13장의 사랑의 특성은 인내, 온유(친절), 관용, 겸손, 예의범절, 무 사욕, 온순, 정직, 진실성 등 아홉 가지이다(고전 13:4~6). 여기서 사도 바울이 언급하고 있는 교회의 특성은 고린도전서 13장의 사랑의 특성 중 처음 네 가지이다. 바울은 골로새서에서 긍휼, 자비, 겸손, 온유, 오래 참음(인내), 용납(관용)을 언급한다. 바울은 사랑이 온전하게 매는 띠이기 때문에 이 모든 것 위에 사랑을 더하라고 권면한다(골 3:12~14). 바울 사도는 교회의 통일성 즉 교회의 연합을 설명하면서 구조적인 연합보다는 도덕적인 연합을 강조한다. 예수님도 요한복음 17장에서 같은 강조를 한 바 있다(요 17:21~23). 이제 이상에 언급된 네 가지 특성에 대해 좀 더 구체적으로 생각해 보자.

① 겸손(엡 4:2)

겸손(ταπεινοφροσύνη)은 헬라 사람들이 소망하는 덕목이 아니었다. 신약 성경 밖의 헬라 문헌에 나타난 겸손은 약자로 경멸받는 덕목이었다. 따라서 바울 시대에 겸손은 매우 경시되었다. 그러나 그리스도가 오셔서 겸손의 본을 보이시므로 겸손은 그리스도인의 귀한 덕목이 된 것이다. 예수님이 제자들의 발을 씻는 행동은 세상이 보기를 원하는 광경은 아니지만 그의 제자들이 결코 잊어서는 안 될 겸손의 교훈이다(요 13:3~17). 라이트푸트(Lightfoot)는 골로새서 2:18~19에 나타난 겸손에 대해 언급하면서 "겸손은 이방 도덕주의자들에게는 악덕이지만 기독교 사도들에게는 덕목이다. 이 구절(골 2:18)은 골로새서 2:23과 함께 사도들의 언어의 일반적 용법에서 유일한 예외이다. 의미의 불일치는 실제로 불일치한 것이 아니요 불일치한 것처럼 보일 뿐이다. 단어의 경멸적인 의미는 단어 자체의 뜻에 있는 것이 아니요 주변에 나타난 사항 때문이다. 겸손은 스스로 겸손하다고 생각하는 경우 어떤 가치도 있을 수 없다. 그리고 스스로 겸손하다는 것은, 만약 뽐냄이 아니라면, 적어도 원한다(θέλω; thelo)라는 용어 안에 함축되어 있다. 더욱이 이 경우 겸손의 특성은 진리를 완전히 곡해하는 천사 숭배의 행위로 더 상세히 설명 된다."[228]라고 말한다. 이처럼 기독교인의 겸손은 자의식과는 관계가 없는 겸손이다. 기독교적인 겸손은 자기를 생각하지 않고 자기를 버리는 태도이다(참조. 빌 2:5~11). 겸손은 자신을 죄인으로 여기는 정직한 태도이며 남을 자신보다 낫게 여기는 생각과 행위를

---

228 J. B. Lightfoot, *St. Paul's Epistles to the Colossians and Philemon* (Hendrickson Publishers, 1995), p. 196.: "Humility is a vice with heathen moralists, but a virtue with Christian Apostles; see the note on Phil. ii. 3. In this passage, which (with verse 23) forms the sole exception to the general language of the Apostles, the divergence is rather apparent than real. The disparagement is in the accompaniments and not in the word itself. Humility, when it becomes self-conscious, ceases to have any value; and self-consciousness at least, if not affectation, is implied by θέλων ἐν. (*delighting in*, NASB). Moreover, the character of the ταπεινοφροσύνη (*humility*) in this case is further defined as θρησκεία τῶν ἀγγέλων (*a worshipping of angels*), which was altogether a perversion of the truth." (italics supplied by the translator)

가리킨다(빌 2:3). 겸손한 사람은 자신의 유익을 구하지 아니하고 다른 사람들을 위해 섬길 수 있는 기회를 찾는다(빌 2:4). 겸손은 자신이 한 일에 대해서는 잊어버리는 것이다. 겸손의 반대는 교만이다. 성경은 "교만이 오면 욕도 오거니와 겸손한 자에게는 지혜가 있느니라"(잠 11:2, 개역개정)라고 가르친다. 교만은 하나님의 자리에 자기 자신을 세운다. 하나님은 "거만한 자를 비웃으시며 겸손한 자에게 은혜를 베푸신다"(잠 3:34, 개역개정). 교만은 자신을 드러내며 따라서 교만은 교회의 통일성을 해치는 특성이다.

② **온유**(엡 4:2)

온유(πραΰτης)는 친절한 사람의 특성이다. 온유는 결코 나약함을 뜻하지 않는다. 오늘날 온유라는 용어는 강한 자에 의해 이리 밀리고 저리 밀리는 심지가 없는 사람을 묘사할 때 사용되곤 한다. 그러나 바울 사도가 본 구절에서 사용한 온유는 강한 자가 자기 자신의 힘을 조절함으로써 지니는 부드러움을 뜻한다.

온유는 강하고 긍정적인 의미를 가지고 있다. 이 용어는 길들인 야생마를 묘사할 때 사용되었다. 길들인 야생마는 길들인 후에도 힘과 열정과 의지를 가지고 있지만 고삐를 쥔 주인의 조종에 순복하는 것이다. 길들인 야생마를 가리켜 온유한 말이라고 말할 수 있다. 온유는 봉사를 위해 필요한 용기이다. "온유"는 폭력을 거부하고 여호와를 성실하게 신뢰하면서 행하는 봉사를 위해 반드시 필요한 용기이다.[4] 그러므로 바울은 성도들 속에 있는 열정과 힘과 각오를 주님의 조종에 맡기므로 성도들의 진정한 연합을 이루라고 권고

한다. 헨리 드러몬드(Drummond)는 세상에서 행복보다 더 귀한 것은 거룩밖에 없는데 거룩은 하나님만이 주실 수 있고 행복은 사람이 온유 즉 친절한 행위를 통해 상대방에게 제공할 수 있다고 말했다.[229] 이 온유의 특성이야말로 사람과 사람을 하나로 만드는 귀한 특성인 것이다.

③ **인내**(엡 4:2)

신약에서 사용된 인내(μακροθυμία)는 헬라의 인문주의에서처럼 자기 자신의 이익을 위해 잘 개발된 도덕적 태도가 아니요, 오히려 신약 개념의 인내는 이웃과 만날 때 자신의 이익을 먼저 생각하지 않고 항상 중간 지점에서 만나 자신의 삶을 이웃과 공유하는 적극적인 덕목이다. 즉, 인내는 단순히 어떤 이의 성품을 가리키지 않고 삶의 방식을 가리킨다. 인내는 사랑을 표현하는 중요한 방법이다.[230]

인내는 자신이 당하는 고난을 잘 참으며 다른 사람이 가해를 할 경우에도 분노나 복수의 마음을 갖지 않는 것이다. 인내는 하나님이 그리스도 안에서 우리에 대해 오래 참으셨던 것처럼 우리를 자극시키는 사람들에 대해 오래 참는 것을 뜻한다(롬 2:4; 딤전 1:16; 약 1:19). 인내의 또 다른 특징은 서두르지 않고 기다리는 것이다. 언제든지 요청이 있을 때 일을 할 수 있는 준비가 되어 있으나 조용히

---

229 Henry Drummond, 박형용 역, 『세상에서 가장 귀한 것』 (서울: 새순출판사, 1983), p.26.

230 U. Falkenroth and C. Brown, "Patience (μακροθυμία)," *NIDNTT*, Vol. 2 (Grand Rapids: Zondervan, 1977), p.771.

기다리는 것이 인내이다.

④ **용납**(엡 4:2)

바울은 사랑 가운데서 서로 용납하라(ἀνεχόμενοι)고 권면한다. 용납하는 것은 다른 사람에게 관용을 베푸는 것이다. 관용은 넓은 도량으로 다른 사람의 약점까지도 포용한다. 그러므로 다른 사람을 용납하는 사람은 다른 사람을 경쟁관계로 생각하지 않는다. 서로 용납하는 것은 사랑 가운데서 실천되어야 한다. 용납의 동기와 정신과 행위가 사랑으로 이루어져야 하는 것이다.[231]

인내와 용납, 이 두 특성 역시 사람들이 평화롭게 살 수 있도록 하는데 필요불가결한 특성이다. 기독교인이 부러워할 것은 그리스도처럼 오래 참고 도량이 넓은 마음이다. 바울 사도는 사랑이 모든 덕의 극치이기 때문에 사랑 가운데서 서로 용납하라고 권면하고 있다.

바울 사도는 에베소서 4:3에서 지금까지 언급한 겸손, 온유, 인내, 용납을 사랑 가운데서 행함으로 이미 성도들 안에 존재하는 통일성을 지키라고 권면한다. 바울은 "평안의 매는 줄로 성령이 하나 되게 하신 것을 힘써 지키라"(개역개정)라고 권면한다. 여기서 "매는 줄"은 쇠사슬을 설명하고 있으며 "평안"은 "매는 줄"과 동격이다. 바울은 성령께서 평안을 매는 줄로 사용하여 하나님의 구속받은 모든 백성들을 하나로 묶는 원인이 된다고 은유적으로 설명한다.[232]

231 Salmond, "The Epistle to the Ephesians," *Expositor's Greek Testament*, Vol. III, p.321.

232 칼빈(Calvin)은 본 구절의 성령을 인간 영으로 해석했다. 그래서 본 구절의 뜻을 "마

(3) 교회의 통일성의 7중 기초(엡 4:4~6)

바울 사도는 일곱 개의 "하나"를 사용하여 교회의 통일성의 기초를 설명한다. 교회의 통일성의 궁극적인 기초는 삼위일체 되신 한분 하나님이지만 여기서 일곱 가지 "하나"를 따로 고찰해 보기로 하자.

① 한 몸(엡 4:4)

한 몸은 그리스도의 교회가 하나임을 가리킨다. 유대인과 이방인을 포함한 모든 구속받은 성도들로 구성된 교회가 한 몸으로서 통일성을 이룬다. 신약 성경에서 교회는 일반적으로 개 교회를 가리킬 때 많이 사용되지만(마 18:17; 행 20:17, 28; 고전 1:2; 갈 1:2) 그리스도를 주로 고백하는 모든 믿는 자들을 포함하는 보이지 않는 전체 교회를 가리킬 때도 사용된다(마 16:18; 엡 2:16). 교회는 문화적인 차이, 종족의 차이, 언어의 차이, 신분의 차이를 초월해서 한 몸이며 그 머리는 그리스도이시다(엡 1:22~23). 에베소서는 기독교 공동체의 위대한 신비를 두 가지의 상(像)을 사용하여 전개시킨다. 머리이신 그리스도로부터 생명을 이어받은 "그리스도의 몸"(엡 1:23; 2:16)이란 상, 그리고 터전이신 그리스도 위에 세워진 "하나님의 전"(엡 2:21~22)이란 상이 그것이다. "하나님의 전"이란 상은 하나님께서 교회 안에 내주하심을 더 강조하지만 "그리스도의 몸"이란 상은 교회의 유기적인 통일성과 세상을 향해 그리스도를 대표하는 역할을

음의 화합"(harmony of mind)으로 해석한다(Calvin, *Ephesians*, p.172).

더 강조하고 있다.

클라우니(Edmund Clowney)는 "이 몸을 구성하는 것은 신자들이지 보이는 개 교회를 합쳐 놓은 전체가 아니다. 이처럼 몸의 각 지체가 직접적으로 연관되어 있기 때문에 교회는 결코 신자와 구세주 사이에 위치한 '중재 기관'(mediating institution)으로 생각해서는 안 된다."[233]라고 바로 지적했다(딤전 2:5). 하나님과 성도들 사이에 있는 중보는 그리스도 예수 한 분뿐이시며 그가 바로 참 신자들로 구성된 몸의 머리이신 것이다.

② 한 성령(엡 4:4)

둘째는 한 성령인데 여기 "프뉴마"는 인간의 영을 가리키지 않고 성령을 가리킨다. 성령이 몸에 생명을 주시고(롬 8:10), 그 안에 내주하시기 때문에 그 몸은 한 몸이 될 수 있다(롬 8:9; 고전 3:16). 이처럼 성령의 임재가 교회를 이루기 때문에 교회는 조직을 가진 단순한 기관이 아닌 것이다. 섬머즈(Summers)는 "성령은 평안과 사랑의 쌍둥이 쇠사슬을 취하셔서 그것을 모든 구속받은 자들을 한 몸으로 묶는데 사용하는 분이시다."[234]라고 바로 말했다.

성령은 좀 더 근본적으로 교회를 하나로 통일시키신다. 클라우니(Clowney)의 말은 이 부분에 있어 큰 유익을 준다. "바울은 한 분 아버지와 한 분 주님에 한 분 성령을 첨가한다(엡 4:4). 교회는 성령

233 Wilson, *Ephesians*, p.82에서 인용.

234 Summers, *Ephesians*, p.76.

의 연합(하나 되게 하심)을 지켜야 한다. 왜냐하면 성령에 의해 교회가 그리스도에게 연합되었고 아버지 하나님께 연합되었기 때문이다. 아버지와 아들 안에서의 교회 연합에 대해 우리가 배운 모든 것을 무효화시킬 수 있는 하나의 큰 오해가 있다. 그것은 성령을 '영화시키는 것'(spiritualizing)으로 이해하거나 혹은 더 나아가 '증발시키는 것'(vaporizing)으로 이해하는 것이다. 우리는 성령과의 결속을 비현실적인 것으로 생각하곤 한다. 우리들은 연합의 형태가 엄밀히 '영적'(spiritual)이기만 하면 그리스도 안에서 어떤 형태의 연합에도 경건한 마음으로 동의하곤 한다. 그러나 이는 순전히 세속적인 생각이다. 창조주이신 성령은 첫째 창조와 둘째 창조를 형성하신 분이시다. 그리스도의 부활은 성령의 능력 안에서 이루어진다. 우리들의 부활 소망인 신령한 몸은 우리들의 현재의 몸을 참으로 무거운 진흙덩이처럼 보이게 하는 현실(reality)이다. 성령의 사역은 보이게 하는 현실을 실재로 만들어 주신다. 성령은 분담금으로 미리 주어진 최종 구속의 실재이다(엡 1:11, 13~14). 성령의 교제는 동지애의 감정 이상의 것이다. 그것은 성령의 임재를 공유하는 것이요 그의 은사들을 나누는 것이다. 성령을 공유하는 사람들은 한 마음으로 그리스도의 사랑 안에서 연합되었다(빌 2:1~2)."[235] 이처럼 성령은 교회를 근본적으로 철저하게 통일시키신다.

235 Edmund P. Clowney, *The Church* (Downers Grove: Inter Varsity Press, 1995), pp.80~81.

③ 한 소망(엡 4:4)

셋째는 한 소망이다. 그리스도 밖에 있는 이방인들은 약속도 없고 소망도 없었다(엡 2:12). 그러나 하나님께서 그들을 은혜로 불러주심으로 이방인들은 하늘의 기업을 소유하게 되었다(엡 1:18). 여기 한 소망은 그리스도 안에서 구속받은 모든 성도들이 기대하는 모든 구속적 목적의 궁극적 완성으로서 하나님께서 그들에게 약속해 주신 것이라고 생각된다. 성도들은 유대인이건 이방인이건 하나의 궁극적 소망을 가지고 있다. 그것은 "우리 몸의 구속"(롬 8:23)을 바라고 기다리는 것이다.

바울은 성도들이 "부르심의 한 소망 안에서 부르심을 받았다"(엡 4:4)라고 말한다. 바울이 여기서 "부르심"(τῆς κλήσεως)을 소유격으로 사용한 것은 소유를 뜻하는 소유격이 아니요 기원을 뜻하는 소유격으로 사용한 것이다.[236] 따라서 성도들의 소망이 부르심에 속한 소망이 아니요, 부르심을 받아 소망이 성도 안에서 시작된 것을 가리킨다. 모든 성도들은 하나님의 부르심으로 말미암아 같은 소망을 소유하게 되었다.

④ 한 주님(엡 4:5)

넷째는 한 주님이다. 한 몸을 이루고 한 소망을 가진 구속받은 모든 성도들이 주님으로 고백해야 할 대상은 예수 그리스도 한 분뿐이시다. "다른 이로써는 구원을 받을 수 없나니 천하 사람 중에 구원을

236 S.D.F. Salmond, "The Epistle to the Ephesians," *Expositor's Greek Testament*, Vol. III, p. 322

받을 만한 다른 이름을 우리에게 주신 일이 없음이라"(행 4:12, 개역개정). 성도들에게는 예수님만이 그들의 주님이시요 다른 주가 그들에게 있을 수 없다. 주님이라는 말은 절대적인 의미의 주님이란 뜻을 가지고 있다. 예수님이 우리의 주님이란 뜻은 우리의 삶의 모든 영역에서 예수님이 주인(the Lord)이시라는 뜻이다.

성도들이 예수 그리스도를 주(κύριος)로 고백하는 것은 생명을 걸고 하는 고백이었다. 에베소서를 쓰던 당시 그리스도인들은 "큐리오스 가이사"라는 말을 사용하지 않았다. 그 이유는 "큐리오스 가이사"가 "가이사는 주이시다"(Caesar is the Lord)라는 뜻으로 큐리오스(주)를 로마 황제와 연결시켜 사용했기 때문이다. 기독교인들에게 큐리오스(주)는 단 한 분 예수 그리스도뿐이시다. 그래서 로마 관리들이 예수 믿는 사람을 찾아내는 한 방법으로 "큐리오스 가이사"를 말하게 했고, 그리스도인들은 "예수를 주"로 고백했기 때문에 그 말을 할 수 없어 결국 발견되어 처형되곤 했다. 이처럼 "주"는 목숨을 걸고 하는 고백이었다. 바울은 모든 성도들이 목숨을 걸고 고백하는 신앙의 대상이 한 분 예수 그리스도 주님이라고 말한다.

⑤ **한 믿음**(엡 4:5)

다섯째는 한 믿음이다. 그런데 주님이라고 고백해야 할 대상이 한 분이시기 때문에 구원받는 수단으로서의 믿음도 하나일 수밖에 없다. 유대인이나 이방인이나 예수 그리스도를 믿고 신뢰함으로 구원을 받게 된다. 로마서에 나타난 바울의 논리는 "한 믿음"을 이해하는데 큰 도움을 준다. 바울은 로마서 1장~8장 사이에서 하나님의 구원 계획과 그 성취를 바울 사도답게 심오한 방법으로 설명한다. 그리고 바울은 로마서 9장~11장 사이에서 이스라엘의 장래에 대해 설명한다. 그런데 우리의 관심을 끄는 대목은 이스라엘의 장래 구원 문제를 다루는 부분에서 구원을 받는 방법을 제시하고 있다. "믿음은 들음에서 나며 들음은 그리스도의 말씀으로 말미암았느니라"(롬 10:17, 개역개정). 그리스도의 말씀이 선포되면 들음이 발생하고 성령이 말씀과 함께 역사하여 듣는 자의 마음에 믿음을 주신다(참조, 고전 12:3). 성도는 바로 이 믿음으로 "예수를 주로 시인하며 또 하나님께서 그를 죽은 자 가운데서 살리신 것을"(롬 10:9) 받아들이게 된다. 그래서 바울은 "사람이 마음으로 믿어 의에 이르고 입으로 시인하여 구원에 이르느니라"(롬 10:10, 개역개정)라고 말할 수 있었다. 바울의 이런 논리는 이방인이나 유대인이나 가난한 자나 부자나 할 것 없이 누구든지 믿음 없이는 주님을 고백할 수 없다는 것을 증거 한다. 여기서 믿음은 믿어야 할 대상인 어떤 신조를 가리키지 않고(참조 행 6:7; 갈 1:23; 딤전 1:4), 주관적인 의미로 구원받기에 합당한 신뢰의 행위를 가리키는 것이다. 이 믿음은 예수 그리스도를 구주로 받아들이는 주관적인 신뢰를 말하는 것이다.

⑥ **한 세례**(엡 4:5)

여섯째는 한 세례이다. 세례는 예수 그리스도를 구주로 믿는 사람들이 외적인 표지로 받는 것이다(행 2:41; 8:12; 10:44~48). 신약에서 사용된 세례는 예수님과 함께 옛 사람이 죽고 예수님과 함께 새 사람으로 부활한 것을 나타내는 상징적인 의식이다(롬 6:3). 여기서 성찬이 언급되지 않고 세례가 언급된 이유는, 성찬은 한 몸으로 연합된 뒤에 지키는 일치를 표시하는 의식이지만 세례는 한 몸으로 연합되는데 필요한 최초의 의식으로 일치의 조건이 되기 때문이다.[237]

빈센트(Vincent)는 "세례는 믿음의 외적인 표지이나 주님과 믿음 없이는 아무 의미가 없다. 성찬 대신 세례가 강조된 이유는 성찬이 통일성(Unity)을 이미 이루어진 사실로 가정하고 인정하는 반면 믿음과 세례는 통일성보다 앞서지만 통일성을 위해 본질적인 것이기 때문이다. 더욱이 세례는 몸으로서의 교회에 시행되어지지 않고 개인들에게 시행된다. 그러므로 세례는 각 사람에게 전체 몸과 생명적인 연합 관계에 있다는 권면을 강조하는 것이다."[238]라고 바로 말했다. 아무도 그리스도를 구주로 믿고 세례를 받지 않으면 한 몸에 속할 수가 없다.

⑦ 한 하나님(엡 4:6)

마지막 일곱 번째는 교회의 통일성의 궁극적 기초가 되시는 한 하나님이시다. 한분 하나님을 섬기기 때문에 교회는 일치할 수 밖에 없다. 유일신을 믿는 믿음은 유대인들을 단결하게 하는 원인이 되었다. 기독교인들도 한 하나님을 중심으로 하나로 통일되어 있다. 그러나 바울은 한 하나님이 삼위일체 하나님임을 명시하고 있다. 성령(4절), 성자(5절), 성부(6절), 삼위일체 하나님이 한 분이신 것처

237 Salmond, *The Epistle to the Ephesians*, p.322.

238 M. R. Vincent, *Word Studies in the New Testament* (Grand Rapids: Eerdmans, 1975), p.387.

럼 교회도 통일성이 있다. 이는 하나님의 통일성을 파괴할 수 없는 것처럼 교회의 통일성도 파괴할 수 없음을 증거한다. 바울은 "하나님은 한 분이시요 또 하나님과 사람 사이에 중보자도 한 분이시니 곧 사람이신 그리스도 예수라"(딤전 2:5)라고 천명한다.

바울 사도는 하나님을 만유의 아버지로 설명하면서 그 하나님이 "만유 위에 계시고 만유를 통일하시고 만유 가운데 계시도다"(엡 4:6)라고 말한다. 이 말씀의 사상적 배경은 "그러나 우리에게는 한 하나님 곧 아버지가 계시니 만물이 그에게서 났고 우리도 그를 위하여 있고 또한 한 주 예수 그리스도께서 계시니 만물이 그로 말미암고 우리도 그로 말미암아 있느니라"(고전 8:6, 개역개정)의 말씀에서 찾을 수 있다. 하나님은 성도들의 하나님이실 뿐만 아니라 온 우주의 하나님이시다. 본문(엡 4:6)에서 하나님이 "만유 위에 계신다"는 뜻은 하나님과 우리와의 관계에 있어서 하나님의 초월성과 주권성을 설명하고 있으며, "만유를 통일하시고"의 뜻은 하나님께서 우리 가운데 임재하셔서 생기를 주시며 우리를 움직이고 계심을 설명하며, "만유 가운데 계시는"의 뜻은 우리 안에 내주하심을 설명하는 것이다.[239] 헨드릭센은 이 구절을 해석하면서 "이처럼 그(하나님)는 그의 모든 자녀들에 대해 삼중 관계를 가지신다. 아버지로서 그는 만유 위에(over all) 계신다. 왜냐하면 그는 만유를 주관하시기 때문이다. 그러나 그는 역시 만유를 통하여(through all) 계신다. 왜냐하면 그는 우리의 대속자 그리스도를 통하여 우리 모두를 축복하시기 때

239 Salmond, *The Epistle to the Ephesians*, p.323; Summers, *op. cit.*, p.79.

문이다. 그리고 그는 만유 안에(in all) 계신다. 왜냐하면 그는 성령 안에서 우리를 그의 마음에 가깝게 이끄시기 때문이다."[240]라고 정리한다.

어떤 학자는 본문의 만유(πάντων)를 남성(masculine)으로 생각하여 만유가 성도들을 가리키는 것으로 해석한다. 그래서 본문을 "하나님은 하나이시니 곧 '성도들의' 아버지시라 '성도들' 위에 계시고 '성도들을' 통일하시고 '성도들' 가운데 계시도다."[241]라고 이해한다. 그러나 "만유"를 중성(neuter)으로 생각하여 "만유" 속에 우주적 의미가 있는 것으로 해석하는 것이 더 타당하다. 왜냐하면 에베소서 안에서 "만유"(πάντων)가 우주적 의미를 포함하고 있는 것으로 사용되고 있으며(엡 1:10, 22, 23; 3:9; 4:10), 바울 서신 다른 곳에서도 같은 용법을 찾을 수 있기 때문이다(롬 11:36; 고전 8:6; 15:28). 이렇게 볼 때 하나님은 교회를 통일하시고 온 우주를 통일하신 한 하나님이시다. 바울 사도는 이상에 열거한 7중 기초 즉 한 몸, 한 성령, 한 소망, 한 주님, 한 믿음, 한 세례, 한 하나님을 모든 교회가 같은 근거로 삼고 있기 때문에 통일성을 유지해야만 한다고 권면하고 있다.

---

240 Hendriksen, *Ephesians*, p.188.

241 H. A. W. Meyer, *Critical and Exegetical Handbook to the Epistle to the Ephesians and the Epistle to Philemon*, Trans. W. P. Dickson (Edinburgh: T. and T. Clark, 1880), p.201; C. L. Mitton, *Ephesians* (London: Oliphants, 1976), p.143; S. Hanson, *The Unity of the Church in the New Testament: Colossians and Ephesians* (Uppsala: Almquist and Wiksells, 1946), p.155.

(4) 은사의 다양함으로 나타난 풍요한 통일성(엡 4:7~12)

교회의 통일성은 획일적인 통일성을 뜻하지 않는다. 교회 안에서 여러 가지 다양한 은사들이 있지만 이것들이 유기적으로 연합됨으로 통일성이 더 풍부하게 되는 것이다. 바울은 에베소서 4:7에서 "우리 각 사람에게 그리스도의 선물의 분량대로 은혜를 주셨나니"(개역개정)라고 말함으로 이전 구절의 강조와는 차이를 보인다. 이전 구절에서는 한 몸, 한 성령, 한 소망, 한 주, 한 믿음, 한 세례, 그리고 한 하나님 등 "하나"된 것을 강조한 반면 에베소서 4:7에서는 다양한 은사를 강조한다. 승천하신 그리스도께서 각 사람의 필요에 따라 나누어주신 은사는 성도들의 개성을 상실하게 하기 위한 것이 아니요 그리스도의 몸을 세우기 위한 것이다(엡 4:12).

바울 사도는 자신의 요점을 증명하기 위해 시편 68:18을 해석적으로 인용한다. 다윗(David)은 "주께서 높은 곳으로 오르시며 사로잡은 자들을 취하시고 선물들을 사람들에게서 받으시며 반역자들로부터도 받으시니 여호와 하나님이 그들과 함께 계시기 때문이로다"(시 68:18, 개역개정)라고 말한다. 시편 68:18의 모든 내용은 "주님의 승리가 얼마나 완벽한지를 묘사하기 위해 고안된 분명한 상징적인 언어이다."[242] 바울 사도는 이 구절을 에베소서 4:8에서 비교적 자유롭게 인용했으나 본 구절의 정신은 전혀 왜곡시키지 않았다.

---

242 H. C. Leupold, *Exposition of the Psalms* (Welwyn: Evangelical Press, 1977), p. 495. Cf. C. H. Spurgeon, *The Treasury of David*, Vol. III (Psalms 53-78) (Welwyn: Evangelical Press, 1978), p. 242.

다윗은 성육신하실 메시아를 바라다보면서 여호와 하나님이 인간이 되신 예수 그리스도로부터 선물을 받으신 것으로 묘사하고 있다. 특히 시편 본문이 "반역자들로부터"라고 말한 것은 예수님이 지상에서 어떠한 삶을 살 것인지를 예언하고 있다. 예수님은 "반역자"로 취급을 받으셨다(마 27:27~31; 막 15:29~32; 눅 23:32~33, 39~41). 여호와 하나님이 인간과 함께 거할 수 있는 방법은 성육신을 통해서만 가능하다. 그런데 바울의 인용은 "그가 위로 올라가실 때에 사로잡혔던 자들을 사로잡으시고 사람들에게 선물을 주셨다"(엡 4:8, 개역개정)라고 되어있다. 바울 사도가 구약을 문자적으로 인용하지 않은 것으로 보아 자신이 처해 있는 구속 역사적인 형편에 알맞게 해석 인용한 것으로 생각된다.

바울은 성육신하셔서 인간의 몸을 입으시고 반역자로 취급을 받으신 예수님이 구속을 성취하시고 죄 문제를 해결하신 사실을 근거로 이제는 승귀하신 예수님이 선물을 주신 것으로 묘사한다. 예수님은 하나님이시다. 그럼에도 불구하고 예수님은 인간의 몸을 입으시고 하나님이 맡기신 구속을 성취하심으로 하나님께 선물을 바치신 것이다. 이제 예수님은 맡은 바 사명을 성취하시고 하나님 우편으로 승귀하셔서 교회에게 자신이 성취하신 구속을 근거로 선물을 나누어주신다. 그래서 바울 사도는 시편 68:18의 "주께서 높은 곳으로 오르시며 사로잡은 자들을 취하시고 선물들을 사람들에게서 받으시며 반역자들로부터도 받으시니"(개역개정)를 메시아에게 적용시켜 에베소서 4:8에서는 "그가 위로 올라가실 때에 사로잡혔던 자들을 사로잡으시고 사람들에게 선물을 주셨다"(개역개정)로 해석 적용한 것이다. 칼빈은 바울이 예수님의 승천에 관해 시편 68:18을 인용하여 잠시 언급한 후 예수님의 부활 후의 관점에서 예수님의 승천이 얼마나 탁월한 것인지를 설명하고 또 예수님이 승천하심으로 그의 구속 사역을 근거로 교회에 선물들을 주신다는 것을 설명하고 있다고 해석한다.[243]

시편 68:18과 에베소서 4:8의 가장 현저한 차이는, 시편의 내용이 "주께서 선물들을 인간에게서 받으셨다"로 나오는 반면 에베소서의 내용은 "그가 사람들에게 선물을 주셨다"라는 것이다. 즉 "받으셨다"를 "주셨다"로 고쳐 사용한 것이다. 이 구절의 해석에 대해 여러 가지 견해가 있다.

첫째, 받는 것과 주는 것은 같은 것이다. 하나님은 선물을 주시고 경배를 받으신다(Chrysostom).

둘째, "받는다"라는 히브리어 동사는 "가서 취해 온다" 또는 "주기 위해 취한다"의 뜻이 있다(Meyer, Alford).

셋째, 바울 사도가 그 당시 유대인 선생들의 습관에 따라 자신의 요점을 설명하기 위해 적용적으로 구약을 인용했다(Theodore).

넷째, 시편 68편은 메시아 예언 시임으로 이 시는 그리스도에게 적용되었으며 바울은 그리스도의 부활 승천 이후의 관점에서 시편을 해석 인용한 것이다.[244]

---

243 John Calvin, *The Epistles of Paul the Apostle to the Galatians, Ephesians, Philippians and Colossians*, pp.175~176.

244 Hendriksen, *Ephesians*, pp. l90~191; Wilson, *Ephesians*, pp.85~88; Salmond, *The Epistle to the Ephesians*, pp.323~325.

바울 사도의 인용은 의도적인 인용이었다. 인용된 시편 68편은 여호와께서 적의 보루를 점령하신 후 승리의 전리품을 그의 백성들에게 나누어 주기 위해 시내산 성소에 올라가는 것을 노래하고 있다(시 68:7~18 참조).

바울 사도는 이 내용을 그리스도에게 적용한다. 그리스도께서 승천하신 것은 단순한 승천이 아니요 중보의 사역을 완성하시고 승천하신 승리의 승천이었다. 그리스도는 그의 구속 사역을 통해 그의 백성들에게 나누어 줄 구원을 받으셨다. 그리고 승천하셔서 그에게 속한 자들에게 그의 은혜의 선물들을 나누어주시는 것이다.[245] 바울 사도는 이와 같이 시편 68:18의 "받으셨다"를 그리스도가 이루신 구속 사역에 비추어 에베소서 4:8에서 "주셨다"로 해석 인용하고 있는 것이다.

에베소서 4:9~10의 해석에 여러 가지 견해가 있다. 특히 그리스도가 땅 아래 곳으로 내려가셨다는 의미에 대해 해석상의 차이가 있다. 어떤 이는 본 구절을 근거로 예수님께서 죽으셨을 때 지옥을 방문한 것으로 해석한다(Tertullian, Irenaeus, Pelagius, Bengel). 베드로전서 3:19~20과 4:6의 내용이 이렇게 해석하는데 영향을 준다. 이렇게 해석하는 사람들은 예수님이 죽음과 부활 사이에 지옥을 방문하여 연옥에 있는 구약의 성도들을 풀어 주고 잃은 자들에게 은혜를 선포하고 사탄에게 그리스도의 승리를 알렸다고 생각한다. 하지

---

245 시 68:18에 사용된 "받으셨다"(lāguah)라는 용어가 구약의 여러 곳에서 주기 위해 가져온다는 의미로 사용된 점은 본 구절을 메시아 중심적으로 해석하는 것과 잘 일치를 이룬다. 메시아는 구원을 주시기 위해 자신이 구원을 이루신 것이다.

만 시편 68:18이나 에베소서의 내용 가운데 그리스도가 지옥을 방문했다는 내용은 전혀 찾아볼 수 없다.[246]

또 어떤 이는 "땅 아래 곳"을 그리스도의 무덤을 가리키는 것으로 해석한다. 그리스도가 요셉의 무덤에 들어가신 것을 가리켜 "땅 아래 낮은 곳으로 내리셨던"이란 표현으로 설명했다는 것이다.[247] 하지만 예수님의 비하는 무덤에 묻힌 것까지 포함되기 때문에 이 해석은 큰 의미를 부여하지 못한다.

대부분의 개혁주의 학자들은 헬라어 본문의 "땅의 아래 곳"(τὰ κατώτερα [μέρη] τῆς γῆς)이란 표현에서 "땅의"(τῆς γῆς)를 동격적 소유격으로 생각하여 아래 곳이 바로 땅을 가리키는 것으로 해석한다(C. Hodge, J. Calvin). 이 해석은 예수님이 하늘 보좌에서 성육신하심으로 땅으로 내려오셨음을 가리킨다고 생각하는 것이다. 헨드릭센은 이 의견에 동의를 하면서 본 구절은 그리스도의 승귀가 그의 비하의 결과로 발생했고, 그의 비하는 너무도 깊고 말로 표현할 수 없을 정도이기 때문에 바울 사도가 그리스도의 낮아지신 상태를 "땅 아래 곳"으로 내려가신 것으로 표현했다고 보충 설명한다(롬 10:7 참조).[248] 쩌윅(Zerwick)도 "그리스도가 땅 아래 곳으로 내려가신 것으로 언급된 에베소서 4:9의 의미는 그리스도가 세상 밑, 즉 지구의 낮은 부분으로 내려가셨다는 뜻이 아니요, 그리스도가 세상 자체, 즉

246 참조, 박형용, 『말씀산책』 (수원: 합신대학원출판부, 2018), pp. 675-676.

247 Summers, *Ephesians*, p.83.

248 Hendriksen, *Ephesians*, p.192.

하늘과 비교하여 낮은 부분으로 오셨다는 뜻이다."[249]라고 "아래 곳"과 "땅"을 동격적으로 해석한다.

본 구절이 강조하고 있는 것은 하늘로 승천하신 바로 그 주님이 이 땅 위에 오셔서 인간들과 함께 사셨던 분이요 또 바로 그분이 하늘과 땅의 권세를 가지시고 사람들에게 선물을 주신다는 점이다.

이렇게 볼 때 에베소서 4:7~12의 말씀은 예수님이 구속 역사의 성취를 통해 선물들(은사)을 주실 수 있는 분이 되셨음을 밝히고(엡 4:8~10) 또 그가 교회를 위해 어떤 선물들을 나누어 주셨으며(엡 4:11), 그리고 교회에 선물들을 주신 목적이 무엇인지를 설명하고 있다(엡 4:12). 본문에서 "그가 위로 올라가실 때에 사로잡혔던 자들을 사로잡으시고"(엡 4:8)는 예수님께서 십자가상에서 죽으시고 부활 승천하심으로 인류의 대적인 죄와 죽음에 치명적인 상처를 입히시고 승리자로서 승천하신 것을 뜻한다. 마치 군왕이 대적을 물리치고 당당하게 승리의 입성을 하는 것처럼 예수님도 십자가에서 사탄의 머리를 깨시고(참조, 창 3:15) 당당하게 승리의 입성을 하신 것이다. 그리고 군왕들이 승리 축제를 한 후 새로 만든 은전이나 금전을 신하들과 구경꾼들에게 나누어주듯이 예수님께서 "사로잡혔던 자들을 사로잡으시고 사람들에게 선물을 주신 것이다"(엡 4:8). 바울은 에베소서 4:9~10에서 예수님의 구속 사역을 좀 더 구체적으로

249 Maximilian Zerwick, *Biblical Greek* (Roma: Editrice Pontificio Istituto Biblico, 1963), p.17(§45): "Where Christ is said to have descended εἰς τὰ κατώτερα μέρη τῆς γῆς Eph. 4, 9, the sense seems to be not of a descent into the underworld, the lower parts of the earth, but of His coming into the world itself, called τὰ κατώτερα μέρη with respect to heaven."

설명한 후 에베소서 4:11에서 바로 예수님의 승리 후에 성도들에게 나누어주실 선물들을 언급하고 에베소서 4:12에서 교회에 선물들을 주신 목적이 무엇인지를 설명하고 있다.[250]

그리스도께서 그의 죽음과 부활을 통해 성취하신 구속 사역은 그의 교회의 전파를 통해 세상 끝까지 적용된다. 이 일을 위해 그리스도께서 교회에게 여러 가지 은사를 주셨다. 바울 사도는 그리스도께서 사도, 선지자, 복음 전하는 자, 목사와 교사를 교회를 위해 선물로 주셨다고 말한다(엡 4:11). 교회가 복음의 사역자들을 가진 것은 하나님의 은혜의 선물이다.

① **사도들** — 에베소서 2:20에 사용된 것처럼 사도들은 여기서도 가장 고상한 의미로 사용되었다. 사도의 자격은 예수님의 공생애 기간 동안 예수님과 함께 다녔던 사람으로 예수님의 부활을 증거할 수 있는 사람이어야 한다(행 1:21~22). 이처럼 사도들은 교회의 기초를 이루는 구속 사건을 목격한 특별한 존재들이다. 사도직은 반복될 수 없는 단회적인 특성을 가지고 있다. 그래서 사도는 그리스도 교회 내에서 다른 직책이나 다른 은사와는 구별된 특별한 위치를 차지한다.[251] 빈센트는 "사도의 특별한 특징들은 그리스도로부터 직접 위임받았고 부활의 증거자이며 특별한 영감을 받았고 절대적

250 Norman F. Douty, *Union with Christ* (Swengel, PA.: Reiner Publications, 1973), pp.118~119.

251 바울은 고전 12:28에서 "하나님이 교회 중에 몇을 세우셨으니 첫째는 사도요 둘째는 선지자요 셋째는 교사요 ..."라고 사도의 특별한 위치를 인정하고 있다.

인 권위를 가졌고 이적을 행할 수 있고 말씀을 선포하고 교회를 세우는데 있어서 무제한적인 위임을 받은 것이다."[252]라고 말했다.

② **선지자들** — 구약의 선지자들을 가리키지 않고 신약시대의 선지자들을 가리킨다(엡 2:20; 3:5). 아가보나 빌립의 네 딸(행 21:8~10) 그리고 안디옥 교회의 유다와 실라(행 15:32)는 초대교회의 유명한 선지자였다. 특히 아가보(Agabus)는 사건을 미리 예언하는 은사를 가지고 있었다. "선지자들은 교회에 성령의 강권하심을 따라 하나님의 말씀을 선포하는 사람들이다. 그들은 하나님의 구속 계획을 밝힐 뿐만 아니라, 그리스도 안에서 성취된 하나님의 사역의 의미를 목회적, 교훈적 의미에서 천명하고 명심하게 한다."[253] 또한 선지자들은 하나님의 비밀에 대한 통찰력을 가지고(고전 13:2 참조) 하나님의 구속 사역의 의미와 그 진행을 설명한다(엡 3:5). 선지자들은 교사들처럼 가르쳤으나 영적 진리의 계시가 그들에게 주어져 하나님의 뜻을 미리 알고 미래의 사건을 예언하기도 했다. 그러나 그들의 주요 기능은 교화시키는 데 있었다.

③ **복음 전하는 자** — 복음 전하는 자라는 명사형(εὐαγγελιστής)은 신약 세 곳(행 21:8; 엡 4:11; 딤후 4:5)에서만 사용된다. 사도행전의 경우는 빌립을 가리켜 "전도자"라고 명칭을 붙였고, 에베소서의 경

---

252 M. R. Vincent, *Word Studies in the New Testament*, p.389.

253 H. Ridderbos, *Paul: An Outline of His Theology* (Grand Rapids: Eerdmans, 1975), p.451.

우는 교회 내의 다른 직분 가진 자들과 비교하면서 "복음 전하는 자"라는 직분 가진 자를 설명하며, 그리고 디모데후서의 경우는 바울이 디모데에게 "전도인"의 일을 하라고 권면할 때 사용되었다. "복음 전하는 자"라는 단어가 신약 성경에 자주 사용되지 않았기 때문에 그 내용을 정확하게 분석하기는 쉽지 않다. 하지만 분명한 것은 그들이 이곳 저곳 다니면서 복음을 전파했다는 사실이다(행 8:4~8, 12, 35, 40). 그리고 바울은 사도로 불렸지만 디모데는 "복음 전하는 자"(전도인)로 불렸고 바울이 디모데에게 "전도자의 일을 하라"라고 권면한 사실로 보아 복음 전하는 자는 사도와는 구별되지만(엡 4:11 참조) 사도가 행한 복음을 선포하는 일을 했음에 틀림없다. 초대교회 당시 "복음 전하는 자"의 숫자는 신약성경에 그 용어가 세 번밖에 사용되지 않았기 때문에 별로 많지 않으리라는 상상보다는 더 많았을 것임에 틀림없다(고후 8:18; 빌 4:3; 골 1:7; 4:12 참조).[254]

④ **목사와 교사** — 목사와 교사는 사도들이나 선지자들이나 복음 전하는 자와는 다른 직책이다. 그들은 여러 곳을 순회하지 않고 일정한 장소에서 교회를 보살피는 사람들이다. 그리고 여기 목사와 교사는 다른 직책을 가리키지 않고 두 기능을 가진 같은 사람을 가리킨다. 칼빈은 목사와 교사가 서로 다른 두 직책을 가리킨다고 해석하면서 교사는 설교는 잘 하지 못할지라도 성경을 해석하여 건전한 교리를 유지하고 전수하는 역할을 감당하는 사람을 가리키고,

254 Gerhard Friedrich, "εὐαγγελιστής," *Theological Dictionary of the New Testament*, Vol. II (Grand Rapids: Eerdmans. 1971), p.737.

목사는 어떤 그룹의 양떼를 책임 맡아 양육하고 인도하는 역할을 하는 사람을 가리킨다고 해석한다.[255] 그러나 본문의 구조로 볼 때 사도, 선지자, 복음 전하는 자 앞에는 각 각 정관사를 붙였으나 목사와 교사는 한 묶음으로 하나의 정관사만 붙였다. 여기서 바울은 목사와 교사를 한 사람의 직책으로 설명하고 있다. 헨드릭센(Hendriksen), 심슨(Simpson), 하지(Hodge)는 목사와 교사를 한 그룹으로 해석한다.[256] 목사는 감독의 기능을 강조한 것이요 교사는 가르치고 인도하는 기능을 강조한 것이다. 가르칠 수 없는 사람은 목사로서 적합하지 않고, 가르치는 사람은 또한 목회적 경험이 필요한 것이다.

여기서 은사에 대해 한 가지 분명히 할 필요가 있다. 구원하시는 은사는 모든 성도들에게 동일하게 적용되나 봉사하는 은사는 각 성도마다 그리스도의 선물의 분량대로 나누어주신다. 그리고 어느 성도이건 한 가지 이상의 봉사적 은사를 받았다. 다양한 은사는 교회의 통일성을 저해하는 것이 아니요 오히려 풍요하게 하는 것이다. 왜냐하면 그리스도께서 여러 가지 은사를 주신 것은 "성도를 온전

---

255 John Calvin, *The Epistles of Paul the Apostle to the Galatians, Ephesians, Philippians and Colossians*, p.179: "Teaching is the duty of all pastors; but there is a particular gift of interpreting Scripture, so that sound doctrine may be kept and a man may be a doctor who is not fitted to preach. Pastors, to my mind, are those to whom is committed the charge of a particular flock."

256 W. Hendriksen, *Ephesians* (*NTC*), p.197; E. K. Simpson and F. F. Bruce, *Commentary on the Epistles to the Ephesians and Colossians* (1970), pp.95~96; Charles Hodge, *A Commentary on the Epistle to the Ephesians* (New York: Robert Carter, 1856), p.226: "There is no evidence in Scripture that there was a set of men authorized to teach but not authorized to exhort. The thing is well nigh impossible."

하게 하여 봉사의 일을 하게하며 그리스도의 몸을 세우기"(엡 4:12, 개역개정) 위해서 이기 때문이다. 바울은 여기서 "세운다"(οἰκοδομήν)를 사용하여 그리스도의 몸 즉 교회를 하나의 건물의 개념으로 설명한다. 하나님이 어떤 사람에게 은사를 주신 것은 개인의 유익을 위해서가 아니요 교회를 세우기 위함이다.

(5) 교회의 통일성의 목표(엡 4:13~16)

교회가 추구해야 할 목표는 그리스도를 알고 의지하고 자라는데 있어서 그리스도의 장성한 분량에 이르도록 노력하는 것이다(엡 4:13). 비록 그 목표의 달성은 영화의 상태에 가서야 이루어지지만 성도들은 계속해서 그리스도의 장성한 분량을 이루도록 노력해야 한다. 그래서 바울은 "우리가 다 하나님의 아들을 믿는 것과 아는 일에 하나가 되어 온전한 사람을 이루어 그리스도의 장성한 분량이 충만한 데까지 이르리니"(엡 4:13, 개역개정)라고 했으며 "범사에 그에게까지 자랄지라"(엡 4:15)라고 그리스도의 분량까지 자라야 함을 강조하고 있다. 바울은 교회가 추구해야 할 목표를 설정한다. 바울이 본 절(엡 4:13) 서두에 "까지 이르리니"(μέχρι καταντήσωμεν)[257]를 사용한 것은

257 καταντάω는 신약에서 13회 사용되는데 사도행전에서 9회 바울 서신에서 4회 사용된다. 사도행전의 경우 선교여행에서 실제적으로 어느 지점에 도착한 것을 묘사하기 위해 사용되었다(행 16:1; 18:19, 24; 20:15; 21:7; 25:13; 27:12; 28:13). 행 26:7에서만 하나님의 약속을 얻기를 소망한다는 의미로 상징적으로 사용되었다. 바울 서신에서는 고전 10:11; 14:36; 빌 3:11 그리고 엡 4:13에서 사용되었다. cf. W. Mundle, "καταντάω," *NIDNTT*, Vol. I, p.324.

목표에 다다르고자 하는 강한 의지를 보여주고 있다. "이르리니"는 실제로 목표한 지점에 도착한 것을 함축하고 있다. 그리고 바울은 교회의 목표를 세 가지로 묘사한다. 첫째, 교회는 믿음의 통일성을 추구해야 한다. 믿음은 예수 그리스도만을 믿는 한 믿음이다(행 4:12; 엡 4:5). 둘째, 교회는 하나님의 아들을 아는 일에 하나가 되어야 한다. 바울은 여기서 믿음의 본질을 설명하기 원한다. "왜냐하면 믿음은 하나님의 아들만을 바라보아야 하고, 하나님의 아들만을 의지해야 하며, 하나님의 아들 안에서만 휴식하고 그리고 끝을 내야 하기 때문이다."[258] 셋째, 교회는 온전한 사람 즉 그리스도의 장성한 분량의 충만을 이루도록 추구해야 한다. 모든 성도가 그리스도의 장성한 분량의 충만을 이루면 교회의 통일성은 자연히 성취된다.

중요한 것은 바울 사도가 완전한 몸을 어떻게 이룰 수 있는지를 보여주고 있는 점이다. 몸은 머리와 지체로 구성되어 있다. 여기서 머리는 그리스도 자신이기 때문에 완전하지만 지체인 성도들은 완전하지 못하다.[259] 여기서 우리는 교회의 구성원 각자가 충만하게 성장하지 않으면 단체로서의 교회가 충만하게 성장할 수 없음을 알 수 있다. 우리의 몸의 지체가 완전하지 못할 때 전체 몸이 완전할 수 없는 것처럼 교회의 구성원이 충만한 성장을 하지 못하면 교회 전체가 충만한 데까지 이를 수 없다.

---

258 Calvin, *The Epistles of Paul the Apostle to the Galatians, Ephesians, Philippians and Colossians*, p.182: "For to Him alone faith ought to look, on Him depend, in Him to rest and terminate."

259 D. M. Lloyd-Jones, *Christian Unity: An Exposition of Ephesians* 4:1 to 16 (Carlisle: The Banner of Truth Trust, 1980), p.211.

바울 사도는 기독교인이 궁극적으로 성장해야 할 목표를 설정한 다음(엡 4:13), 이제 그 목적을 성취할 방법론을 소극적인 면과(엡 4:14) 적극적인 면으로(엡 4:15, 16) 설명한다. 소극적으로 바울은 성도들이 진리에서부터 쉽게 떨어져 나가는 어린아이가 되어서는 안 된다고 권면한다. "사람의 속임수"는 그럴 듯하게 보이지만 거짓에 지나지 않으며 "간사한 유혹"은 속이는 자의 교활함을 나타내 보이는 것이다(엡 6:11). 적극적으로 바울은 "사랑 안에서 참된 것"(엡 4:15)을 행하라고 권면한다. 사랑과 진리는 떼려야 뗄 수 없는 관계이다. 사랑 없는 진리는 설득력이 없고 진리 없는 사랑은 원리 없는 감상이 된다. 이처럼 사랑과 진리는 교회가 그리스도의 장성한 분량에 이르는 데 반드시 필요한 요소인 것이다.

지금까지 바울 사도는 교회의 통일성을 생각하는 가운데 교회의 통일성은 획일적인 통일성이 아니요 유기적인 통일성임을 명백히 한다. 그리스도는 교회에 다양한 은사를 주셨지만 그 다양한 은사는 교회를 하나로 세우고 튼튼하게 하는 데 필수적인 은사들이므로 사실상 교회의 통일성을 더 풍요하게 하는 역할을 한다.

그러므로 교회의 통일성은 정적인 통일성이 아니요 역동적인 통일성이며 그리스도의 장성한 분량에까지 다다르기 위해 적극적으로 노력해야 하는 통일성이다. 그리고 개인 성도의 연약함은 전체 교회의 연약함과 직결되어 있다. 우리는 전체 교회를 이루는 한 구성원으로 전체 교회의 통일성을 위해 사랑과 진리 안에서 끊임없이 성장해야 함을 알아야 한다.

2. 옛사람과 새 사람(엡 4:17–32)

"그러므로 내가 이것을 말하며 주 안에서 증언하노니 이제부터 너희는 이방인이 그 마음의 허망한 것으로 행함 같이 행하지 말라 그들의 총명이 어두워지고 그들 가운데 있는 무지함과 그들의 마음이 굳어짐으로 말미암아 하나님의 생명에서 떠나 있도다 그들이 감각 없는 자가 되어 자신을 방탕에 방임하여 모든 더러운 것을 욕심으로 행하되 오직 너희는 그리스도를 그같이 배우지 아니하였느니라 진리가 예수 안에 있는 것 같이 너희가 참으로 그에게서 듣고 또한 그 안에서 가르침을 받았을진대 너희는 유혹의 욕심을 따라 썩어져 가는 구습을 따르는 옛 사람을 벗어 버리고 오직 너희의 심령이 새롭게 되어 하나님을 따라 의와 진리의 거룩함으로 지으심을 받은 새 사람을 입으라 그런즉 거짓을 버리고 각각 그 이웃과 더불어 참된 것을 말하라 이는 우리가 서로 지체가 됨이라 분을 내어도 죄를 짓지 말며 해가 지도록 분을 품지 말고 마귀에게 틈을 주지 말라 도둑질하는 자는 다시 도둑질하지 말고 돌이켜 가난한 자에게 구제할 수 있도록 자기 손으로 수고하여 선한 일을 하라 무릇 더러운 말은 너희 입 밖에도 내지 말고 오직 덕을 세우는 데 소용되는 대로 선한 말을 하여 듣는 자들에게 은혜를 끼치게 하라 하나님의 성령을 근심하게 하지 말라 그 안에서 너희가 구원의 날까지 인치심을 받았느니라 너희는 모든 악독과 노함과 분냄과 떠드는 것과 비방하는 것을 모든 악의와 함께 버리고 서로 친절하게 하며 불쌍히 여기며 서로 용서하기를 하나님이 그리스도 안에서 너희를 용서하심과 같이 하라" (엡 4:17~32, 개역개정).

바울 사도는 에베소서 4:1~16에서 새로 이룩된 믿음의 공동체인 교회의 통일성에 대해서 설명하고, 본 구절에서는 새로운 공동체가 실천해야 할 새로운 생활 표준을 제시한다. 성도들이 속해 있는 그리스도의 몸의 영광스러움을 먼저 소개한 후, 그들이 그 몸에 속해 있기 때문에 그 영광스러운 몸에 걸맞는 삶을 살아야 한다고 권면하고 있다.

교회의 통일성과 교회의 성결은 분리시킬 수 없는 요소들이다. 이 둘은 마치 동전의 양면과 같아서 어느 한 쪽도 희생시킬 수 없고 소홀히 할 수 없다. 초대교회의 모습에서도 우리는 항상 교회의 통일성과 교회의 성결이 나란히 강조되고 있음을 본다. 교회의 통일성과 성결이 병존하지 않으면 교회는 세상을 향해 그리스도의 몸된 역할을 감당할 수 없기 때문이다.

바울은 "내가 이것을 말하며 주 안에서 증언하노니"(엡 4:17)라고 말함으로 자신을 그리스도와 동일시하면서 권면한다. 마치 자신의 권면이 그리스도께서 직접 한 것처럼 권위를 가지고 말한다(롬 9:1; 고후 2:17; 살전 4:1 참조). 바울 사도가 "말하며," "증언하며," 그리고 "주 안에서"를 함께 사용하고 있는 것은 그가 권위를 가지고 말하고 있음을 증거한다. 바울은 에베소서 4:1~16까지 긍정적인 삶에 대해 권면을 하고 여기서는 이방인처럼 사는 부정적인 삶에 대해 권면을 한다. 그러므로 여기에는 "할 것"보다는 "하지 말 것"에 대한 언급이 더 많이 나온다. 그리고 바울 사도는 본 구절에서 성도가 새로운 생활 표준으로 살아야 할 교리적인 이유(엡 4:17~24)와 실제적인 적용(엡 4:25~32)을 설명하고 있다.

(1) 성도가 도덕적 삶을 살아야 할 이유(엡 4:17~21)

바울은 여기서 이방인들의 생활 모습과 성도의 생활 모습을 비교함으로 성도들이 어떠한 생활을 해야 할 것인지 설명한다. 이방인들은 마음이 굳어짐으로 무지하게 되고 따라서 그들의 총명이 어두워지고 결국에 가서는 하나님의 생명으로부터 떠나 있게 된다. 그러므로 마음의 완고함이 마음의 어두움을 낳고 마음의 어두움이 심령의 죽음을 초래하며 결국 무절제한 생을 살게 된다(엡 4:17~19). 이방인의 삶은 "거짓된 기대의 긴 연속이다. 그것은 추구하나 이루질 못하며 꽃은 피우나 열매는 맺지 못한다(참조 롬 8:20). 모든 강물이 바다로 들어가나 바다를 결코 채우지 못한다. 눈은 보는 것으로 결코 만족하지 못하며 귀는 듣는 것으로 만족하지 못한다. 부와 명예와 환락을 추구하는 이 모든 것이 단지 바람을 잡으려는 것에 지나지 않는다"(전 1:6~8, 14; 3:9).[260] 그 당시 이방인의 삶은 하나님을 거역하는 삶으로 인생의 목적을 상실한 가운데 소망 없이 방황하는 삶이었다. 이런 삶의 상태를 바울은 "그들의 마음의 허망한 것" (ματαιότητι τοῦ νοὸς αὐτῶν)이라는 말로 잘 설명하고 있다(엡 4:17). 마음이 허망한 삶은 지적인 상태만을 가리키지 않고 감정의 상태까지 포함하는 삶을 뜻하기 때문에 더 캄캄한 삶의 연속이 되는 것이다. 이런 삶이 바로 이방인의 삶으로 로마서 1:18~32에서도 같은 진리를 말하고 있다. 그러나 성도들은 이방인들의 삶처럼 살아서는 안 된다.

260 Hendriksen, *Ephesians*, p.209.

바울은 강한 대조로 그 이유를 설명한다. "이제부터 너희는"(엡 4:17, 20 참조)이란 표현은 "이방인"(엡 4:17)과 대조를 보이며 강세형으로 사용되었다. 성도들이 이방인들처럼 살아서는 안 되는 이유는 첫째, 성도들은 그리스도를 배웠고(엡 4:20) 둘째, 성도들은 그리스도에게서 들었으며(엡 4:21) 셋째, 성도들은 그리스도 안에서 가르침을 받았기 때문이다(엡 4:21). 바울은 "진리가 예수 안에 있는 것 같이"(엡 4:21)라고 말함으로 나사렛(Nazareth)에 사셨던 역사적 예수가 바로 진리시라고 증거 한다. 바울은 영광의 주님이 다름 아닌 십자가에 못 박힌 예수님이심을 주장한다(고전 2:6).[261] 성도들은 진리이신 예수 그리스도로부터 듣고, 가르침을 받았다.

첫째, 성도들이 예수 그리스도를 배웠다는 뜻은 성도들이 그리스도에 대해서나 혹은 그리스도의 교훈을 배웠다는 뜻이 아니요 그리스도가 그들의 주님이요 구세주임을 배웠다는 뜻이다. 성도들은 말씀이 육신이 되시고 수난을 당하시고 그리고 죽은 지 사흘 만에 부활하신 예수 그리스도를 배웠을 뿐만 아니라 그들의 생애에 대한 그리스도의 주권과 그리스도의 영광스런 몸에 속한 하나님 나라의 백성으로서 어떤 제자도의 삶을 살아야 할 것을 배웠다. 따라서 그리스도의 제자들은 어두움과 죽음의 길을 떠나 빛과 생명의 길을 따라야 하는 것이다.

둘째, 성도들이 그리스도에게서 들었다는 뜻은 성도들이 그리스도로부터 직접 들었다는 뜻이 아니다. 이 말씀은 성도들이 기독교

261 Jerome, Murphy-O'Connor, *Paul: A Critical Life* (Oxford, New York: Oxford University Press, 1997), p.91.

의 지도자들을 통해 그리스도의 말씀을 들을 때 그 말씀은 그리스도가 직접 하신 말씀이나 다름이 없다는 뜻이다(살전 2:13 참조). 이 말씀은 의미심장하다. 왜냐하면 기독교 지도자가 건전하고 성경적인 도덕적 교훈을 가르칠 때 이는 그리스도께서 우리에게 직접 가르치신 교훈으로 받아야 한다고 말하고 있기 때문이다. 이 말씀은 양면적인 효과를 가지고 있다. 이 말씀은 먼저 성경적인 교훈을 듣는 사람에게 그 말씀을 그리스도가 친히 가르치신 말씀으로 받아야 한다는 권면을 하고 있는 반면, 다음으로 성경 말씀을 가르치는 선생 된 사람들에게 그리스도의 교훈을 바르고 신실하게 가르쳐야 한다는 권면을 포함하고 있다.

셋째, 성도들이 그리스도 안에서 가르침을 받았다는 뜻은 성도들이 그리스도와 연합되었음으로 배운 것을 뜻한다. 성도들은 그리스도와 교제하는 가운데 그의 교훈을 배운 것이다. 성도들이 그리스도와 연합되었다는 뜻은 그리스도가 성취한 구속 사역과만 연관된 것이 아니요 예수 그리스도의 생애 전체와 연합된 것을 뜻한다. 그러므로 성도들은 그리스도의 생애를 통해 수난과 순종을 통한 승리와 영광을 배우는 것이다.

(2) 새 사람을 입으라(엡 4:22~24)

바울 사도는 성도들이 그리스도를 배우고 그에게서 듣고 그리고 그 안에서 가르침을 받았기 때문에 새 사람이 되었다고 말한다. 여기

"옛 사람을 벗어버리고" … "새 사람을 입으라"(엡 4:22~24)라고 말하는 것은 옛 사람도 되었다가 다시 새 사람도 되고 또 다시 옛 사람이 될 수 있다는 뜻이 아니요 성도들은 옛 사람을 이미 벗어버렸기 때문에 옛 사람에 속한 행위를 계속할 수 없다는 뜻이다. 새 사람은 하나님의 전능한 능력에 의해 새롭게 창조된 존재이다. 그러므로 한 번 새 사람이 되면 다시 옛 사람으로 되돌아갈 수 없다. 새 사람은 새 사람의 원리인 의와 진리의 거룩함에 따라 살아야 한다(엡 4:24).[262] 여기에 사용된 "의와 진리의 거룩함"은 단순히 인간관계 가운데서 올바른 행동을 뜻하는 의미의 단어가 아니요 그리스도와의 관계를 통해서 형성된 의를 뜻한다. 성도는 예수님을 믿음으로 예수님과 연합되어 예수님의 의를 전가 받게 된다. 본문의 의는 전가된 예수님의 의를 근거로 성도 자신이 이루어 가는 의를 강조한다.[263] 성도는 한 번 믿음으로 영원히 새 사람이 되지만 그의 생활 속에서 옛 사람의 모습을 가끔 발견하게 되는 것이다.

여기 "옛 사람"(τὸν παλαιὸν ἄνθρωπον)과 "새 사람"(τὸν καινὸν ἄνθρωπον)에 대한 해석이 두 가지 방향으로 그 강조점을 달리한다. 어떤 학자는 "옛 사람"과 "새 사람"의 구분을 개인 성도의 믿음과 회심을 통해 나타나는 변화의 경험으로 생각하지 않고, "옛 사람"과

262 Matthew Henry, *Commentary on the Whole Bible, VI: Acts to Revelation* (New York: Fleming H. Revell Co., n.d.), pp.706, 707. "By the new man is meant the new nature, the new creature, which is actuated by a new principle, even regenerating grace, enabling a man to lead a new life, that life of righteousness and holiness which Christianity requires."

263 J. A. Ziesler, *The Meaning of Righteousness in Paul: A Linguistic and Theological Enquiry* (Cambridge: Cambridge University Press, 1972), p.162.

"새 사람"의 구분이 그리스도 안에서 구속 역사적으로 발생했고 따라서 성도들은 그리스도와의 연합을 통해 그리스도 안에서 십자가에 못 박히고 장사지냄 받음으로 옛 사람을 벗은 것이요(골 2:11) 그리스도의 부활로 성취된 새 사람을 입었다고 주장한다.[264]

리델보스(Ridderbos)는 본 구절을 해석하면서 "여기서의 문제는 개인 크리스천의 삶에서 믿음이나 개심으로 오는 변화가 아니라 오히려 그리스도 안에서 한 번 발생했고 그리고 그의 백성들이 그리스도 안에서 그 발생된 사건에 연합된 의미(corporate sense)로 참여했다는 뜻이다."[265]라고 말한다. 리델보스는 계속해서 "여기 '옛 사람'과 '새 사람'의 대칭은 무엇보다 먼저 개인적, 윤리적 의미가 아니라 구속 역사적, 종말론적 의미로 생각해야 한다."라고 설명한다.

반면 개핀(Gaffin)은 본 구절의 제 일차적인 의미가 성도들의 구원 경험을 가리킨다고 생각한다. 개핀은 '옛 사람'과 '새 사람'의 구분이 구속 역사이며 종말론적인 의미를 내포하고 있지 않은 것은 아니나 본 구절의 문맥에 비추어 고찰할 때 신자 개인의 인생 여정에 영향을 끼치는 급격한 전환을 가리키는 것으로 생각해야 한다고 말한다.[266]

필자는 다음과 같은 이유로 '옛 사람'과 '새 사람'의 구분을 구속 역사적인 의미로 이해하기보다는 성도 개인의 경험의 관점에서 이해해야 한다고 생각한다.

---

264 "옛 사람"과 "새 사람"의 구분을 구원의 서정(ordo salutis)으로 생각지 않고 구속 역사(historia salutis) 개념으로 생각한 것이다.

265 H. Ridderbos, *Paul: An Outline of His Theology* (Grand Rapids: Eerdmans, 1975), p.63.

266 Gaffin, *Resurrection and Redemption*, pp.57~59.

첫째, 에베소서 4:17~24의 문맥이 성도 개인의 경험을 강조하고 있다. 바울은 성도들에게 "이제부터 너희는 이방인이 그 마음의 허망한 것으로 행함같이(περιπατεῖ) 행하지 말라(περιπατεῖν)"(엡 4:17, 개역개정)라고 권면한다. 여기 행하는 것은 성도들의 도덕적인 경험을 가리키고 있다.

바울 서신은 행함(περιπατέω)과 관련하여 삶의 두 가지 모습을 묘사한다. 삶의 한 가지 모습은 "육체의 욕심을 따라 사는" 이방인의 삶이요(엡 2:2; 롬 8:4; 고전 3:3), 삶의 다른 모습은 "성령을 따라 사는" 그리스도 안에서의 삶이다(롬 8:4; 갈 5:16; 엡 5:2, 8; 골 2:6).[267] 이 두 가지 삶의 모습은 구속 역사적인 의미를 강조하기보다는 성도들의 윤리적인 삶의 경험을 더 강조하고 있다.

둘째, 에베소서 전체의 맥락으로 볼 때 에베소서 4장부터 6장까지는 성도들의 생활과 경험을 강조하고 있다. "옛 사람을 벗어버리고 … 새 사람을 입으라"(엡 4:22, 24)라는 구절은 성도들의 도덕적 경험을 강조하는 넓은 맥락 속에서 발견된다. 문맥에 비추어 볼 때 "옛 사람"은 본질적으로 죄와 관련을 가지고 있다.[268] "유혹의 욕심을 따라 썩어져 가는 구습을 따르는"(엡 4:22) 삶이 옛 사람이 하는 일이다. 그러므로 성도들은 더 이상 이런 일을 계속해서는 안 된다.

셋째, 비록 "벗어버리고"와 "입으라"는 어휘들이 부정사(infinitive)

267 G. Ebel, "Walk, περιπατέω," *NIDNTT*, Vol. 3, p.944.

268 Robert H. Gundry, *Soma in Biblical Theology with Emphasis on Pauline Anthropology* (Cambridge. London. New York. Melbourne: Cambridge University Press, 1976), p.136. "All the appearances of the '*old* man' are hamartiological in nature, as shown by their contexts." "Moreover, the associations of the outer man are not hamartiological, but

로 표현되었지만 문맥에 비추어 볼 때 명령적인 의미가 내포되어 있다. 명령의 요소가 있다면 그리스도 안에서 성취된 구속 역사적인 의미보다는 성도 개인의 구원 경험 쪽에서 생각하는 것이 더 타당하다.

넷째, 바울이 사용한 "하나님을 따라"(κατὰ θεόν)는 "사람을 따라"(κατὰ ἄνθρωπον)와 비교되는 표현이다. "하나님을 따라"는 "의와 진리의 거룩함으로 지으심을 받은 새 사람"과 관계되어 있으며(엡 4:24; 롬 8:27; 고후 7:9~11), "사람을 따라"는 타락한 인간의 모습과 관계되어 있다(롬 3:5; 고전 3:3; 9:8; 15:32; 갈 3:15). 그러므로 본 구절의 "옛 사람"과 "새 사람"의 의미는 성도들의 구원 경험과 연관시켜 이해해야 한다.

물론 성도들은 그리스도를 믿을 때 새 사람이 되었다. 하지만 "그리스도 안에서 이미 소유한 이 객관적 성화(고전 1:30)가 성도들에게 의롭고 거룩한 삶을 살도록 엄숙한 의무를 부여하는 것이다"(벧전 1:6).[269] 옛 사람을 벗어버리고 새 사람을 입는 것은 육체의 행위들과 마음과 생활의 모든 죄를 죽이는 것을 뜻한다. 그러나 그것은 성도가 받도록 예정된 그 영광 즉 하나님의 아들의 형상과 일치하게 되기까지 계속하여 '새 사람'이 갱신됨을 뜻한다. 그러므로 옛 사람을 벗어버리는 일은 성도가 하나님의 은혜에서부터 떨어져 나간 일은 어느 것이나 그만두는 것이요(골 3:9; 롬 6:6) 새 사람을 입

have to do with physical hardships, especially those endured in the spread of the gospel."

269 Wilson, *Ephesians*, p.98.

는 것은 하나님의 은혜 때문에 되어야만 하고 또 될 수 있는 것을 행하는 것이다. 성도는 최초에 믿을 때 회심을 했지만 날마다 회심하는 경험을 가져야 한다.

이 일의 실천에 대해 로이드 존스(Lloyd-Jones)의 말이 적절하다고 생각한다. 로이드 존스는 옛 사람을 벗어버리고 새 사람을 입는 일에 대해 성도들은 기도해서는 안 된다고 말한다. 로이드 존스는 성도들이 끊임없이 기도해야 하지만 바울 사도가 여기서 강조한 것은 과격한 실천이라고 말한다. "바울 사도는 이 문제에 관해 에베소에 있는 기독교인들에게 '나는 당신들이 이것에 대해 기도하기를 원 합니다'라고 말하지 않았다. 그것과는 거리가 멀다. 그는 실제로 내가 여러분에게 준 이런 이유 때문에 '그 옛 사람을 벗어버리라'고 말한다. 나는 여러분에게 이것에 대해 기도하지 말고 그것을 실천하라고 말하고 있다. 그 실천을 시작하여 행하라."[270] 성도들은 하나님께서 의와 거룩함으로 창조해 주신 새 사람의 생활 원리에 따라 계속 살아가야 한다. 바울은 "이제는 너희가 이 모든 것을 벗어버리라 곧 분함과 노여움과 악의와 비방과 너희 입의 부끄러운 말이라 너희가 서로 거짓말을 하지 말라 옛 사람과 그 행위를 벗어버리고 새 사람을 입었으니 이는 자기를 창조하신 이의 형상을 따라 지식에까지 새롭게 하심을 입은 자니라"(골 3:8~10, 개역개정)라고 새 사람이 살아야 할 원리를 가르친다.

270 Lloyd-Jones, *Darkness and Light* (Carlisle: The Banner of Truth Trust, 1982), p.141.

(3) 새 사람이 따라야 할 구체적인 예(엡 4:25~32)

바울 사도는 성도들의 새로운 생활 표준에 대한 신학적인 설명을 한 후 일상생활에서 발견되는 구체적인 예를 들어 설명한다. 바울은 진리를 말하며(엡 4:25), 분노를 자제하고(엡 4:25~27), 선한 일을 행하며(엡 4:28), 덕을 세우는 말을 하라고(엡 4:29) 말한 다음, 성도의 생활에 전체적으로 해당되는 하나님의 성령을 근심하게 하지 말라(엡 4:30)라고 말한다. 그리고 에베소서 4:31~32은 이전에 언급한 내용을 다시 요약하고 있다.

이제 바울의 권면 가운데 나타난 공통적인 특징을 먼저 생각하고 다음으로 구체적인 예를 생각하도록 하자. 첫째, 바울의 교훈은 사람과의 관계 가운데서 발생하는 문제에 대해 말하고 있다. 사람은 진공 가운데서 선하다고 인정받을 수 없고 실제 세상의 사람들 속에서 그의 선이 증명되는 것이다. 둘째, 바울은 먼저 금지를 말하고 그 다음에 긍정적인 대안을 제시한다. 기독교의 덕목은 하지 않는 것으로 성취되지 않고 선한 일을 하는 데까지 나아가야 한다. "사람이 선을 행할 줄 알고도 행하지 아니하면 죄니라"(약 4:17, 개역개정). 셋째, 바울은 이런 도덕적 명령을 신학적 이유를 근거로 말하고 있다. 성도들은 그리스도 안에서 옛 삶과 철저한 결별을 고했기 때문에 그들의 새로운 신분에 걸맞는 삶을 살아야 한다고 권면 받고 있다.[271]

---

271 Stott, *God's New Society*, p.184.

이제 바울이 언급하고 있는 구체적인 예를 생각해 보기로 하자.

거짓을 버리고 이웃과 더불어 참된 것을 말하라(엡 4:25). 거짓을 버리고 참된 것을 말하는 것은 한 동전의 양면과 같다. 사실상 거짓을 없애기 위한 가장 좋은 방법은 진리를 말하는 것이다. 본문의 "그 이웃과 더불어 참된 것을 말하라"는 스가랴 8:16에서 인용한 것이다. 바울은 스가랴서(LXX)의 내용을 약간 변경시켜 인용한다. 스가랴서의 이웃에게(πρός)를 에베소서에서 이웃과 더불어(μετά)로 [272] 바꾸어 인용함으로 믿음의 공동체 의식을 더 부각시킨다. 이 사실은 다음에 따라 나오는 "우리가 서로 지체가 됨이라"에서 더 명백해진다. 본문의 "이웃은" 일차적으로 예수를 믿는 성도들을 가리킨다. 왜냐하면 "우리가 서로 지체가 됨이라"는 구절이 이를 증거하고 있기 때문이다. 이상근은 "새 사람은 그 성격상 진실되기 때문에, 또한 그가 교회의 한 지체이기 때문에 진실을 말하여야 한다. 교회란 진실한 자 (아멘, 계 3:14)를 머리로 한 진실자의 결합인 것이다. 교회가 그 진실성을 잃어버릴 때 그 단결은 깨어지고 마는 법이다."[273]라고 설명한다. 교회는 진실한 자이신 예수님을 중심으로 모인 공동체이기 때문에 교회에서 진실성이 결여되면 세상과 다를 바 없는 단체가 되는 것이다. 크리소스톰(Chrysostom)은 "눈이 발에 대해 거짓말하지 못하게 하고 또한 발이 눈에 대해서도 거짓말하지

---

272 슥 8:16은 πρὸς τὸν πλησίον αὐτοῦ인 반면 엡 4:25은 μετὰ τοῦ πλησίον αὐτοῦ로 나타나 있다.

273 이상근『옥중서신』, p.111.

못하게 하라. 만약 깊은 수렁이 있고 그 입구가 갈대로 덮여 있어 눈에 보이기를 단단한 땅으로 보인다면 눈이 발을 사용해서 밑이 비어 있는지 혹은 튼튼하여 발을 디딜 수 있는지 확인하지 않겠느냐. 발이 진리 그대로를 말하지 않고 거짓말을 하겠느냐. 그리고 또 만약 눈이 뱀이나 야생 동물의 위험을 관찰하게 되었다면 눈이 발에게 거짓말을 하겠느냐."[274]라고 본문의 "이웃과 더불어 참된 것을 말하라"를 해석한다. 크리소스톰은 지체의 중요성과 함께 지체 간에 거짓이 있을 수 없음을 설명한다. 여기서 바울은 단순히 독자들이 잘 알고 있는 도덕 법칙에 호소하고 있지 않다. 바울은 오히려 성도들이 서로 속이려고 하면 그들의 사랑과 교제의 띠를 절단하게 된다고 말하는 것이다.[275] 이처럼 성도들이 서로 속이고 거짓을 말하면 도덕적 차원 이상의 영역에 영향을 미치게 된다. 하지만 성도가 불신자들에게 거짓을 말해도 좋다는 뜻은 아니다. 성도들은 신자에게나 불신자에게나 항상 참된 것만 말해야 한다.

분을 품지 말고 마귀로 틈을 타지 못하게 하라(엡 4:26~27). 바울 사도가 "분을 내어도 죄를 짓지 말며 해가 지도록 분을 품지 말고 마귀에게 틈을 주지 말라"(엡 4:26~27, 개역개정)라고 말한 내용은 해석하기가 쉽지 않다. 본문을 직역하면 "분을 내어라 그리고 죄는 짓지 말라 너희 분노위에 해가 지도록 하지 말라"라고 할 수 있다. 본

274 M. R. Vincent, *Word Studies in the New Testament*, Vol.Ⅲ (Grand Rapids: Eerdmans, 1975), p.396에서 재인용.

275 Francis Foulkes, *The Epistle of Paul to the Ephesians*, p.43.

절의 "분을 내어라," "죄를 짓지 말라," 그리고 "해가 지도록 분을 품지 말라"가 모두 명령형이다("죄를 짓지 말라"는 직설법으로도 사용된다). 본문 해석이 쉽지 않은 이유는 성경에서 분을 내도록 명령형으로 권장할 수 없다고 생각하기 때문이다. 야고보서는 "내 사랑하는 형제들아 너희가 알지니 사람마다 듣기는 속히 하고 말하기는 더디 하며 성내기도 더디 하라 사람이 성내는 것이 하나님의 의를 이루지 못함이라"(약 1:19~20)라고 말한다. 다른 성경 구절도 화를 내어서는 안 된다고 증언한다(참조, 마 5:22; 갈 5:20; 골 3:8; 딤전 2:8; 딛 1:7). 그래서 어떤 이는 "분을 내어라"라는 명령형을 조건적인 명령형으로 생각하여 "만약 너희가 분을 낸다면 죄를 짓지 말라"라는 뜻으로 해석한다.[276] 또 다른 이는 허용하는 명령형으로 생각하여 "만약 분을 낼 수밖에 없는 경우라면 분을 내어라. 그러나 죄는 짓지 말라"라는 뜻으로 해석을 한다.[277] 그러나 이런 해석들은 본문을 바로 해석했다고 볼 수 없다. 기독교적인 해석이 아니다. 성경은 분을 내어야 할 경우를 인정하고 있기 때문이다. 만약 바울이 모든 분노를 금할 생각이었다면 "분을 내지 말라"고 말했을 것이다. 그러나 본문은 "분을 내어라 그리고 죄는 짓지 말라"로 되어 있다.

분노에는 의로운 분노가 있다. 의로운 분노는 하나님에게도 적용이 되었으며(왕상 11:9; 왕하 17:18; 시 7:11; 79:5; 80:4~5; 히 12:29)

276 G. B. Winer, *A Grammar of the Idiom of the New Testament* (Philadelphia: Warren F. Draper, 1869), p. 311. "When the two Imperatives are connected by καὶ, the first contains sometimes the condition (supposition) under which the action denoted by the second will take place, or the second expresses an infallible result."

277 A. T. Lincoln, *Ephesians* (*WBC*), p. 301.

그리스도에게도 적용이 되었다(막 3:5; 요 2:15~17). 사실상 성도들은 모든 종류의 죄에 대해 의로운 분노를 내야 한다. 성도가 자기 자신의 죄에 대해 분노를 하면 할수록 더 좋은 것이다. 바울 사도는 우리의 분노가 의로운 것이든 악한 것이든 마귀는 기회를 포착하는 데 빠르기 때문에 해가 지도록 분을 품지 않음으로 마귀에게 기회를 주지 말라고 말한다. 아무리 의로운 분노라 할지라도 시간이 지연되면 죄와 섞이게 되기 때문에 "해가 지도록 분을 품지 말라"고 권하는 것이다. "해가 지도록"이라는 말은 한계를 정해주고 있으며 이는 지체 없이 해결해야 한다는 뜻이다(참조, 신 24:15). 만약 "해가 지도록"을 문자적으로 해석하면 해진 직후의 의로운 분노는 그 다음날 해질 때까지 기다려도 된다는 의미를 함축하게 된다. 의롭지 않은 분노에 대한 바울의 명령은 속히 회개하고 다시는 그런 분노를 내지 않도록 하라는 명령일 수밖에 없다. 본문에 사용된 "마귀"는 "디아볼로스"(διάβολος)로 간교하여 기회를 잘 잡아 성도들을 중상하고 모략한다.[278] 디모데전서 3:11의 "모함하지 말며," 디모데후서 3:3의 "모함하며," 그리고 디도서 2:3의 "모함하지 말며"가 모두 같은 단어 "디아볼로스"이다. 성도들은 이 간교한 마귀에게 모함할 틈을 주지 말아야 한다.

도둑질하지 말고 열심히 일해서 주는 자가 되라(엡 4:28). "도둑질하지 말라"는 모세 율법의 여덟 번째 계명이다. 바울은 이 계명의

278 διάβολος는 바울 서신 중 엡 4:27과 6:11 그리고 목회서신(딤전 3:6, 7, 11; 딤후 2:26; 3:3; 딛 2:3)에만 사용된 용어이다.

실천은 소극적인 금지로 성취되는 것이 아니요 더 나아가 열심히 일해서 자신의 생활을 할 뿐만 아니라 구제의 대상이 되는 사람들에게 주는 자가 되어야 한다고 말한다(살후 3:6~12).[279] 주는 자는 사랑을 실천하는 사람이다. 바울은 사랑의 실천에는 수고와 헌신과 희생이 따름을 알았다. 그래서 하나님은 독생자 그리스도를 주심으로 그의 사랑을 확증하셨다(롬 5:8). 예수님은 자신의 희생을 통해 성도들을 향한 사랑을 나타내셨다(빌 2:5~8). 성도들은 예수님을 본받아 "사랑의 수고"(살전 1:3)를 실천하면서 살아야 한다. 바울은 수고와 희생으로 주는 자가 될 때 도둑질할 필요가 없게 된다고 말하고 있다.

기독교의 노동 철학은 경제계에서 인정하는 사상을 초월한다. 노동은 결코 이기주의적으로 생각되어질 수 없고 개인의 유익만이 그 동기가 될 수 없다. 오히려 '주는 것'이 '버는 것'의 동기가 되어야 한다. 그러므로 성도들은 열심히 일해서 주는 자가 되어야 한다.

악한 말은 입 밖에도 내지 말고 선한 말로 은혜를 끼치라(엡 4:29). 바울은 본 절에서 "모든 더러운 말"(πᾶς λόγος σαπρός)과 "덕을 세우는데 소용 되는대로 선한 말"(εἴ τις ἀγαθὸς πρὸς οἰκοδομὴν τῆς χρείας)을 대칭시켜 후자를 강조하고 있다. 말의 순결은 깨끗한 마음의 증거이다. 기독교인의 입으로 나오는 말은 깨끗한 마음의 증

279 본문의 κοπιάτω는 피곤할 만큼 열심히 일하는 것을 의미한다. 이 용어는 딤전 4:10; 5:17에서 열심히 일하는 기독교적 봉사를 설명할 때 사용되었을 뿐만 아니라 또한 육체노동을 설명할 때도 사용되었다(고전 4:12).

거가 되는 말이어야 한다(눅 6:45). 더러운 말은 듣는 사람으로 하여금 기분을 상하게 한다. 기독교인들은 항상 덕을 세우는데 필요한 말을 함으로 듣는 자들에게 은혜가 되도록 해야 한다. 성도들의 말은 "항상 은혜 가운데서 소금으로 맛을 냄과 같이"(골 4:6, 개역개정) 해야 한다. 칼빈(Calvin)은 "듣는 자들에게 은혜를 끼치게 하라"(엡 4:29)를 해석하면서 여기서 "은혜"는 "위로, 권면 그리고 구원에 도움을 주는 모든 것."[280]을 뜻한다고 말한다. 성도들은 말에 있어서도 "내 말이 진실인가? 정도에 그치지 말고 "내 말이 듣는 사람에게 은혜를 끼치는가?" "내 말이 덕을 세우는 말인가?" 정도로 승화시켜야 한다.

하나님의 성령을 근심하게 하지 말라(엡 4:30). 지금까지 언급한 거짓말하는 것, 분을 내는 것, 도둑질하는 것, 그리고 악한 말을 하는 것은 성령을 근심하게 하는 것들이다. 반스(Barnes)는 성령을 근심하게 하는 예로 첫째, 드러난 악한 죄 둘째, 모든 종류의 분노 셋째, 음탕한 생각과 욕망 넷째, 감사하지 않는 마음 다섯째, 성령의 인도를 따르지 않고 무시하는 태도 여섯째, 성령을 저항하는 태도 등 여섯 가지를 말한다.[281] 성도들은 성령을 모시고 사는 사람들이다(롬 8:9~11; 고전 3:16; 6:19). 그리고 성령은 거룩한 영이기 때문에

280 Calvin, *The Epistles of Paul the Apostle to the Galatians, Ephesians, Philippians and Colossians*, p.194.

281 Albert Barnes, *Notes on the New Testament: Ephesians, Philippians and Colossians*, p.93.

항상 거룩하지 못한 것에 의해서 근심하게 된다. 하나님께서는 이 거룩한 영을 성도 안에 내주하게 하심으로 성도들이 자신의 것임을 인 쳐 놓으신 것이다.

본문의 "구원의 날"은 예수님의 재림의 때를 가리킨다. 성도들은 예수님의 재림 때까지 성령의 소유로 인침을 받은 것이다. 바울은 다른 곳에서 성도들이 "성령의 처음 익은 열매를" 받았지만 몸의 속량을 기다리고 있다고 진술한다(롬 8:23). 성령은 성도들이 몸의 속량 즉 부활체를 덧입는 그때까지 성도들의 신분을 보장해 주신다. 그래서 바울은 "하나님의 성령을 근심하게 하지 말라 그 안에서 너희가 구원의 날까지 인치심을 받았느니라"(엡 4:30, 개역개정)라고 선언할 수 있었다.

바울 사도는 에베소서 4:31~32에서 성도들이 버려야 할 것을 다시 한 번 열거한다. 성도들은 모든 악독, 노함, 분냄, 떠드는 것, 비방하는 것 그리고 모든 악의를 버려야 한다. 여기서 언급한 내용은 이미 이전에 언급된 것들이다. 바울은 이렇게 소극적으로 버려야 할 것을 말한 다음(엡 4:31) 적극적으로 행해야 할 것을 말한다(엡 4:32). 즉 성도들은 서로 친절하게 행동하며 불쌍히 여기며 그리고 용서하는 사람들이 되어야 한다. 바울은 용서의 기준을 높이 세웠다. 성도들은 "서로 용서하기를 하나님이 그리스도 안에서 너희를 용서하심과 같이"(엡 4:32, 개역개정) 용서해야 한다. 하나님의 용서는 최고의 희생을 통한 용서이다. 하나님은 아들의 생명과 바꾸면서 우리들의 죄를 용서하셨다. 그러므로 하나님의 용서로 죽음에서 생명으로 옮긴 성도들은 하나님의 기준으로 서로 용서해야 한다.

성도들은 거룩한 옷을 입은 새 사람들이다. 새 사람은 마땅히 새 사람답게 살아야 하지만 연약함으로 인해 항상 낙제를 하는 것이다. 그러나 성도들은 항상 성령을 의지하면서 옛 사람을 벗어버리고 새 사람을 입기 위해 계속 노력해야 한다. 옛 사람은 죄지은 아담의 질서에 따라 불의한 삶을 사는 사람이지만, 새 사람은 의인이신 예수 그리스도의 질서에 따라 의로운 삶을 사는 사람이다. 성도들은 그리스도의 공로로 이미 새 사람이 되었다. 따라서 성도들은 그리스도를 믿기 이전의 삶의 패턴을 따라 살아서는 안 된다.

에베소서 주해

제5장 주해

1. 성령 충만의 삶 (엡 5:1~21)
2. 남편과 아내의 관계 (엡 5:22~33)

제5장 주해

1. 성령 충만의 삶(엡 5:1-21)

"그러므로 사랑을 받는 자녀 같이 너희는 하나님을 본받는 자가 되고 그리스도께서 너희를 사랑하신 것 같이 너희도 사랑 가운데서 행하라 그는 우리를 위하여 자신을 버리사 향기로운 제물과 희생제물로 하나님께 드리셨느니라 음행과 온갖 더러운 것과 탐욕은 너희 중에서 그 이름조차도 부르지 말라 이는 성도에게 마땅한 바니라 누추함과 어리석은 말이나 희롱의 말이 마땅치 아니하니 오히려 감사하는 말을 하라 너희도 정녕 이것을 알거니와 음행하는 자나 더러운 자나 탐하는 자 곧 우상 숭배자는 다 그리스도와 하나님의 나라에서 기업을 얻지 못하리니 누구든지 헛된 말로 너희를 속이지 못하게 하라 이로 말미암아 하나님의 진노가 불순종의 아들들에게 임하나니 그러므로 그들과 함께 하는 자가 되지 말라 너희가 전에는 어둠이더니 이제는 주 안에서 빛이라 빛의 자녀들처럼 행하라 빛의 열매는 모든 착함과 의로움과 진실함에 있느니라 주를 기쁘시게 할 것이 무엇인가 시험하여 보라 너희는 열매 없는 어둠의 일에 참여하지 말고 도리어 책망하라 그들이 은밀히 행하는 것들은 말하기도 부끄러운 것들이라 그러나 책망을 받는 모든 것은 빛으로 말미암아 드러나나니 드러나는 것마다 빛이니라 그러므로 이르시기를 잠자는 자여 깨어서 죽은 자들 가운데서 일어나라 그리스도께서 너에게 비추이시리라 하셨느니라 그런즉 너희가 어떻게 행할지를 자세히 주의하여 지혜 없는 자 같이 하지 말고 오직 지혜 있는 자 같이 하여 세월을 아끼라 때가 악하니라 그러므로 어리석은 자가 되지 말고 오직 주의 뜻이 무엇인가 이해하라 술 취하지 말라 이는 방탕한 것이니 오직 성령으로 충만함을 받으라 시와 찬송과 신령한 노래들로 서로 화답하며 너희의 마음으로 주께 노래하며 찬송하며 범사에 우리 주 예수 그리스도의 이름으로 항상 아버지 하나님께 감사하며 그리스도를 경외함으로 피차 복종하라" (엡 5:1~21, 개역개정).

바울 사도는 에베소서 4:17~32에 이어 계속적으로 성도들의 새로운 생활 표준을 설명한다. 바울 사도가 에베소서 4:17에서 성도들의 도덕적인 경험을 가리키는 용어인 "행하다"(περιπατεῖν)를 사용하고 에베소서 5:2에서도 "행하라"(περιπατεῖτε)라는 같은 용어를 사용하고 있는 것은 성도들의 새로운 생활에 대한 바울의 사상이 계속되고 있음을 알 수 있다. 즉 바울은 전 구절에 이어 계속해서 교회의 순결에 대해 말하고 있다.

그리고 에베소서 5:1의 "그러므로"는 직접적으로 그 이전 구절과 연관되어 있다.[282] 성도가 서로 용서할 수 있기 위해서는(엡 4:32) 하나님을 본받는 자가 되어야 하며(엡 5:1), 그리스도의 자기희생적인 사랑을 본받아야 한다(엡 5:2). 바울은 하나님과 그리스도를 본으로 제시하면서 성도들이 그 본을 따라 거룩한 순결과 절제를 통해 그 당시 성행한 모든 이방인들의 악덕을 버리라고 말한다.

(1) 하나님을 본받는 자(엡 5:1~4)

성도들은 하나님을 본받아 사랑 안에서 행해야 한다. 하나님이 그리스도 안에서 우리를 용서해 주신 것처럼(엡 4:32) 우리들도 서로 용서하는 사랑을 베풀면서 살아야 한다. 마치 어린 자녀들이 부모

282 본문 엡 5:1에서 οὖν을 사용한 것은 본 구절의 권면이 이전 구절의 결과로 나타난 것임을 증거해 주며, 엡 4:32에서 명령형 γίνεσθε를 사용한 것처럼 엡 5:1에서 다시 같은 명령형 γίνεσθε를 사용하고 있는 것은 본문의 사상이 이전 구절에서 계속 이어지고 있음을 증거하고 있다.

를 본받는 것처럼 성도들은 하나님을 본받아야 한다. 바울은 성도들이 하나님의 사랑을 받은 자들이기 때문에 그것을 근거로 "하나님을 본받는 자가 되라"고 명령하고 있다. 성도들은 하나님의 가족으로 입양된 식구들이다. 그러므로 성도들은 하나님의 가족의 모습을 드러내면서 살아야 한다.

그리고 성도들이 모범을 삼아야 할 구체적인 사랑이 우리를 향하신 그리스도의 사랑이다. 우리를 향하신 그리스도의 사랑은 자기희생적인 사랑이다(엡 5:2). 그리스도는 우리의 생명을 위해 죽으셨고 우리의 평화를 위해 수난을 당하셨고 우리의 기쁨을 위해 슬픔을 당하셨다(사 53:4~6 참조). 그리스도의 사랑은 주는 사랑이었다. 그리스도는 성도들을 위해 자신의 위치, 권세, 영광을 내놓으신 것이다.

헨리 드러몬드(Drummond)는 "사랑에는 어려운 일이 있을 수 없습니다. 나는 그리스도의(십자가의) 멍에가 가벼웠으리라고 믿습니다. 그리스도의 멍에는 그의 생활 방식입니다. 나는 그 길이 다른 길보다 더 쉬운 길이었다고 믿습니다. 나는 그 길이 다른 길보다 더 행복한 길이었다고 믿습니다. 그리스도의 가르침 중 가장 명백한 교훈은 어떤 것을 갖거나 소유하는 데 행복이 있는 것이 아니요 주는 데 행복이 있다는 것입니다."[283]라고 그리스도의 진정한 사랑을 바로 설명한다.

그런데 그리스도의 사랑과 우리가 모방해야 할 사랑의 유사성은

283 Drummond,『세상에서 가장 귀한 것』, p.32.

사랑 그 자체에 있지 그리스도의 사랑이 나타난 행위에 있지 않다. 그리스도는 우리를 대신해서 죽으셨지만 우리는 그리스도를 대신해서 죽을 수 없기 때문이다.[284] 여기서 우리는 그리스도의 우리를 향한 사랑과 우리들의 그리스도에 대한 사랑의 차이점을 볼 수 있다. 성도들의 사랑이 아무리 순수하고 심오할지라도 우리를 향한 그리스도의 사랑과는 비교할 수가 없다. 성도들의 사랑이 아무리 희생적이고 순결한 것일지라도 성도들은 그리스도를 대신해서 십자가를 질 수 없다. 십자가의 고뇌와 고통은 아무도 함께 나눌 수 없다. 그 길은 예수 그리스도만이 감당해야 할 고독한 길이었다.

그리스도의 사랑에는 자원함이 있다. 즉 그리스도는 즐거운 마음으로 그의 수난과 죽음을 당하신 것이다. 그러므로 그리스도의 희생은 하나님께 향기로운 제물이 된다. 그래서 바울은 "그는 우리를 위하여 자신을 버리사 향기로운 제물과 희생 제물로 하나님께 드리셨느니라"(엡 5:2, 개역개정)라고 말한 것이다.

여기 사용된 두 용어, 제물(προσφορά)과 희생제물(θυσία)은 시편 40:6 (LXX 39:6)에서 함께 사용된 용어요 히브리서 10:5에서 함께 인용된 것이다.[285] 히브리서에서는 구약의 말씀이 그리스도를 통해서 성취된 것으로 설명한다. 히브리서 10:5에서 "하나님이 제사와 예물을 원하지 아니하시고 오직 나를 위하여 한 몸을 예비하셨도다"를 언급하고 히브리서 10:10에서 "이 뜻을 따라 예수 그리스도

284 Lenski, *Ephesians*, p.592.

285 개역성경은 엡 4:2에서 προσφορά를 제물로 θυσία를 생축으로 번역했으나 시 40:6과 히 10:5은 같은 단어를 각각 제사와 예물로 번역했다.

의 몸을 단번에 드리심으로 말미암아 우리가 거룩함을 얻었노라"(개역개정)라고 말씀한 것은 완전한 하나님의 뜻이 오직 그리스도를 통해서만 성취될 수 있음을 증언한다(시 40:7~8 참조). 구약은 하나님께 드리는 제사를 때때로 "향기로운 냄새"로 표현한다(창 8:21; 출 29:18, 25, 41; 레 1:9, 13, 17). 바울은 그리스도의 희생적인 십자가의 죽음이 하나님께 향기로운 제물과 희생제물이라고 말한다(엡 5:2). 십자가가 우리의 눈에는 엄청난 공포의 장면이지만 이 사건은 측량할 수 없는 사랑으로 행해졌고 하나님이 받으시기에 합당한 향기로 하늘을 가득 채운 것이다.[286]

바울이 이 두 용어를 그리스도의 죽음과 연관시켜 사용하면서 성도들에게 "그리스도께서 너희를 사랑하신 것같이 너희도 사랑 가운데서 행하라"(엡 5:2)라고 말씀하신 것은 두 가지의 기능이 있음을 가리켜 준다. 첫째는 예수님의 십자가상의 죽음이 단번에 드려진 구속 사건으로 반복되거나 모방될 수 없는 사건이라는 점이요, 둘째는 성도들이 하나님을 위해 또 동료들을 위해 자신을 희생적으로 바치는 삶을 살아야 함을 가르치는 점이다.[287] 바울은 여기서 예수님의 십자가의 죽음이 하나님께 향기로운 제사가 된 것처럼, 성도들의 희생적인 삶도 하나님께 향기로 나타난다고 말하는 것이다. 그래서 바울은 다른 곳에서 "너희 몸을 하나님이 기뻐하시는 거룩한 산 제물로 드리라 이는 너희가 드릴 영적 예배니라"(롬 12:1, 개역

---

286 F.B. Meyer, *Ephesians: A Devotional Commentary* (1953 reprint), p.48.

287 C. Brown, "Sacrifice," *NIDNTT*, Vol. 3, p.432.

개정)라고 말한 것이다. "거룩한 산 제물"은 제물이 죽어 있는 상태가 아니요 오히려 제물이 활동하는 가운데 우리 생애 전체를 하나님께 헌신하고 동료를 위해 봉사하는 것을 뜻한다. 이런 의미에서 바울은 하나님께 대한 자신의 직분을 "하나님 앞에서 그리스도의 향기(고후 2:14~16)를 전하는 자"로 묘사했고 빌립보 성도들이 감옥 중에 있는 그에게 보낸 선물을 "향기로운 제물이요 하나님을 기쁘시게 한 것이라"(빌 4:18)라고 표현한 것이다.

바울은 에베소서 5:3~4에서 하나님을 본받고 그리스도의 희생적인 사랑을 본받는 성도들이 그들의 생활 속에서 제거해야 할 요소들을 열거한다. 음행과 온갖 더러운 것, 그리고 탐욕은 이름조차도 부르지 않는 것이 성도가 해야 할 마땅한 본분이라고 말한다(엡 5:3). 예수님께서 "입에서 나오는 것들은 마음에서 나오나니 이것이야말로 사람을 더럽게 하느니라"(마 15:18, 개역개정)라고 말씀하신 것처럼 입에서 나오는 것은 마음의 생각을 드러낸 것이다. 바울이 "음행과 온갖 더러운 것과 탐욕은 너희 중에서 그 이름조차도 부르지 말라"(엡 5:3, 개역개정)라고 권면 하는 것은 성도들이 그런 것들에 관해 입으로 언급해서도 안 되지만 생각도 해서는 안 된다는 뜻이다. 바울은 이미 "무릇 더러운 말은 너희 입 밖에도 내지 말고 오직 덕을 세우는 데 소용되는 대로 선한 말을 하여 듣는 자들에게 은혜를 끼치게 하라"(엡 4:29)라고 권면한 바 있다. 본문의 음행은 일반적으로 불법적인 성행위를 가리킨다(마 5:32; 15:19; 요 8:41; 살전 4:3 참조). 더러운 것은 행위나 말, 생각, 마음의 소원 등 모든 부분에서 깨끗하지 못한 것을 가리킨다. 그리고 탐욕은 자기만을 아는 이기적인 마음을 뜻한다. 그런데 본문에서는 탐욕이 음행과 더러운 것과 함께 사용되었기 때문에 탐욕 역시 성적인 문제와 연관된 이기심을 가리키는 것으로 생각된다. 본문에서의 탐욕은 성적인 문제에 대해 다른 사람을 희생시키면서 자신의 성적 욕망만 채우는 잘못된 것을 뜻 한다(살전 4:6 참조).

또한 본문(엡 5:4)의 "누추함"(αἰσχρότης)은 하나님의 면전에서 하나님의 거룩한 법을 지켜야 할 성도로서 부끄럽게 생각해야 할 생각이나 소원이나 행위와 관련된 것을 가리킨다. "누추함"은 음란한 말이나 음담패설을 뜻한다. "어리석은 말"(μωρολογία)은 술 취한 사람의 입에서 나올 수 있는 그런 종류의 말을 가리킨다. 그리고 "희롱의 말"(εὐτραπελία)은 해석하기가 어려운 용어이다. 원래의 뜻은 영리한, 다재다능 혹은 만능이라는 뜻으로 나쁜 의미를 갖지 않았었지만 본문의 문맥으로 볼 때 천박한 농담을 가리킴으로 부도덕한 뜻으로 쓰였다.[288] "누추함"이나 "어리석은 말"이나 "희롱의 말"은 그리스도의 교회에서 그 의미들을 논의하면 그것들이 함축하고 있는 좋지 않은 의미가 진지하게 드러난다(엡 5:4). 바울 사도는 성도들의 입에서 감사의 말이 나와야지 이런 경박한 말이 나올 수 없다고 말한다. 바울은 부정적인 삶의 태도를 고칠 수 있는 길은 긍정적인 삶의 태도를 가질 때 가능함을 알고 있었다. 성도들이 경박한 말을 피할 수 있는 길은 감사의 말을 자주 하는 것이다. 그 이유는 경박한 말과 감사의 말은 같은 자리에 있을 수 없기 때문이다.

---

288 S. Pedersen, "εὐτραπελία," *Exegetical Dictionary of the New Testament*, Vol. 2 (Grand Rapids: Eerdmans, 1991), p. 86.

(2) 하나님의 심판의 확실성(엡 5:5~7)

바울 사도는 에베소서 5:3에서 성도가 "음행에 관한 말," "더러운 말," "탐욕에 관한 말"을 해서는 안 된다고 강력하게 경고하고, 이제 에베소서 5:5에서는 "음행하는 자," "더러운 자," "탐하는 자"는 우상숭배자라고 경고한다. 바울 사도는 성도들이 부도덕한 말이나 행위를 멀리해야 하는 이유를 계속해서 설명한다. 바울은 부도덕과 구원이 정반대이기 때문에 구원받은 성도들은 감사의 말을 해야 한다고 말한다.[289] 바울은 이런 부도덕한 행위나 말을 하는 사람은 그리스도와 하나님의 나라에서 기업을 얻을 수 없다고 못 박는다(엡 5:5).

바울이 본문에서 왜 "탐하는 자"를 "우상숭배자"로 규정지었는가? 칼빈(Calvin)은 이 문제에 대해 우선 "모든 탐하는 자는 하나님을 부인하고 하나님의 자리에 부(물질)를 둔다. 그것이 바로 그들의 저주받을 탐심의 맹목적인 광기인 것이다."[290]라고 말한 후 욕심이 널리 번진 병으로 많은 사람의 마음을 감염시키고 있으나 병으로 취급받고 있지 않기 때문에 우리들의 마음으로부터 잘못된 생각을 떼어 내기 위해 날카롭게 공격하고 있다고 해석한다.[291] 예수님의 말씀처럼 사람은 하나님과 재물을 동시에 섬길 수 없기 때문에(마 6:24) 재물을 탐하는 자를 가리켜 우상 숭배자라고 말할 수 있다.

여기서 우리의 관심을 끄는 것은 바울 사도가 "그리스도의 나라

---

289 Hendriksen, *Ephesians*, p.229.

290 Calvin, *Ephesians*, p.198

291 Calvin, *Ephesians*, p.198.

와 하나님의 나라”(ἐν τῇ βασιλείᾳ τοῦ Χριστοῦ καὶ θεοῦ)를 동일시한 것이다(엡 5:5). 그 이유는 하나님께서 왕국을 그리스도로부터 다시 돌려받으실 때까지(고전 15:24) 그리스도에게 왕국을 주셔서 성도들이 그리스도 안에서만 왕국에 속할 수 있고 왕국을 얻을 수 있기 때문이다. 하나님 없는 그리스도의 나라가 있을 수 없고 그리스도 없는 하나님의 나라가 존재할 수 없다. 그래서 바울은 그리스도의 나라와 하나님의 나라를 동일시 할 수 있었다. 그런데 하나님의 나라는 의로운 왕국으로 불의가 설 자리가 없다. 바울은 다른 곳에서 “하나님의 나라는 먹는 것과 마시는 것이 아니요 오직 성령 안에 있는 의와 평강과 희락이라”(롬 14:17)고 했으며 “혈과 육은 하나님 나라를 이어 받을 수 없고 또한 썩는 것은 썩지 아니하는 것을 유업으로 받지 못하느니라”(고전 15:50)고 했고, 또 “불의한 자가 하나님의 나라를 유업으로 받지 못할 줄을 알지 못하느냐 미혹을 받지 말라 음행하는 자나 우상 숭배하는 자나 간음하는 자나 탐색하는 자나 남색하는 자나 도적이나 탐욕을 부리는 자나 술취하는 자나 모욕하는 자나 속여 빼앗는 자들은 하나님의 나라를 유업으로 받지 못하리라”(고전 6:9~10, 개역개정)라고 불의한 자가 의로운 하나님 나라에 속할 수 없음을 명백히 한다. 바울은 하나님의 나라에 속한 공동체는 주변 부패에서부터 철저하게 구별되어야 하기 때문에 그 공동체의 멤버는 그런 저급한 행위에 빠졌다는 의심까지도 받아서는 안 된다고 말한다.

그러면 한 번이라도 불의한 일을 행하면 자동적으로 천국에서 제외되는가? 인간은 예수를 믿어도 연약하여 실족할 수 있다. 연약하여 넘어지는 경우까지 포함시켜 하나님 나라에서 제외된다는 말씀은 아니다. 여기서 불의한 자는 불의를 행하고도 양심의 가책이나 회개가 없는 그런 사람을 가리킨다. 상습적으로 그런 일을 하면서도 자신의 행위에 대해 전혀 반성하지 않는 사람을 가리킨다. 바울 사도는 이런 불의를 행하는 사람들은 하나님의 나라를 유업으로 받을 수 없을 뿐만 아니라 하나님의 진노의 심판이 기다리고 있음을 명백히 한다(엡 5:6). 히브리서 저자도 "한 번 죽는 것은 사람에게 정해진 것이요 그 후에는 심판이 있으리니"(히 9:27, 개역개정)라고 같은 진리를 말한다.

어떤 이는 하나님은 사랑의 하나님이시기 때문에 한 사람도 멸망시킬 수 없다고 만인 구원설을 주장한다. 영지주의자들(Gnostics)은 몸으로 지은 죄는 영혼에 해를 끼치지 않는다고 말함으로 몸으로 얼마든지 죄를 지어도 좋은 것처럼 가르친다. 그러나 이런 주장들은 거짓이요 잘못된 것이다. 바울은 "누구든지 헛된 말로 너희를 속이지 못하게 하라"(엡 5:6)라고 하나님의 진노의 심판의 확실성을 강조하고 있다.

바울 사도가 "그들과 함께 하는 자가 되지 말라"(엡 5:7)라고 말한 것은 세상의 불의한 자들과 전혀 접촉도 하지 말라는 뜻이 아니다. 그렇게 하려면 성도는 심산유곡으로 들어가야 한다. 본문의 뜻은 성도가 불의한 자들과 접촉해서는 안 된다는 뜻이 아니요 불의한 자들과 깊은 교제 관계에 있지 말고 특히 불의한 행위에 동참해서는 안 된다는 뜻이다. 성도들은 불의한 자들과 계속 접촉함으로 그들에게 복음을 전해야 할 책임을 가지고 있다.

(3) 빛의 열매 맺는 자(엡 5:8~14)

바울은 미래에 있을 하나님의 심판에 대해 계속 언급하지 않고 에베소서 5:8부터 성도들의 과거와 현재의 상태에 대해서 언급하고 있다. 예수 믿기 이전의 사람은 어두움에 속한 사람이다. 그러나 예수 믿은 이후의 성도는 빛에 속한 사람이다. 예수 믿기 이전의 사람은 부자연스러운 존재이다. 그러나 예수 믿는 성도는 자연스러운 존재이다. 로이드 존스(Lloyd-Jones)는 "사람이 기독교인이 될 때 진정으로 자연스럽게 된다. 기독교인만이 사람다운 존재로 가까워지기 시작한다. 즉 기독교인만이 사람이 처음 창조되었을 때의 존재로 가까워지기 시작한다."[292]라고 사람이 예수 그리스도 안에 있을 때 하나님이 창조하실 때 의도하신 본래의 모습을 회복하기 시작한다고 바로 말한다.

그런데 바울은 그리스도 안에 있는 성도들이 빛 자체라고 말한다. "너희가 전에는 어둠이더니 이제는 주 안에서 빛이라"(엡 5:8, 개역개정). 성도들이 어떻게 빛이 되는가? 세상의 참 빛은 예수님 한 분뿐이시다. 예수님은 "나는 세상의 빛이다"(요 8:12)라고 말씀하셨다. 예수님은 세상을 비추는 큰 빛이시다. 이 큰 빛에 속한 성도들은 모두 빛이다. 이 말은 성도들의 생활은 착함과 의로움과 진실함으로 세상을 향해 비추어야 한다는 것이다. 왜냐하면 빛에 속한 자는 빛의 열매를 맺어야 하고 착함과 의로움과 진실함이 빛의 열매

292 Lloyd-Jones, *Darkness and Light*, p.395.

이기 때문이다. 바울은 다른 곳에서 "너희가 흠이 없고 순전하여 어그러지고 거스르는 세대 가운데서 하나님의 흠 없는 자녀로 세상에서 그들 가운데 빛들로 나타내며"(빌 2:15, 개역개정)라고 성도들이 세상의 빛임을 분명히 한다.

빛은 두 가지의 효과를 나타낸다. 먼저 어두움을 노출시키며 그 다음으로 어두움을 빛으로 만든다.

첫째, 빛이 어두움을 노출시키는 면을 생각해보자. 바울은 여기 본문에서 "너희는 열매 없는 어둠의 일에 참예하지 말고 도리어 책망하라"(엡 5:11, 개역개정)라고 빛이 어둠을 노출시킨다고 말한다. 성도들의 생은 어둠을 그대로 노출시켜서 빛으로 변하게 하는 기회를 마련하는 것이다. 즉 성도들의 생이 세상의 악에 반영될 때 세상의 악이 어떤 것임을 노출시키고 따라서 악이 잘못된 것임을 깨닫게 만드는 것이다. 성도들의 생은 악에 대해 중립적일 수 없고 타협적일 수 없으며 오로지 악을 책망하고 노출시켜야 한다.

둘째, 빛이 어둠을 빛으로 만드는 면을 생각해 보자. 바울 사도는 "책망을 받는 모든 것은 빛으로 말미암아 드러나나니 드러나는 것마다 빛이니라"(엡 5:13, 개역개정)라고 어둠이 빛으로 바뀌는 모습을 말하고 있다. 성도의 거룩한 생활이 어둠에 비칠 때 어둠에 속했던 사람이 자신의 삶을 회개하고 예수를 믿으면 그 사람 역시 참 빛되신 예수께 속하게 되고 그 자신이 빛이 되는 것이다. "이 권면은 빛이 단순한 지적 조명만을 위해 주어지지 않았고 항상 실제적인 순종을 증진시키기 위해 주어졌음을 우리에게 가르친다. 우리들의 매일의 행위는 그리스도 안에서의 우리들의 신앙 고백을 믿을 만하게 만들어야 한다. 왜냐하면 비록 사람들이 우리 마음의 내부는 들여다볼 수 없지만 우리가 세상에 제시하는 외적인 모습은 자세히 관찰하기 때문이다(삼상 16:7 참조)."[293]

바울 사도는 성도들이 빛이라는 사실을 명백히 함으로 빛의 열매를 맺는 생을 살아야 한다고 말한다. 튼튼한 나무는 열매를 맺는 것이 자연스럽고 빛은 어둠을 노출시키는 것이 자연스럽다. 성도들의 생은 악을 노출시키고 의를 이루는 것이 자연스러운 것이다.

바울은 에베소서 5:13에서 "빛의 자녀들"인 성도들의 행위와 "불순종의 아들들"인 악한 자들의 행위를 비교하면서 악한 자들의 행위들이 빛의 자녀들의 삶에 의해 그 본래의 모습을 드러내게 된다고 말한다. 성도들의 삶은 주변의 악한 자들의 죄를 노출시킨다. 본문에서 "책망을 받는 모든 것"은 말로 책망한다는 뜻이 아니라 "착함과 의로움과 진실함"(엡 5:9)의 행위로 악한 행위를 드러내게 한다는 뜻이다.[294] 그래서 바울은 에베소서 5:14에서 "잠자는 자여 깨어서 죽은 자들 가운데서 일어나라 그리스도께서 너에게 비추이시리라"(개역개정)라고 말한다. 바울은 빛들의 자녀들이 더 이상 어둠의 일에 참예하지 말고 모든 면에서 영적으로 사망 선고를 받은 악한 자들의 행위로부터 자신들을 철저하게 분리시켜 빛들의 자녀답게 살아야 한다고 권면한다. 그렇게 하면 그리스도께서 그에게 비추이실 것이다(엡 5:14).

293 Wilson, *Ephesians*, p.108.

294 F. Foulkes, *Ephesians*, p.154.

본 구절(엡 5:14)의 배경에 관한 견해가 나누어진다.

어떤 이는 바울이 그 당시 초대교회의 찬송시를 여기에 인용했다고 생각한다.[295] 이 주장을 지원하는 근거는 바울이 몇 구절 내려가서 "시와 찬송과 신령한 노래들로 서로 화답하며 너희의 마음으로 주께 노래하며 찬송하며"(엡 5:19, 개역개정)라고 쓰고 있기 때문이다. 다른 이는 본 절이 이사야 60:1을 근거하고 있다고 주장한다. 칼빈(Calvin)은 "나는 바울이 그리스도의 왕국을 미리 말하는 예언들을 여기서 암시하고 있음을 의심하지 않는다. 즉 '오 예루살렘아, 일어나라 빛을 발하라 이는 네 빛이 이르렀고'(사 60:1)와 같은 예언이다."[296]라고 해석한다. 여기서 우리는 이사야 60:1과 에베소서 5:14을 비교할 필요가 있다.

이사야 60:1	에베소서 5:14
일어나라, 빛을 발하라 이는 네 빛이 이르렀고 여호와의 영광이 네 위에 임하였음이니라	잠자는 자여 깨어서 죽은 자들 가운데서 일어나라 여호와의 영광이 네 위에 그리스도께서 너에게 비추이시리라

295 F. F. Bruce, *The Epistles to the Colossians, to Philemon, and to the Ephesians* (*NICNT*, Grand Rapids: Eerdmans, 1988), p.376: Bruce는 본문을 새로운 신자가 영적 죽음의 잠에서부터 생명의 빛으로 빠져나올 때 회중이 성례전적으로 그를 환영하면서 부르는 "초대교회의 세례 의식 찬송"(a primitive baptismal hymn)이었다고 해석한다. Cf. Francis Foulkes, *The Letter of Paul to the Ephesians* (*Tyndale New Testament Commentaries*) (Grand Rapids: Eerdmans, 1991), p. 155.

296 Calvin, *The Epistles of Paul the Apostle to the Galatians, Ephesians, Philippians and Colossians*, p.202; Hendriksen, Ephesians, pp.235~237.

두 구절을 비교하면 외형적으로는 비슷한 점이 별로 없는 것 같다. 그러나 우리는 이 두 구절의 관계를 구약의 예언적 특성과 신약의 그리스도 중심의 구속 역사의 특성을 고려하여 해석해야 한다. 이사야 60:1이 발견되는 이사야 40장~66장은 하나님이 바벨론에서 포로 생활하고 있는 이스라엘을 구원하실 것이라는 예언이다. 이스라엘의 바벨론 포로 생활에서의 구원은 궁극적으로 영적인 포로 생활에서 구원받는 것을 상징한다. 이사야는 구약의 상황에서 미래에 성취될 내용을 구약의 예언적 특성으로 설명하고 있다. 이사야는 이사야 60:1에서 구속받은 시온의 영광을 말하고 있다. 반면 바울은 그리스도의 죽음과 부활을 통해 이사야의 예언이 성취되었음을 알고 있다. 그리스도는 마지막 원수인 사망을 멸망시키시고 성도들을 죽음에서 생명으로 옮겨 놓으셨다. 그러므로 바울은 에베소서 5:14에서 '잠자는 자여 깨어서 죽은 자들 가운데서 일어나라 그리스도께서 네게 비추이시리라"(개역개정)라고 외칠 수 있었다.

이제 에베소서 5:14이 초대교회의 찬송시에서 왔느냐 아니면 이사야 60:1에서 왔느냐에 대해 몇 마디 첨가하도록 하자. 사실상 우리는 어느 한 쪽을 선택할 필요가 없다. 그 이유는 초대교회가 그리스도 사건의 배경을 이사야 60:1에서 찾아 에베소서 5:14처럼 찬송시를 지어 사용했다고 생각할 수 있기 때문이다. 따라서 에베소서 5:14의 배경은 초대교회의 찬송시를 거쳐 결국 이사야 60:1로 거슬러 올라가기 때문이다. 에베소서 5:14의 궁극적 배경은 이사야 60:1이라고 할 수 있다.

(4) 지혜 있는 자(엡 5:15~17)

바울은 성도들이 지혜 있는 자처럼 살아야 한다고 말한다. 지혜 있는 자는 세상과 육체를 따라 행하지 않고 하나님의 부르심에 합당하게 행해야 한다. 여기 본문의 행한다는 것은 기독교인 생활의 전반에 해당하는 것이다. 성도들의 생활 전체가 그 어느 것이고 중요하지 않은 것이 없고 모두 우리들의 깊은 관심의 대상이 되는 것이다.

그런데 지혜 있는 자는 세월을 아끼는 사람이다(엡 5:16). 세월을 아껴야 하는 이유는 때가 악하기 때문이다. 골로새서 4:5은 "외인에게 대해서는 지혜로 행하여 세월을 아끼라"라고 분명한 대상을 지정했다. 이는 본문이나 골로새서의 내용이 악한 세상 속에서 살고 있는 성도들의 증거의 삶을 염두에 두고 말한 것임을 드러낸다. 세상은 성도들의 삶을 면밀히 관찰한다. 그리고 세상은 성도들의 삶이 그들의 삶과는 다르게 나타나기를 기대한다. 그러므로 성도들이 세상에서 그리스도의 증인 역할을 하기 위해서는 세상의 기준을 능가한 거룩하고 흠 없는 삶을 살아야 한다. 그런 삶이 "지혜 있는 자"같이 사는 것이다. 그래서 바울은 다음 절에서 "오직 주의 뜻이 무엇인가 이해하라"(엡 5:17)라고 권면하고 있다. 그 이유는 성도가 현재 살고 있는 때가 어떤 때인지를 알고 그 때를 가장 선한 일을 위해 사용해야 하기 때문이다. 헨드릭센(Hendriksen)은 본 구절을 해석하면서 "전체 문맥에 비추어 볼 때 여기 언급된 기회(세월)는 그들의 생애와 행위의 수단으로 복음의 능력과 영광을 나타내는 것이다. 따라서 악을 노출시키고 선한 일 가운데 행하며 스스로를 위해 구원의 확신을 획득하며 교제를 강화하고 이웃들을 그리스도에게 이끌고 그리고 이 모든 것을 통해 하나님을 영화롭게 하는 것이다."[297]라고 말한다. 여기 세월은 흘러가는 기회이다. 기회는 항상 있는 것이 아니다. 한 번 지나간 오늘은 영원히 다시 찾을 수 없다.

시간은 누구에게나 동일하게 하루 24시간씩 주어졌다. 사람들 사이에 빈부의 차이가 있고 지위 고하의 차이가 있어도 시간만큼은 모두 동일하게 분배된다. 지혜 있는 자는 주어진 시간을 최대한으로 선용하는 사람이다. 그러면 시간을 어떻게 선용할 수 있겠는가? 시간 선용을 위해 반드시 알아야 할 사실은 우리가 가진 시간이 정해진 제한된 시간이라는 것이다. 우리 앞에 많은 일들이 있지만 모든 일을 제한된 시간 안에 모두 성취할 수는 없다. 그러므로 우리는 매일매일 해야 할 일들을 설정하고 우선순위에 따라 그 일들을 실천해 나가야 한다. 중요하지 않은 일을 이루기 위해 하루를 사용하는 것보다 중요한 일을 이루기 위해 하루를 사용하는 것이 하나님 편에서 볼 때나 우리 개인을 위해서나 더 유익한 것이다.

지혜 있는 자는 시간의 귀함을 안다. 누구에게나 하루 24시간 같은 시간이 주어졌지만 지혜 있는 자는 주어진 시간을 아껴 그 시간을 잘 활용하고 어리석은 자는 시간을 낭비하고 마는 것이다. 지혜 있는 자는 또한 주님의 뜻이 무엇인지 알고 그대로 행하는 사람이다. 하나님의 뜻을 발견하고 그대로 행하는 것 이상 더 귀중한 일이 우리 생애에 있을 수 없다.

---

297 Hendriksen, *Ephesians*, pp.237, 238.

그러면 하나님의 뜻을 어떻게 발견할 수 있는가? 우리 생애에 대한 하나님의 뜻은 일반적인 뜻과 구체적인 뜻으로 나눌 수 있다. 하나님의 일반적인 뜻은 성경 말씀 속에 있다. 분명한 것은 항상 기뻐하고 쉬지 말고 기도하고 범사에 감사하는 것이 우리를 향하신 하나님의 뜻이다(살전 5:16~18). 우리들이 성경 말씀을 잘 이해하고 그대로 행하면 하나님의 뜻 속에 사는 것이다.

그러면 어떤 특정한 일에 대한 하나님의 뜻은 어떻게 찾는가? 이런 경우 성도는 많이 묵상하고 기도하며 성숙되고 경험이 많은 성도의 조언을 받은 후 하나님의 일반적인 뜻에 어긋나지 않도록 결정해야 한다. 그리고 어떤 결정을 했을 때 그 결정한 내용에 대해 마음의 평안이 있어야 한다.

(5) 성령 충만한 생활(엡 5:18~21)

바울은 "술 취하지 말라 … 오직 성령으로 충만함을 받으라"(엡 5:18, 개역개정)라고 부정과 긍정을 대비시켜 권면한다. 바울은 에베소서 5:15부터 부정과 긍정을 대비시켜 권면하는 가운데 에베소서 5:18에서 마지막으로 부정과 긍정을 대비시킨다.[298] 본문의 "술 취하지 말라"라는 뜻은 그 자체적으로 큰 의미를 가진 것은 아니지만, "포도주는 붉고 잔에서 번쩍이며 순하게 내려가나니 너는 그것을

298 μή … ἀλλά의 구문이 엡 5:15, 17, 18에 연속으로 나타난다.

보지도 말지어다"(잠 23:31, 개역개정)와 같은 구약의 교훈과 뜻을 같이 한다. 바울이 여기서 "술 취하지 말라"를 사용한 것은 뒤따라 나오는 "성령으로 충만함을 받으라"와 비교시키기 위함이다.

바울 사도는 성도가 이루어야 할 최고의 기준을 설명한다. 그것은 성령으로 충만함을 받는 것이다. 성령 충만은 성령 세례와는 다르다. 성령 세례는 성도가 처음 예수 믿을 때 받는 것이다. 바울은 "우리가 유대인이나 헬라인이나 종이나 자유인이나 다 한 성령으로 세례를 받아 한 몸이 되었고 또 다 한 성령을 마시게 하셨느니라"(고전 12:13, 개역개정)라고 가르친다. 심슨(Simpson)은 "신자들은 그리스도의 인성 안에 내주하셨던 생명을 주시는 같은 성령 안에 참여함으로 그의 몸의 멤버들이 된다. 구속하시는 사랑의 가장 심오한 비밀은 바로 이 결합에서 드러난다."[299]라고 설명한다. 성도들은 예수님을 구주로 믿을 때 성령이 그 안에 내주하시기 시작함으로(롬 10:9–10; 고전 12:13) 성도의 구원 경험에 있어서 성령 세례는 단회적인 경험이요 처음 예수 믿을 때 발생하는 경험이다.

해리슨(Harrison)은 "누가가 '세례'대신에 '충만'이라는 용어를 썼다. 왜냐하면 충만의 효과가 실제로 있었기 때문이다. 세례는 객관적인 용어요 신학적인 실재이며 하나님을 향한 요소이다. 충만은 인간을 향한 것으로 주관적인 요소가 있다. 충만과 세례는 완전한 동의어가 아니다. 세례는 성령의 최초 선물을 위해 적합한 용어이다(행 1:5; 11:16~17). 왜냐하면 그것은 새로운 관계의 시작을 표시

---

299 Simpson and Bruce, *Commentary on the Epistles to the Ephesians and Colossians*, p. 133.

하기 때문이다. 물세례와 같이 그것은 기독교인으로서의 시작을 말하며 그것은 반복될 수 없다(참조, 고전 12:13). 성령으로 세례 받은 사람은 충만해질 수 있는데 단순히 한 번만이 아니고(행 4:8) 계속적으로 충만해질 수 있다(행 4:31; 엡 5:18). 그러나 성령으로 한 번 이상 세례 받았다는 기록은 없다."[300]라고 바로 설명한다.

그러나 성령 충만은 예수 믿은 사람이 계속 누릴 수 있는 축복이다. 사람이 술에 취하면 술이 그 사람을 지배하듯이 성령 충만한 사람은 성령이 그 사람의 생각과 느낌과 말과 행동을 완전히 지배하는 것이다. 그리고 성령 충만한 상태는 성도가 자신을 제어할 수 없는 상태가 아니요 오히려 자신을 바로 알고 성령의 전적 인도를 의지하는 상태이다. 그러므로 성령 충만한 사람은 사물에 대한 바른 이해와 판단을 할 수 있는 사람이다.[301] 바울 사도는 성령 충만한 상태가 어떤 결과를 나타내는지에 대해 설명한다.

첫째, 아름다운 교제 관계를 이룬다(엡 5:19). 술 취한 상태는 무질서와 방탕한 태도를 나타내지만 성령이 충만한 상태는 찬송과 감사와 상호 복종의 태도를 갖게 한다. 따라서 성령 충만한 사람은 시와 찬송과 신령한 노래들로 서로 화답하는 교제 관계를 이룬다. 성

300 E. F. Harrison, *Acts: The Expanding Church* (Chicago: Moody Press, 1975), pp.51~52.

301 우리는 성령 충만의 상태와 술 취함의 상태의 비교에서 주관적 경험이 흡사하지 않음을 주목해야 한다. 성경은 무책임하고 무절제한 감정의 발로를 지지하지 않는다. 바울은 성령 충만과 술 취함을 비교함으로 두 상태의 차이를 나타내기 원했다. 성경적인 견지에서 볼 때 무책임한 주관적인 경험은 성령의 임재의 결여에서 기인하는 경험이다. 성령의 충만을 받은 사람은 성령의 조종을 받고 동시에 자제할 수 있는 사람이다. Donald T. Williams, *The Person and the Work of the Holy Spirit* (Nashville: Broadman and Holman Publishers, 1994), pp.136~137.

령 충만한 사람의 마음속에는 평안과 기쁨과 관용이 있다. 바나바(Barnabas)는 "성령과 믿음"이 충만한 사람으로(행 11:24) 곤경에 빠져 있는 바울을 적극적으로 도왔다(행 9:26~30). 성령 충만한 사람만이 이런 관용을 베풀 수 있다. 우리가 성령에 충만하면 죄인들을 있는 그대로 용납하신 하나님의 관용을 배울 수 있고(롬 5:8) 우리의 대화는 서로를 향해 노래하는 것이 될 것이다.

둘째, 주님께 찬양하는 마음을 갖는다(엡 5:19). 성령 충만한 사람은 서로 간에 아름다운 교제를 가질 뿐만 아니라 주님께 찬양하는 마음을 가진다. 성령이 충만한 사람의 마음속에는 기쁨의 노래가 있다. 왜냐하면 그는 하나님의 전능과 자비로 성취하신 구속 사역을 생각하며 하나님께 찬송을 올리기 때문이다.

셋째, 감사하는 마음을 소유하게 된다(엡 5:20). 성령 충만한 사람은 불평하지 않는다. 그의 마음속에는 불평 대신 감사가 항상 넘친다. 무슨 일에든지 하나님께 감사하게 된다. 어려움을 당해도 그 어려움 가운데서 감사하는 것이다.

넷째, 복종하는 마음을 갖는다(엡 5:21). 다른 사람에게 복종하는 것은 어려운 일이다. "피차간의 복종을 호소하는 것은 다른 사람들을 위해 자기 자신의 뜻을 포기하는 마음, 즉 아가페(사랑)를 요구하는 것이요, 다른 사람에게 우선권을 주도록 요구하는 것이다."[302] 인간으로는 이 일이 불가능하지만 성령이 충만하면 가능한 일이다. 성령은 겸손의 영이시기 때문이다. 성령이 충만한 사람은 그리스도

302 G. Delling, "ὑποτάσσω," *TDNT*, Vol. 8, p.45.

에게 복종할 뿐만 아니라 동료 성도들에게도 복종한다. 바울은 "그리스도를 경외함으로 피차 복종하라"(엡 5:21)라고 권면한다.

결론적으로 바울 사도가 말한 "오직 성령으로 충만함을 받으라"(엡 5:18)는 말씀에서 우리는 몇 가지 교훈을 받을 수 있다.

첫째, "충만함을 받으라"라고 명령형을 썼기 때문에 성도가 수동적으로 기다려야만 할 것이 아니라 능동적인 책임이 있음을 뜻한다. 하나님은 명령을 받는 사람이 전혀 실천할 수 없는 일을 명령하시지 않는다. 하나님은 인간을 창조하셨고 인간의 모든 면을 알고 계신다.

둘째, "충만함을 받으라"라는 표현이 복수형으로 기록되었기 때문에 본문은 소수의 정예 기독교인에게만 해당하는 명령이 아니요, 기독교회 전체에게 주신 명령이다. 바울의 의도는 개인을 대상으로 생각한 것이 아니요 오히려 기독교 공동체를 염두에 두었다. 그가 본문에서 복수형을 사용한 이유는 많은 사람을 생각하고 있었기 때문이다. 이 명령은 단순히 교회 내의 몇 사람의 엘리트 신자에게만 해당하지 않고 예수님을 믿는 모든 성도들을 대상으로 한다.

셋째, "충만함을 받으라"가 수동형으로 표현되었으므로 우리는 성령으로 채움을 받아야 한다는 뜻이다. 그래서 우리는 성령을 소멸시키지 말고 성령을 근심하게 해서는 안 된다(엡 4:30). 성도들은 성령에게 명령을 내릴 수는 없다. 하지만 성령은 성도들을 통해서 역사하신다. 그리고 그와 같은 성령의 역사는 성도들의 간절함과 준비됨이 있을 때 가능하다. 성령의 도움 없이는 아무 것도 할 수 없다는 간절한 마음을 가질 때 우리는 성령으로 채워질 수 있다.

넷째, "충만함을 받으라"가 현재 시상으로 표현되었기 때문에 성령 충만이 계속되어야 함을 강조한다. 헬라어의 현재 시상은 동작의 연속을 뜻한다. 그러므로 본문의 명령은 성령 충만의 상태가 계속되어질 수 있음을 함축하고 있다.[303]

2. 남편과 아내의 관계(엡 5:22–33)

"아내들이여 자기 남편에게 복종하기를 주께 하듯 하라 이는 남편이 아내의 머리 됨이 그리스도께서 교회의 머리 됨과 같음이니 그가 바로 몸의 구주시니라 그러므로 교회가 그리스도에게 하듯 아내들도 범사에 자기 남편에게 복종할지니라 남편들아 아내 사랑하기를 그리스도께서 교회를 사랑하시고 그 교회를 위하여 자신을 주심 같이 하라 이는 곧 물로 씻어 말씀으로 깨끗하게 하사 거룩하게 하시고 자기 앞에 영광스러운 교회로 세우사 티나 주름 잡힌 것이나 이런 것들이 없이 거룩하고 흠이 없게 하려 하심이라 이와 같이 남편들도 자기 아내 사랑하기를 자기 자신과 같이 할지니 자기 아내를 사랑하는 자는 자기를 사랑하는 것이라 누구든지 언제나 자기 육체를 미워하지 않고 오직 양육하여 보호하기를 그리스도께서 교회에게 함과 같이 하나니 우리는 그 몸의 지체임이라 그러므로 사람이 부모를 떠나 그의 아내와 합하여 그 둘이 한 육체가 될지니 이 비밀이 크도다 나는 그리스도와 교회에 대하여 말하노라 그러나 너희도 각각 자기의 아내 사랑하기를 자신 같이 하고 아내도 자기 남편을 존경하라" (엡 5:22~33, 개역개정).

303 M. Zerwick, *Biblical Greek*, p.79. 특히 엡 5:15~18 사이의 명령형이 모두 현재형(βλέπετε, 15절; γίνεσθε, 17절; μεθύσκεσθε, πληροῦσθε, 18절)인 사실은 바울 사도의 의도가 동작의 반복성을 강조하고 있다고 생각할 수 있다.

바울 사도는 새 사람의 표준에 대해서 설명하고 나서 본 구절부터는 구체적이고 실천적인 내용을 다룬다. 바울 사도는 인간이 처할 수 있는 모든 관계를 그 중요성의 순서에 따라 설명한다. 남편과 아내의 관계, 부모와 자녀의 관계, 그리고 주인과 종과의 관계를 구체적으로 설명한다(엡 5:22~6:9; 골 3:18~21 참조).

칼빈(Calvin)은 "사회가 그룹들로 이루어져 있는데 그것은 참여자들이 상호 의무를 갖는 멍에들과 같은 것이다. 첫째 멍에는 남편과 아내간의 결혼이요, 둘째 멍에는 부모와 자녀간의 관계이며, 셋째 멍에는 주인들과 종들과의 상관관계이다. 이처럼 사회에는 여섯 가지 다른 계층이 있으며 바울은 각 계층을 위해 특별한 의무를 명시하고 있다."[304]라고 말한다.

아무도 바울이 언급한 이 관계에 전혀 속하지 않은 사람은 없을 것이다. 인간은 사회적 동물이요 인간의 거룩은 진공 가운데서 이루어지지 않는다. 우리들의 거룩은 사람을 만나고 어려운 일을 해결하고 고난을 견디는 실제 생활 가운데서 진보하게 된다. 진공 중에서 이루는 거룩은 자신의 경험은 중요시할는지 모르나 다른 사람과의 관계에서 발생하는 도덕은 경시하는 것이다.

바울은 여기서 생활 중의 거룩을 가르치고 있다. 생활 중의 거룩을 이루기 위해 바울은 권위에 복종해야 한다고 가르친다. 아내가 남편에게, 자녀가 부모에게, 하인이 주인에게 복종해야 한다. 사실상 본문은 전(前)절인 에베소서 5:21의 "그리스도를 경외함으로 피

304 John Calvin, *Ephesians*, pp.204f.

차 복종하라"는 말씀의 연속으로 생각해야 한다. 그러나 오늘날 권위에 대한 복종은 옛말이 되어 버리고 반항과 허영과 방종만 난무하는 시대이다. 바울은 본 구절에서 복종을 계속 강조하고 있다.

그 이유는 권위가 하나님으로부터 왔기 때문이다. 하나님은 남편에게, 부모에게, 주인에게 권위를 주셨다. 그들은 하나님이 주신 범위 안에서 복종을 받을 수 있다. 이 말은 의미심장하다. 왜냐하면 남편이나 부모나 주인이 하나님이 주신 범위를 떠나서 권위를 행사하려고 하면 아내나 자녀나 하인이 그 권위에 복종하지 않아도 된다는 뜻이 함축되어 있기 때문에, 바울은 남편으로 하여금 아내를 자기 몸처럼 사랑하라고 권고하며 부모에게 자녀를 하나님의 교훈에 의거하여 양육하라고 권하며 주인에게 하인들을 의롭게 대하라고 권한다. 그러므로 여기서 언급한 권위는 횡포를 뜻하지 않음이 명백하다.

그리고 아내가 남편에게, 자녀가 부모에게, 하인이 주인에게 복종하는 것은 기능적인 면에서 요구되는 것이지 인격적인 면에서 요구되는 것은 아니다. 하나님 앞에서 모든 사람의 인격은 동등하다. 거기에 차이가 있을 수 없다. 사람은 모두 하나님의 형상대로 지음받았기 때문에 누구를 막론하고 하나님 앞에서 동등하게 취급받아야 한다.

그러나 하나님은 우리 각자에게 각기 다른 기능을 주셨다. 그러므로 하나님의 창조 질서에 따라 우리는 기능적인 질서를 지켜야 한다. 남편과 아내가 인격적으로는 동등하지만 아내는 남편에게 복종하고 남편은 아내를 사랑해야 한다.

(1) 남편과 아내의 관계(엡 5:22)

바울 사도는 가정의 가장 핵심 구성원인 남편과 아내의 관계에 대해 본 구절에서 비교적 자세하게 설명하고 있다(골 3:18~21; 딛 2:4, 5 참조). 남편과 아내의 관계는 다른 어떤 인간관계보다도 더 강한 관계이다. 따라서 부모와 자녀의 관계보다 남편과 아내의 관계가 더 우선적이요 더 중요한 관계이다. 남편과 아내의 관계는 하나님께서 창조하실 때 가장 가까운 관계로 만들어 주셨다. 하나님께서는 인간의 자연적인 성향 위에 결혼 제도를 만드시고 가정을 이루게 하심으로 인간에게 큰 위로를 제공하셨다. 마치 자석의 남(S)극과 북(N)극이 서로 끌리듯이 남편과 아내는 자연적으로 서로 끌릴 수 있도록 하나님이 만드신 관계이다.[305] 만약 하나님께서 우리들의 자연적인 성향에 반(反)한 제도를 만드시고 우리에게 그 제도를 따르라고 하셨다면 우리는 매일 고통 가운데 지낼 수밖에 없었을 것이다.

먼저 바울 사도는 가정에서 남편과 아내의 관계가 인격적 관계임을 설명한다. 남편과 아내는 인격적인 면에서 하등의 차이가 없다. 남편도 하나님의 형상을 따라 지음 받았고 아내도 하나님의 형상대로 지음 받았다. 그러므로 하나님 앞에서 남편과 아내는 동등한 인격적 관계이다. 그러나 하나님은 남편과 아내에게 각기 다른

---

305 W. Hendriksen, *Ephesians*, p.256: "God mercifully bases his *marriage ordinance* upon man's own natural inclination, the strong bent or desire with which the Almighty himself endowed him" (italics original).

기능을 주셨다. 하나님이 남자와 여자를 창조하실 때 남자에게는 지배하는 성향을 주셨고 여자에게는 순복하는 성향을 주셨다.

헨드릭센은 하나님께서 "그의 주권적인 지혜로 인간의 한 쌍을 만드시되 남자는 인도하고 여자는 따르며, 남자는 공격적이고 여자는 수용적이며, 남자는 창안하고 여자는 창안한 도구를 사용하는 것이 자연스럽도록 만드셨다. 하와가 창조주의 손에 의해 만들어졌을 때 따르는 성향이 그녀의 영혼 속에 깊숙이 박혀 있었다."[306]라고 하여 남자와 여자의 자연적인 성향에 차이가 있음을 분명히 한다.

바울 사도는 하나님께서 창조 시에 주신 특성의 차이에 의존해서 남편과 아내의 관계를 설명한다. 결혼 관계는 아내의 순종과 남편의 권위가 잘 조화를 이루고 제자리를 찾을 때 행복한 관계로 나타날 수 있다. 아내의 인정을 받는 남편, 아내의 세움을 받는 남편, 그리고 아내의 복종으로 권위가 제자리에 있는 남편과 남편의 희생적인 사랑을 받는 아내, 남편으로부터 있는 그대로의 모습을 인정받는 아내와 또한 아버지의 어머니에 대한 사랑의 본을 먹고사는 자녀들이 있는 가정은 행복한 가정이다. 왜냐하면 이런 가정이 하나님의 창조 의도를 구현하는 가정이요 창조 질서를 따르는 가정이기 때문이다. 윌슨(Wilson)은 "분명히 결혼 약정에 대해 '순종'을 헌신의 문제로, '권위'를 사랑의 표현으로 만든 이 숭고한 개념보다 더 높은 사상을 상상해 낼 수 없다."[307]라고 하나님께서 만드신 결혼 관

306 Hendriksen, *Exposition of The Pastoral Epistles* (1957), p.109.

307 Wilson, *Ephesians*, p.116.

계의 아름다운 점과 신비한 점을 잘 지적했다.

(2) 아내와 남편의 위치(엡 5:23~25)

본문에서 남편과 아내의 권리 대신 의무가 언급되고 있는 사실이 의미심장하다. 권리의 주장은 분열시키지만 의무의 실천은 통일시킨다. 바울은 남편과 아내를 별개의 존재로 생각하면서 설명하지 않고 한 몸을 이룬 부부로 생각하면서 문제를 풀어 나아간다. 한 몸을 이룬 두 인격체 사이의 관계가 바로 지탱되어 나아가려면 서로 간의 질서가 필요하다. 인격체로는 동등하면서도 남편과 아내가 서로 순복하는 것이 기본적인 기독교의 원리이다.

바울은 아내의 주된 위치가 남편에게 순복하는 것이라고 말한다. 바울은 아내가 남편에게 순복해야 할 이유를 세 가지로 설명한다.

첫째, 바울은 하나님께서 남자를 먼저 창조하시고 그 다음에 남자의 갈비뼈로 여자를 창조하신 창조의 질서에 의존하여 아내가 남편에게 순복해야 한다고 말한다(창 2:7, 18~25; 고전 11:3~12; 딤전 2:11~13 참조). 또한 바울은 여자가 남자를 주관할 수 없다는 사실을 설명하면서 "이는 아담이 먼저 지음을 받고 하와가 그 후며 아담이 속은 것이 아니고 여자가 속아 죄에 빠졌음이라"(딤전 2:13~14, 개역개정)라고 역시 창조의 질서에 의존하여 설명하고 있다.

렌스키는 남자와 여자의 인격적 동등성과 아내가 남편에게 순복해야 함을 다음과 같이 설명한다. "바울은 모든 여자들을 모든 남자들에게 복종시키지 않고 모든 아내들을 그들의 남편들에게 복종시킨다. 이 구절은 여자들이 남자보다 열등함을 말하는 구절이 아니다. 이 구절은 기독교인의 결혼 관계에 관한 본문이다. 이것은 역시 자원하는 복종이지 굴종이 아니다."[308] 기독교인 아내들은 은혜의 영역 안에서의 동등성이(갈 3:28; 벧전 3:7) 하나님께서 결혼을 위해 주신 질서를 제쳐놓지 않는다는 것을 이해해야만 한다.

그런데 "죄의 상태 가운데서 신적이고 복된 질서가 두 가지 방향으로 어지러워졌다. 아내들은 자기의 남편들을 다스리려고 하며 사랑스러운 복종을 거절한다. 남편들은 그들 아내들을 노예처럼 취급할 정도로 학대를 한다. 끝없는 재앙이 뒤를 따른다. 기독교는 그 모든 행복과 함께 신적인 질서를 회복시킨다."[309] 기독교인인 아내는 남편에게 순복함으로 하나님의 창조의 질서를 회복하는 역할을 한다.

둘째, 우리들의 몸의 유추에 근거해서 아내가 남편에게 순복해야 한다고 말한다. 남편은 아내의 머리가 된다(고전 11:13; 엡 5:23). 지체들이 머리의 명령에 순복하지 않을 때 어떤 결과를 초래할 것인지는 너무도 명백하다(고전 12:12~27). 우리의 몸의 지체가 머리의 명령에 불복하면 몸 전체가 기능을 발휘 할 수 없는 것처럼 아내가 남편에게 순복하지 않으면 그 가정은 화평이 없고 무질서와 분쟁으로 가득 차게 될 것이다. 바울은 아내가 남편에게 복종하는 것

308 Lenski, *Ephesians*, p.625.

309 Lenski, *Ephesians*, p.628.

은 교회가 그리스도에게 복종하는 것과 같아야 한다고 말함으로 그 복종의 범위와 정도가 절대적임을 강조 한다(엡 5:24). 본문은 아내가 주님에게 자발적으로 복종하듯 자신의 남편에게도 자발적으로 복종해야 한다고 가르친다. 왜냐하면 결혼 관계 속에서는 그의 남편은 주님을 반영하고 자신은 교회를 반영하기 때문이다.[310]

한편 가정에서 남편의 위치는 권위를 행사하며 사랑하는 것이다. 바울은 "남편들아 아내 사랑하기를 그리스도께서 교회를 사랑하시고 그 교회를 위하여 자신을 주심같이 하라"(엡 5:25, 개역개정)라고 말한다. 하나님은 공평하신 분이시다. 하나님은 아내에게만 남편에게 복종할 것을 요구하시지 않고 남편에게도 자기희생적인 아내 사랑을 요구하신다. 여기 본문에서 남편이 아내를 사랑하는 그 사랑은 아가페적인 사랑이다. 남편의 권위는 자기희생적인 사랑을 통해서 나타난다. 마치 그리스도가 교회를 위해 자신을 희생하신 것처럼 남편은 아내를 위해 자신의 목숨을 희생할 정도로 사랑해야 한다. 바울은 남편이 아내에게 권위를 행사할 수 있는 유일한 길은 오로지 사랑의 방법으로만 가능하다고 말한다. 남편이 아내의 머리가 될 수 있는 길은 사랑의 방법으로만 가능하다. 그리스도의 사랑은 측량할 수 없을 만큼 큰 것이다. 그러므로 바울의 말씀은 남편의 사랑이 얼마만큼 커야 한다는 것을 함축하고 있다.

셋째, 바울은 남편이 아내의 복지를 책임질 공급자요 보호자이기 때문에 아내가 남편에게 복종해야 한다고 말한다. 바울은 아내

310 A. T. Lincoln, *Ephesians*, p.368.

가 남편에게 복종해야 할 이유로 "남편이 아내의 머리됨이 그리스도께서 교회의 머리됨과 같음이니 그가 바로 몸의 구주시니라"(엡 5:23, 개역개정)라고 말한다. 바울은 본 구절에서 남편과 아내의 관계를 그리스도와 교회 그리고 머리와 몸에 빗대어 설명했다. 그런 유추의 관계로 본문을 생각하면 그리스도는 교회의 머리로서 몸인 교회의 구주이기 때문에 남편 역시 아내의 머리로서 아내의 구주가 될 수 있다고 유추할 수 있다. 그러나 이런 유추가 잘못임은 뒤따라오는 구절이 곧 밝혀준다. 남편들은 결코 아내의 구주가 될 수 없다. 남편과 아내의 관계는 머리됨의 사실에서만 그리스도와 교회의 관계와 비교된다. 바울은 남편들에게 "아내 사랑하기를 그리스도께서 교회를 사랑하시고 그 교회를 위하여 자신을 주심같이 하라"(엡 5:25, 개역개정)라고 말한다. 이는 그리스도께서 희생적으로 교회를 사랑하신 것같이 남편들도 희생적으로 아내를 사랑하도록 권면한다. 바울은 여기서 남편과 아내의 관계를 그리스도와 교회의 관계에 유추하여 설명하지만 "그가(그리스도가) 바로 몸의 구주시니라"(엡 5:23)라고 말함으로 그리스도와 교회의 관계는 남편과 아내의 관계 이상임을 설명한다. 남편은 아내를 희생적으로 사랑하고 아내의 복지를 위해 모든 관심과 노력을 기울이는 공급자요 보호자는 될 수 있지만 아내의 구주는 될 수 없다. 바울은 남편의 아내에 대한 역할이 그리스도의 희생적인 삶을 본받아 희생적이어야 하기 때문에 아내는 남편에게 복종해야 한다고 말한다.[311]

311 Hendriksen, *Ephesians*, pp.248~249; F. Foulkes, *Ephesians*, p.163; W. Foerster, "σωτήρ," *TDNT*, Vol. 7, p.1016: "The αὐτός shows that the author is not expounding κεφαλή

(3) 성령과 남편과 아내의 삼각관계(엡 5:26~30)

남편과 아내의 사이에 제삼자의 인격체 성령이 있어야 한다. 남편도 인간이요 아내도 인간이기 때문에 그 둘 사이에 항상 인간이 두드러지게 나타날 수 있다. 그래서 둘 사이에 불협화음이 있을 수 있고 마찰이 있을 수 있다. 이런 관계를 조종하실 수 있는 분은 오로지 제삼자인 성령 하나님뿐이시다. 남편과 아내 사이에 문제가 있을 때 남편도 성령님과 의논하고 아내도 성령님과 의논한다면 문제는 일시에 눈 녹듯 없어질 것이다.

교회가 그리스도에게 복종하듯 복종할 수 있는 아내와 그리스도가 교회를 사랑하듯 사랑할 수 있는 남편을 만들기 위해서는 반드시 성령님이 두 관계를 연결해 주어야 한다. 바울 사도가 성령 충만을 설명하는 문맥 안에서 남편과 아내의 관계를 설명하는 이유가 바로 여기에 있다(엡 5:18 이하).

이런 의미에서 볼 때도 기독교인의 결혼은 그리스도 안에서 이루어지는 것이 옳다. 남편은 신자이나 아내가 불신자인 경우, 또 아내는 신자인데 남편이 불신자인 경우는 성령과 남편과 아내의 삼각관계가 이루어지지 않게 된다. 이처럼 남편과 아내가 어느 한편이라도 성령의 조종을 받지 못하면 문제되지 않을 일도 문제가 되어 남편과 아내의 관계를 불편하게 만드는 것이다.

τοῦ σώματος but wants to make a new point. The κεφαλή quality does not include the σωτήρ quality. Again, the αὐτός seems to indicate that the parallels between the man-wife relation and the Christ-Church relation end here."

(4) 생활 속에서의 조화(엡 5:31~33)

남편과 아내는 두 개의 다른 개성을 가지고 있으면서 한 몸을 이룬 관계이다(엡 5:31). 하나님께서 창조하신 남자와 여자는 내재적으로 각각 다른 특성을 가지고 창조되었다.[312] 두 인격체가 하나의 동기, 하나의 방향, 하나의 목적을 가지고 한 몸을 이루며 사는 것은 그렇게 쉬운 일이 아니다. 그러므로 남편과 아내는 항상 성령께 의존하고 성령의 인도를 받고 조종을 받아야 한다. 그리고 남편과 아내 사이에 불협화음이 생겼을 때 문제 해결을 위해 먼저 행동을 취할 편은 아내가 아니고 남편이다. 우리의 몸의 유추로 생각할 때 머리가 먼저 생각하는 것은 당연한 것이다. 문제가 발생했을 때 남편은 아내의 반응을 기다릴 필요 없이 가정의 권위가 자신에게 있음을 인식하고 문제 해결을 위해 적극적인 자세를 취해야 한다.

그리고 남편과 아내는 하나님께서 인간에게 자연적인 욕심을 주셨다는 사실을 알아야 하고 그 자연적인 욕심은 죄가 아님을 알아야 한다. 하나님께서 결혼 제도를 만드신 것도 이런 자연적인 욕심을 하나님의 법안에서 해결할 수 있게 하기 위해서였다. 성욕, 수면

---

312 남자는 전체를 보고, 여자는 세부적인 것을 본다.
남자는 논리적이지만, 여자는 직관적이다.
남자는 쉽게 결정하나, 여자는 쉽게 결정하지 못한다.
남자는 감정의 변화가 둔하지만, 여자는 감정이 쉽게 변한다.
남자는 목표 지향적이지만, 여자는 관계 지향적이다.
남자는 객관적이지만, 여자는 이상적이다.
남자는 방랑적이지만, 여자는 정착적이다.
남자는 존경을 중히 여기고, 여자는 사랑을 중히 여긴다.

욕 그리고 식욕은 하나님께서 인간에게 주신 본래적인 욕심들이다. 사람이 자고 싶은 욕심은 육체가 피곤할 때 자연히 생기며 배가 주릴 때 식욕이 생기는 것도 당연한 것이다. 사람의 성욕 역시 장성한 사람에게는 자연적으로 발생하게 된다. 그러므로 남편과 아내는 상대방의 욕구에 민감하여야 한다.

바울 사도는 "남편은 그 아내에 대한 의무를 다하고 아내도 그 남편에게 그렇게 할지라. 아내는 자기 몸을 주장하지 못하고 오직 그 남편이 하며 남편도 그와 같이 자기 몸을 주장하지 못하고 오직 그 아내가 하나니 서로 분방하지 말라"(고전 7:3~5, 개역개정)라고 말한다. 이 말씀은 부부 관계에 있어서 두 가지 점을 강조하고 있다. 첫째, 성적인 관계는 결혼 관계 안에서만 정당하다는 점이요, 둘째, 자신의 몸은 자기 자신이 자유스럽게 마음대로 할 수 있는 소유물이 아니요 자신의 배우자에게 속해 있다는 점이다.[313] 본문은 결혼 관계에 있는 부부는 성적인 문제에 있어서 서로 간에 빚을 지고 있다고 설명한다. 따라서 남편은 아내의 필요를 채우고 아내는 남편의 필요를 채워야 한다.

또한 남편과 아내는 한 개인으로서가 아니라 한 몸을 이룬 한 작은 단체로서 마음과 뜻과 정성을 다해 하나님을 영화롭게 해야 한다. 하나님을 영화롭게 하는 것은 일상생활을 통해 이루어진다. 사람을 만나고 어려운 일을 해결하고 고난을 견디는 실제 생활을 통해 우리의 거룩한 성품이 빚어지는 것이다. 이런 거룩한 성품을 빚

313 Gordon D. Fee, *The First Epistle to the Corinthians* (*NICNT*, Grand Rapids: Eerdmans, 1991), pp.279~280

어내기 위해서는 인내가 절대적으로 필요하다. 그래서 바울은 "환난은 인내를, 인내는 연단을, 연단은 소망을 이루는 줄 앎이로다"(롬 5:3~4, 개역개정)라고 말했다.

남편과 아내의 관계는 인내를 통해 가까워지는 관계가 되어야 한다. 아내가 순복할 수 없는 경우에도 인내로 남편에게 순복하고 남편이 사랑할 수 없는 경우에도 인내로 아내를 사랑하면 이런 결혼 관계는 이상적인 결혼 관계요 행복한 결혼 관계로 발전하게 된다. 남편과 아내의 사랑은 정적인 사랑의 관계가 아니요 역동적인 사랑의 관계이다. 남편과 아내의 관계는 사랑을 창고 속에 쌓아 놓고 꺼내 쓰며 사는 관계가 아니다. 오히려 남편과 아내는 매일매일 창고 속에 새로운 사랑을 쌓아 가면서 생활해야 한다. 이렇게 하기 위해서는 남편이나 아내나 성령께 의존하고 인내로 생활해야 한다. 바울 사도는 기독교인 남편과 아내의 관계가 이런 관계가 되기를 소망하면서 본문을 쓴 것이다.

바울은 남편이 아내를 사랑해야 하는 이유를 그리스도와 교회의 유추를 통해 설명한다. 그리스도의 죽음(자신을 주심, 엡 5:25)이 교회에 미치는 효과는 교회를 물로 씻어 말씀으로 깨끗하게 하사 거룩하게 하시는 것이다(엡 5:26). 바울의 관심은 그리스도가 교회를 위해 이루신 행위에 있지 교회의 행위 자체에 있지 않다. 본문인 에베소서 5:25~27의 구조를 보면 이를 알 수 있다. 에베소서 5:25에서 바울은 그리스도가 교회를 위해 행한 객관적 성취를 "사랑하시고"

와 "자신을 주시는"이란 두 개의 동사로 묘사한다.[314] 그리고 에베소서 5:26~27은 각각 히나(ἵνα)가 이끄는 구절로 그리스도의 객관적 성취가 어떻게 교회에 영향을 미치는지를 설명하고 있다. 바울은 여기서 그리스도가 아가페적인 사랑으로 자신을 희생하셔서 그의 신부인 교회를 물로 씻어 말씀으로 거룩하게 하시고 티나 주름 잡힌 것이 없는 온전한 신부로 만드셨다는 사실을 설명하기 원한다. "물로 씻어 말씀으로 깨끗하게 하사"(엡 5:26)는 성도가 거룩하게 되는 내적 외적 과정을 설명하고 있다. 성도가 거룩하게 되기 위해서는 내적 거룩과 외적 표지가 필요하다.

바울은 사람이 구원받는 과정을 설명하면서 "네가 만일 네 입으로 예수를 주로 시인하며 또 하나님께서 그를 죽은 자 가운데서 살리신 것을 네 마음에 믿으면 구원을 받으리라 사람이 마음으로 믿어 의에 이르고 입으로 시인하여 구원에 이르느니라"(롬 10:9~10, 개역개정)라고 말한다. 이 본문의 주요한 내용은 사람이 예수 그리스도의 죽음과 부활을 마음으로 믿어야 구원을 얻되 또한 그 사실을 입으로 시인해야 한다는 것이다. 그러면 예수 그리스도의 죽음과 부활을 믿을 수 있는 믿음은 어떻게 생기는가? 바울은 몇 구절 내려가서 "믿음은 들음에서 나며 들음은 그리스도의 말씀으로 말미암았느니라"(롬 8:17)라고 방법을 제시한다. 즉, 그리스도의 말씀이 선포되면 들음의 과정이 있고 말씀의 들음과 함께 성령이 역사하여 믿음이 생겨서 예수 그리스도의 죽음과 부활이 자신을 위한 것으로 믿게

314 "사랑하시고"(ἠγάπησεν)와 "자신을 주심"(παρέδωκεν)이 모두 부정과거시상으로 바울의 관심이 그리스도께서 교회를 위해 단회적으로 성취한 구속 행위에 있음을 증거한다.

되는 것이다(참조, 고전 12:3). 따라서 에베소서 5:26의 "물로 씻어 말씀으로 깨끗하게 하사 거룩하게 하시고"도 같은 맥락에서 이해할 수 있다. 여기서 "말씀"은 복음의 말씀(참조, 롬 10:8; 벧전 1:25)을 가리키는 것으로 성도들의 구원의 내적 거룩을 이루고, "물로 씻어"는 외적 표지인 세례 의식을 가리킨다고 생각할 수 있다.[315] 그리스도는 자신의 전적인 사랑과 희생을 통해 신부인 교회를 온전하게 만들었다.

바울은 결혼의 유추로 계속 남편과 아내의 관계를 설명한다. 바울은 에베소서 5:28에서 다시 "이와 같이 남편들도 자기 아내 사랑하기를 자기 자신과 같이 할지니"(개역개정)라고 권면한다. 남편에 대한 이 권면은 그리스도의 교회에 대한 희생적인 사랑(엡 5:25)을 근거로 한다. 그래서 바울은 "이와 같이"라는 말로 본 구절을 시작한다. 바울은 남편이 아내를 사랑해야 할 근거로 "누구든지 언제나 자기 육체를 미워하지 않고 오직 양육하여 보호하기"(엡 5:29, 개역개정) 때문이라고 말한다. 바울은 여기서 아담과 하와의 창조 사건을 되돌아보고 있다. 하나님은 하와(Eve)를 창조하실 때 아담(Adam)의 갈빗대 하나를 취하여 창조하셨다(창 2:21~25). 그런 의미에서 아담과 하와는 한 몸이나 다름없다. 우리는 여기서 바울의 생각이 이미 창

---

315 Calvin, *The Epistles of Paul the Apostle to the Galatians, Ephesians, Philippians and Colossians*, pp.205~207. F. F. Bruce는 "말씀"을 회심자가 세례 받을 때 자신의 믿음을 고백하는 "서약"(pledge)을 가리키는 것으로 해석한다. Bruce는 이 "서약"과 함께 "물로 씻음" 즉 물세례가 베풀어진다고 설명한다. F. F. Bruce, *The Epistles to the Colossians to Philemon and to the Ephesians* (1988), pp.388~389. Bruce가 "말씀"을 세례 받을 때의 "서약"으로 해석하는데서 오는 약점은 거짓으로 서약하는 사람을 진정한 회심자로 취급해 버릴 수 있다는 것이다. Bruce와 같은 맥락에서 H. Schlier (*Der Brief an die Epheser: Ein Kommentar*, Düsseldorf: Patmos, 1957, p.257)는 "말씀"을 "baptismal formula"로 해석한다.

세기로 향하고 있음을 본다. 바울은 에베소서 5:31에서 창세기 2:24을 인용하여 "사람이 부모를 떠나 그의 아내와 합하여 그 둘이 한 육체가 될지니"(엡 5:31; 창 2:24)라고 말한다. 창세기의 창조 사건은 하나님이 아담의 갈빗대 하나를 취하여 여자를 만드신 사실과 아담이 하와를 보면서 "이는 내 뼈 중의 뼈요 살 중의 살이라 이것을 남자에게서 취하였은즉 여자라 부르리라"(창 2:23, 개역개정)라고 말한 사실을 증언한다. 이 말씀은 남편과 아내가 한 몸임을 증거한다. 그래서 바울은 누구든지 자기 육체를 미워하지 않는 것처럼 남편은 자기 육체인 아내를 사랑하라고 권면하고 있다.

바울은 남편과 아내가 한 몸을 이루는 이 비밀은 그리스도가 몸된 교회의 머리로서의 관계처럼 영적 신비를 내포하고 있다고 말한다. 아내가 남편을 의존하며 남편의 권위를 인정하고 살아야 하는 것은 교회가 그리스도에 대해 어떻게 살아야 한다는 진리에 근거하고 있다. 또한 그리스도의 교회에 대한 순수하고 초월적인 사랑처럼 남편은 아내를 희생적으로 그리고 순수하게 사랑해야 한다. 그래서 바울은 이전에는 감추어졌었지만 이제는 그리스도 안에서 나타난 이 심오한 비밀이 보여주듯이 남편들은 "자기의 아내 사랑하기를 자신같이 하고 아내도 자기 남편을 존경하라"(엡 5:33, 개역개정)라는 말로 이 문단을 끝맺는다.

에베소서
주해

제6장 주해

1. 부모와 자녀의 관계 (엡 6:1~4)
2. 주인과 종의 관계 (엡 6:5~9)
3. 성도의 영적 투쟁 (엡 6:10~20)
4. 마지막 인사 (엡 6:21~24)

제6장 주해

1. 부모와 자녀의 관계(엡 6:1~4)

"자녀들아 주 안에서 너희 부모에게 순종하라 이것이 옳으니라 네 아버지와 어머니를 공경하라 이것은 약속이 있는 첫 계명이니 이로써 네가 잘되고 땅에서 장수하리라 또 아비들아 너희 자녀를 노엽게 하지 말고 오직 주의 교훈과 훈계로 양육하라" (엡 6:1~4, 개역개정)

본문은 에베소서 5:15~21과 연결되는 말씀이며 특히 에베소서 5:21의 "그리스도를 경외함으로 피차 복종하라"와 연결된다. 바울 사도는 에베소서 5:22~33까지 남편과 아내의 관계를 설명하고 나서 본 구절에서는 부모와 자녀의 관계를 설명한다.

먼저 우리는 바울 사도가 "아비들아" 하기 전에 "자녀들아"라고 자녀들에게 먼저 권고의 말씀을 한 사실을 기억해야 한다. 즉 부모들의 의무가 있기 전에 먼저 자녀들이 부모들에 대한 의무를 지켜야 한다. 부모에게 순종하지 않고 거역하는 것은 말세의 고통 하는 때에 일어날 악이라고 성경은 말한다(딤후 3:1~2).

(1) 자녀들의 순종(엡 6:1~3)

자녀들은 부모에게 순종하여야 한다. 자녀들은 주님께 순종하듯 자신들의 부모에게 순종하여야 한다. 바울 사도가 "주 안에서 너희 부모에게 순종하라"(엡 6:1)라고 말한 것은 부모에게 대한 순종이 종교적인 의미를 내포하고 있음을 지적한다. 헨드릭센(Hendriksen)은 "나는 주님께서 그렇게 하라고 명령하시니 나의 부모에게 순종해야만 한다. 주님이 말씀하신 것은 단순히 그가 말씀하셨다는 이유만으로도 바른 것이다. 그가 옳고 그른 것을 결정할 분이다."[316]라고 부모 순종에 대한 자녀의 태도에 대해 바로 말한다.

부모에 대한 순종은 단순히 자연적인 충동에서 나오는 것이 아니다. 여기에는 종교적인 동기가 내포되어 있다(눅 2:51 참조). 예수 믿는 자녀들은 자신들의 부모가 예수를 믿지 않더라도 그들에게 순종하여야 한다. 살몬드(Salmond)는 "본문의 '주 안에서'(ἐν κυρίῳ)를 '부모'와 연결시켜 생각하기보다 '순종하다'와 연결시켜 생각하는 것이 가장 적합하다. 그것은 순종이 실천될 영역을 결정함으로 순종의 질(質)을 명백히 보여준다. 즉 그리스도와 교제함으로 이룰 수 있

316 Hendriksen, *Ephesians*, p.258.

는 기독교의 순종을 뜻한다."[317]라고 해석한다. 본문은 주 안에 있는 부모에게 순종하라는 뜻이 아니요, 주님을 대하듯 부모에게(신자이든 불신자이든) 순종하라는 뜻이다. 자녀들의 순종은 사랑의 마음과 감사의 마음 그리고 존경의 마음에서 나온 것이어야 한다. 그래서 바울은 "이것이 옳으니라"(엡 6:1)를 덧붙인다. 여기서 "옳으니라"는 단순히 "타당하다," "적당하다," 정도가 아니라, "의롭다," "율법의 요구를 충족시키는 것이다"와 같은 강한 의미를 가지고 있다.

그러므로 바울 사도는 "네 아버지와 어머니를 공경하라"는 말씀을 덧붙인다. 순종에는 억지 순종이 있을 수 있지만 공경에는 거짓 공경이 있을 수 없기 때문이다. 순종은 의무이며 공경은 순종을 산출하게 하는 성질이다. "공경은 순종 이상의 미덕이며 부모에 대한 순종의 기초가 된다. 공경 없는 순종은 종의 태도이기 때문이다."[318]

그러면 자녀들이 부모에게 순종하는 정도가 어느 정도이어야 하는가? 만약 믿지 않는 부모가 요구하는 내용이 신앙생활에 어긋나는 것일지라도 순종해야 하는가? 믿지 않는 부모가 요구하는 것 중 두 가지 면을 제외하고는 순종하는 것이 옳다.

첫째는 부모가 예수를 믿지 못하게 할 때는 부모의 말에 순종할 수 없다. 왜냐하면 부모보다 예수님이 먼저이기 때문이다. 부모에 대한 책임과 그리스도에 대한 책임 사이에 심각한 상충이 있는 경우 바울은 그리스도보다 부모를 순종해야 한다고 권면하지 않았을

---

317 Salmond, *The Epistle to the Ephesians*, p.375.

318 이상근, 『옥중서신』 (서울: 총회교육부, 1986), p.138.

것이다.[319] 예수님이 "무릇 내게 오는 자가 자기 부모와 처자와 형제와 자매와 더욱이 자기 목숨까지 미워하지 아니하면 능히 내 제자가 되지 못하고 누구든지 자기 십자가를 지고 나를 따르지 않는 자도 능히 내 제자가 되지 못하리라"(눅 14:26~27, 개역개정; 참조, 눅 18:29~30)라고 말씀하신 것이 바로 이를 두고 하신 말씀이다.

만약 믿지 않는 부모가 어떤 종류의 교회 봉사를 강경하게 금한다면 그것은 순종해야 하는 것이다. 그러나 그리스도를 믿지 못하게 하는 경우는 다르다. 만약 믿지 않는 부모가 성년이 되지 않은 자녀의 세례 받는 것을 강경히 반대한다면 그 자녀는 부모의 강경한 반대에도 불구하고 세례를 받을 것이 아니요 오히려 성년이 될 때까지 기다리는 것이 바람직하다.

둘째는 부모가 범죄를 강요할 때 그 요구를 따를 수 없다. 인간이 범죄의 행위를 하면 그 행위에 대한 책임이 본인에게 있다. 아무리 부모라 할지라도 자녀들의 범죄를 대신해서 책임을 질 수는 없다. 범죄 행위를 자녀에게 강요했을 때 부모에게도 책임이 있지만 그 일을 저지른 자녀에게도 근본적인 책임이 있다.

자녀들은 이 두 가지 점을 제외하고는 어떤 어려움이 있을지라도 부모에게 순종해야 한다. 본문의 "주 안에서"는 주에게 하듯 순종하라는 의미가 있다. 그런데 바울은 부모를 순종하는 것이 "약속이 있는 첫 계명"이라고 말한다. 이 부분의 해석은 약간의 어려움이 뒤따른다. 십계명을 보면 약속이 부가된 계명은 제2계명과 제5계명

---

319 Summers, *Ephesians*, p.128.

이다(출 20:3~17; 신 5:7~21). 제2계명도 하나님의 약속을 수반하고 제5계명도 하나님의 약속을 수반한다. 그런데 바울은 제5계명을 인용하면서 이는 "약속이 있는 첫 계명"이라고 설명하고 있다. 바울이 왜 제5계명을 약속이 있는 첫 계명이라고 설명했는가? 이 문제의 해석을 위해 여러 가지 견해가 제시되었다.

첫째, 바울이 제5계명을 약속이 있는 첫 계명이라고 말한 것은 십계명이 두 돌비로 나뉘어져 있는데 제5계명이 둘째 돌비의 첫 번째이기 때문이라는 이유이다. 그러나 이 해석은 설득력이 약하다. 왜냐하면 십계명을 두 돌비로 나눌 때 제5계명이 때때로 첫째 돌비에 속한 것으로 구분되기 때문이다.

둘째, 바울이 제5계명을 약속이 있는 첫 계명이라고 말한 것은 제5계명을 차서대로 생각한 것이 아니요, 중요한 계명이라는 뜻으로 말한 것이다.[320] 그러나 제5계명을 10계명 중 제일 중요한 계명이라고 설명하는 것은 설득력이 약하다. "너는 나 외에는 다른 신들을 네게 두지 말라"(출 20:3)라고 말씀한 제1계명이 제5계명보다 더 중요하지 않다고 말할 수 없기 때문이다.

셋째, 헨드릭센(Hendriksen)은 바울이 제5계명을 약속이 있는 첫 계명이라고 말한 이유는 제5계명이 "반드시 모든 계명 중에 가장 중요한 계명은 아닐지라도"(not necessarily *the* most important of all) "첫째가는 의미심장한 계명"(commandment of foremost significance)이기 때문

---

320 J. Ernst, *Die Briefe an die Philipper, an Philemon, an die Kolosser, an die Epheser* (Regensburg: F. Pustet, 1974), p.393.

에 그렇게 말했다고 설명한다.[321] 그러나 헨드릭센의 설명도 설득력이 약하다. 헨드릭센이 설명한 "첫째가는 의미심장한 계명"이 반드시 제5계명에만 해당된다고 생각할 수 없기 때문이다.

넷째, 본 저자는 문제의 어려움은 인정하면서도 이 문제를 다음과 같이 설명하는 것이 바울의 의도라고 생각한다. 바울이 십계명을 잘 알고 있으면서도 제5계명을 "약속이 있는 첫 계명"으로 설명한 것은 나름대로 이유가 있었기 때문이다. 그런데 문제를 어렵게 만들고 있는 이유는 제2계명도 "약속이 있는" 계명으로 생각하기 때문이다. 우리는 여기서 제2계명의 "약속" 부분의 성격을 분석할 필요가 있다. 제2계명의 약속은 "나 네 하나님 여호와는 질투하는 하나님인즉 나를 미워하는 자의 죄를 갚되 아버지로부터 아들에게로 삼사 대까지 이르게 하거니와 나를 사랑하고 내 계명을 지키는 자에게는 천대까지 은혜를 베푸느니라"(출 20:5~6, 개역개정; 참조, 신 5:9~10)이다. 우선 이 말씀은 질투하는 하나님의 부정적인 면과 긍정적인 면을 묘사하고 있다. 그런데 부정적인 면은 "약속"의 범주에 넣을 수 없다. 긍정적인 면은 약속의 범주에 넣을 수는 있으나 "나를 사랑하고 내 계명을 지키는 자에게는 천대까지 은혜를 베푸느니라"(출 20:6, 개역개정)의 말씀은 엄밀히 말해서 "너를 위하여 새긴 우상을 만들지 말라"(출 20:4)의 약속이라고 할 수 없다. 이 말씀은 하나님을 사랑하는 모든 사람에게 적용되는 일반적인 진술이다.[322] 그

321 W. Hendriksen, *Ephesians*, p.260.

322 Calvin, *The Epistles of Paul the Apostle to the Galatians, Ephesians, Philippians and Colossians*, p.213.

리고 이 말씀은 하나님의 성품을 묘사하고 있다. 그러므로 바울 사도는 제5계명인 부모 공경을 약속 있는 첫 계명이라고 말할 수 있었다.

이 해석에는 한 가지 더 설명을 필요로 한다. 제5계명이 약속 있는 계명이라면 사실상 제5계명은 약속 있는 "유일한" 계명이다. 왜냐하면 십계명 중 제2계명을 제외하고는 약속이 따라 나오는 계명이 없기 때문이다. 이렇게 제5계명이 약속 있는 유일한 계명이라면 바울이 왜 "유일한 계명"대신 "첫 계명"이란 용어를 사용했을까?

바울은 그의 서신에서 계명(ἐντολή)을 14회 사용한다.[323] 바울이 사용한 용례를 연구해 보면 "계명"이 거의 대부분 넓은 의미의 계명으로 사용되었다. 바울은 계명을 십계명에 한정시키지 않고 오경에 나타난 계명들을 생각하면서 이 용어를 사용하고 있다.[324] 따라서 바울이 부모 공경을 약속 있는 첫 계명으로 설명한 것은 단순히 십계명만을 염두에 둔 것이 아니요 오경에 포함된 많은 계명을 염두에 두고 쓴 것이다.[325] 그러므로 바울이 "네 아버지와 어머니를 공경하라 이것이 약속이 있는 첫 계명이니"(엡 6:2)라고 말한 것은 서로 상충되지 않는 바른 진리인 것이다.

그러면 부모에게 순종한 사람에게 약속된 것이 무엇인가? 그것은 "네가 잘되고 땅에서 장수하리라"(엡 6:3)이다. 그런데 부모 공경

---

323 롬 7:8, 9, 10, 11, 12, 13; 13:9; 고전 7:19; 14:37; 엡 2:15; 6:2; 골 4:10; 딤전 6:14; 딛 1:14. cf. J. A. Smith, *Greek-English Concordance to the New Testament* (Scottdale: Herald Press, 1974), p.132 (sec. 1785).

324 롬 13:9의 경우는 십계명과 연관되어 사용되었다고 주장할 수도 있다.

325 Salmond, *The Epistle to the Ephesians*, pp.375~376; A. T. Lincoln, *Ephesians* (*WBC.*), p.404.

과 장수의 관계는 기계적인 관계가 아니다. 누구나 부모를 공경하면 자동적으로 장수하고 공경하지 않으면 빨리 세상을 떠난다는 뜻이 아니다. 부모 공경이 육체적 생명 연장에 필요한 신비스런 묘약이라고 생각할 수 없다. 하나님의 복 아래 행해진 부모 공경은 절제와 근면의 생활 원리를 따를 때 가능하다. 그리고 이런 생활 원리는 생명의 계속을 복된 것으로 보장하는 것이다.[326]

본문의 뜻은 부모를 공경하는 것은 바른 생활의 원리를 따르는 것이요 바른 생활 원리를 따라 살면 축복된 생활을 할 수가 있고 또한 생명의 계속이 행복한 것이 될 수 있음을 말한다(참조, 잠 10:27).

(2) 부모들의 양육(엡 6:4)

본문 에베소서 6:4은 "아비들아 너희 자녀를 노엽게 하지 말고 오직 주의 교훈과 훈계로 양육하라"(개역개정)라고 말한다. 바울 사도는 여기서 소극적인 권면과 적극적인 권면을 함께 한다. 소극적인 권면은 부모들이 자녀들을 노엽게 하지 말라는 것이다. 부모들은 자녀들이 잘못하면 징계를 해야 하지만 분노를 일으키게 만들어서는 안 된다(골 3:21; 참조, 롬 10:19). "매를 아끼는 자는 그의 자식을 미워함이라 자식을 사랑하는 자는 근실히 징계하느니라"(잠 13:24), "아이의 마음에는 미련한 것이 얽혔으나 징계하는 채찍이 이를 멀

326 Wilson, *Ephesians*, p.124.

리 쫓아내리라"(잠 22:15), "채찍과 꾸지람이 지혜를 주거늘 임의로 행하게 버려 둔 자식은 어미를 욕되게 하느니라"(잠 29:15, 개역개정) 등의 구절은 부모들이 사랑의 징계로 자녀들을 양육해야 함을 말하고 있다.

부모가 자녀를 노엽게 하는 잘못은 일관성이 없는 것, 임의적인 것, 어리석은 것, 잔혹한 것, 부모의 위치를 남용하는 것 등을 들 수 있다. 헨드릭센은 부모가 자녀를 양육할 때 과잉보호, 편애, 실망시키는 것, 자녀의 성장을 감안하지 않은 것, 무시하는 것, 그리고 혹독한 말이나 육체적 학대를 통해 자녀를 노엽게 할 수 있다고 지적한다.[327] 본문에 나타난 사상은 부모가 자녀를 훈계할 때 자녀의 생명의 귀중성을 인식하고 자녀를 어떤 기계나 동물처럼 다루어서는 안 된다는 것이다. 자녀들은 비록 나이가 어릴지라도 하나님의 형상으로 태어난 인격체이다. 그러므로 부모들은 자녀들을 양육할 때 많은 시간과 많은 재정이 필요한 것을 알아야 한다.

오늘날 많은 사람들이 경제적인 풍요를 잘못 사용하고 있다. 오락이나 취미를 살리는 데는 많은 돈과 시간을 아끼지 않으면서 가정의 자녀들에게는 필요한 관심을 제공하지 못한다. 부모들은 자녀들에게 "공부 해, 피아노 쳐, 숙제 해" 등의 강한 요구는 쉽게 하지만 진정으로 인격적인 관계의 대화는 전혀 하지 못한다. 자녀가 학교에서 겪는 긴장감, 개인적인 문제로 인한 고심, 성장하는 과정 중에 오는 여러 가지 문제 등을 부모와 함께 부담 없이 의논할 수 있

327 Hendriksen, *Ephesians*, p.261~262.

어야 한다. 그런데 오늘날 부모들은 사회의 경쟁심에 휘말려 자녀들에게 과잉 요구를 하거나 비인격적인 요구를 할 때가 많다. 부모들은 자녀들을 대할 때 노엽게 하지 않으므로 인격적인 대화의 분위기를 계속 유지해 나가야 한다. 이런 분위기는 하루아침에 형성되는 것이 아니다.

바울은 소극적인 권면에서 그치지 않고 적극적인 권면을 한다. "오직 주의 교훈과 훈계로 양육하라." 교훈(παιδεία)은 자녀에게 본을 보여 자녀를 인도하는 뜻을 가지고 있다. 본문의 교훈은 행동(act)과 삶(life)으로 자녀를 훈련하는 것이다. 이것은 기독교인의 가정이 준수해야 할 법과 계율에 따라 행동으로 훈련하는 것을 뜻한다. 훈계(νουθεσία)는 말로써 자녀를 훈련시키는 것을 뜻한다. 훈련은 권면, 경고, 교훈 등의 뜻을 가지고 있다.[328] 그런데 훈계는 교리적인 문제에 관한 권면을 뜻하지 않고, 반성할 수 있는 능력을 발전시키거나 잘못을 교정하거나 선한 것을 보강할 수 있도록 권면하는 것을 뜻한다.[329] 그러므로 훈계는 성도의 삶에 필요한 지식에 관해 권면하는 것이 아니요, 삶에 필요한 지혜에 관해 권면하는 것이다.

---

328 M.R. Vincent, *Word Studies in the New Testament*, Vol.Ⅲ, p.404.

329 Ceslas Spicq, *Theological Lexicon of the New Testament*, Vol. 2 (Peabody, MA.: Hendrickson Publishers, 1996), pp. 548-549.

(3) 주 안에서의 훈계(엡 6:4)

그러면 주 안에서 하는 훈계는 어떻게 하는 것인가? 주 안에서 훈계하는 것은 주님의 지혜를 가르치고 주님의 마음으로 훈계하는 것이다.

첫째, 부모는 자신을 제어하면서 안정된 자세로 자녀에게 훈계해야 한다. 자녀들이 큰 잘못을 저질렀을지라도 감정을 폭발시켜서는 안 된다. 인간은 반사적이 되기 쉽기 때문에 자녀들이 유리창을 깨거나 손님 옷에 국물을 쏟거나 비싼 도자기를 깨는 등 부모를 당황하게 하는 일을 저지르면 부모들은 다른 것 생각하지 않고 상황에 대한 반사적 행동을 하게 된다. 자기 앞에 벌어진 상황만 생각하지 바로 그런 상황 가운데서 어른들의 태도를 모방할 자녀가 그 앞에 있다는 것은 생각하지 못한다. 부모들은 경우가 어느 경우이건 자신을 제어하고 마음에 평정을 가진 후 자녀들을 훈계할 수 있어야 한다. 자신도 자제할 수 없는 사람이 어떻게 다른 인격체를 훈계할 수 있겠는가?

둘째, 부모의 훈계는 일관성이 있어야 한다. 어른들은 만약 직장의 상관이 항상 일관성을 갖고 있지 않다면 불안을 느끼게 된다. 무엇을 해야 좋을지 몰라서 당황하게 될 수밖에 없다. 어떤 일을 했는데 아침에는 칭찬하더니 오후에는 같은 방법으로 같은 일을 했는데도 책망을 한다면 며칠이 못 가서 사표를 내게 될 것이다.

어린이들도 마찬가지이다. 부모들의 태도가 우유부단해서 어떤 때는 이것도 좋고 저것도 좋다가, 다른 때는 이것도 안 되고 저것도 안 되는 식의 훈계는 어린이에게 불안을 조성시키고 마음의 안정을 갖지 못하게 만든다. 부모들이 사건의 내용과는 상관없고 자신의 기분에만 맞추어 훈계를 하면 자녀들이 어떤 일을 해야 좋을지 알 수 없어서 그 가치 기준을 잃고 마는 것이다.

셋째, 부모들은 항상 이해심을 가지고 자녀들의 형편을 들어줄 줄 알아야 한다. 자녀가 어떤 잘못을 했을 때 그 이유를 들어본 후 적당한 훈계를 하여야 한다. 어른들이 잘못했을 때 국가가 그 이유도 묻지 않고 재판도 없이 감옥에 가두어버린다면 얼마나 불공평하겠는가?[330] 마찬가지로 자녀가 잘못했을 경우 그 이유를 들을 수 있는 여유와 배려가 부모에게 있어야 한다.

넷째, 훈계는 알맞게 해야 한다. 자녀가 작은 잘못을 했는데 부모가 자신의 기분이 나쁘기 때문에 혹독한 훈계를 하고 자녀가 큰 잘못을 범했는데도 부모가 기분이 좋다고 그저 넘겨버리는 경우는 자녀들에게 어느 것이 더 잘못된 것인지를 모르게 하는 결과를 초래한다. 그리고 훈계를 할 때 자녀가 치욕적인 감정을 갖지 않도록 훈계해야 한다. 훈계가 책벌로 끝나버리면 결코 아무런 효과가 없다. 훈계는 자녀가 잘못을 깨닫고 좋은 일을 할 수 있도록 인도하는 것이어야 한다. 부정적으로 "그건 해서는 안 돼"하고 끝나는 것보다 "그렇게 하는 것보다 이렇게 하는 것이 낫지"라고 방향 제시를 해주는 교육이어야 한다.

330 The Habeas Corpus Act(인신 보호법)를 참조하라. Habeas Corpus는 "당신은 몸을 가졌다"라는 뜻으로 원래는 불법으로 감금된 사람을 석방시키기 위한 목적으로 생겨났다. 이 법은 지금도 임의적으로 감금당하지 않도록 보호하는데 사용된다.

본문은 자녀들이 부모에게 절대적으로 순종할 것을 가르친다. 모든 일에서 자녀는 부모의 말을 따라야 한다. 단지 예수를 믿지 못하게 하는 것과 범죄의 행위를 강요하면 그대로 따를 수 없다. 그 이외에는 믿지 않는 부모가 믿는 자녀를 핍박하기 위해 강요하는 일일지라도 이를 순종해야 하는 것이다.

그리고 본문은 그리스도 안에서의 자녀 교육의 중요성을 가르친다. 이는 자녀들로 하여금 주님을 알게 하도록 교육하는 것이다. 자녀들로 주님을 알게 하는 것은 기계적인 연습으로 되는 것이 아니다. 가장 중요한 것은 사랑으로 인도하고 이해심을 가지고 자녀를 양육하는 것이다.

자녀에게 기독교가 비참한 것이라는 인상을 주지 않도록 해야 한다. 부모가 자녀에게 두 가지 방향으로 영향을 끼칠 수 있다. 하나는 부모가 예수를 믿으면서 항상 비참한 모습과 태도만 자녀에게 보이면 자녀들은 부모들을 보고 기독교가 비참한 것으로 알게 된다. 다른 하나는 부모가 항상 "하지 말라"(do not), "해서는 안 된다"(must not) 등으로 자녀를 억압하면 그 자녀는 기독교를 비참한 종교로 인상을 갖게 된다. 부모들은 자녀들이 주님을 고백하도록 강제해서는 안 된다.

사실상 부모는 원하기만 하면 자녀가 주님을 고백할 수 있도록 만들 수 있다. 그러나 그렇게 하면 그는 자신을 속이고 있는 것이다. 왜냐하면 주님을 고백하는 것은 부모의 강제로 될 일이 아니기 때문이다. 자녀로 하여금 항상 그리스도가 그 가정의 머리요 주인인 것을 모든 면에서 보여줄 때 자녀는 때가 되면 성령의 인도로 스스로 주님을 고백하게 될 것이다. 결국 우리 부모가 해야 할 것은 기독교가 매력적이라는 것을 자녀들에게 보여주는 것이다. 기독교 전체가 정말 매력적인 것으로 부모들의 생활과 태도를 통해서 자녀들에게 보여질 때 자녀들은 기독교를 결코 떠나지 않을 것이다. 기독교인 부모들은 자녀들에게 기독교가 매력적이요, 멋있는 종교요, 생활이라는 것을 보여주어야 한다.

2. 주인과 종의 관계(엡 6:5~9)

"종들아 두려워하고 떨며 성실한 마음으로 육체의 상전에게 순종하기를 그리스도께 하듯 하라 눈가림만 하여 사람을 기쁘게 하는 자처럼 하지 말고 그리스도의 종들처럼 마음으로 하나님의 뜻을 행하고 기쁜 마음으로 섬기기를 주께 하듯 하고 사람들에게 하듯 하지 말라 이는 각 사람이 무슨 선을 행하든지 종이나 자유인이나 주께로부터 그대로 받을 줄을 앎이라 상전들아 너희도 그들에게 이와 같이 하고 위협을 그치라 이는 그들과 너희의 상전이 하늘에 계시고 그에게는 사람을 외모로 취하는 일이 없는 줄 너희가 앎이라" (엡 6:5~9, 개역개정).

바울은 새 사람, 즉 성령이 내주하는 사람들의 관계 가운데 남편과 아내의 관계(엡 5:22~33), 부모와 자녀의 관계(엡 6:1~4)를 설명한 후 그 방향을 사회적인 측면으로 돌린다. 본 구절에서 바울은 그 당시 사회적 제도로 허용되고 있던 노예와 주인의 관계를 설명한다.

고대의 노예 제도는 일반적으로 용납된 제도였다. 인구 중의 많은 사람이 노예였다. 바클리(Barclay)는 로마 제국의 노예를 6천만 명으로 추산한다.[331] 노예들은 그 당시 노동력으로 사용되었다. 그 당시의 사회 제도는 노예들이 없으면 유지될 수 없을 정도로 노예에 의존된 형편이었다. 오늘날 산업이 기계에 의존되어 있는 것처럼 고대에는 모든 산업을 노예에 의존하고 있었다.

이런 이유 때문에 노예 제도는 큰 도전 없이 용납되고 있었다. 노예는 주인의 소유물로 간주되어 팔고 살 수 있었으며, 주인이 원하는 대로 체벌할 수 있었고, 사형을 시켰다고 해서 큰 문제가 되지 않았다. 때로는 사소한 일로 노예를 심히 때리고 불로 지지고 손발을 끊으며 쇠사슬로 매어 감옥에 넣거나 동물의 밥이 되게 할 정도로 비인간적인 대우를 했다. 하비(Harvey)가 전한 이야기는 에베소서가 기록될 당시 노예와 관련된 사회상을 잘 묘사해 준다. 하비는 한 시민이 암살되자 그에게 속한 400명의 노예들도 모두 처형되었다고 전한다.[332] 바울은 이런 사회적인 형편 가운데서 기독교인이 된

---

331 William Barclay, *The Letters to the Galatians and Ephesians: The Daily Study Bible* (Philadelphia: The Westminster Press, 1958), p.212; 류프레크트(A. A. Rupprecht)는 주후 1세기와 2세기 동안 로마와 이태리 반도 내의 노예는 거주민의 85~90%에 해당될 만큼 사회구조의 큰 부분을 차지하고 있었다고 전한다. see, A. A. Rupprecht, "Slave, Slavery," *Dictionary of Paul and His Letters*, p.881.

332 H. Harvey, "Commentary on the Pastoral Epistles, First and Second Timothy and Titus, and the Epistle to Philemon," *An American Commentary on the New Testament*, Vol. VI

노예와 주인의 관계를 설명하고 있다.

어떤 사람들은 사람을 비인간적으로 취급하는 이런 노예 제도에 대해서 바울이 너무 소극적인 태도를 취했다고 말한다. 바울이 왜 노예 제도를 폐지하라고 말하지 못했던가? 이런 질문을 받을 때 기독교인들은 결코 노예제도를 옹호하는 태도로 대답해서는 안 된다. 바울 시대뿐만 아니라 그 이후 기독교가 더 확장된 시대에도 노예 제도가 계속되었다. 기독교의 복음이 유럽과 미국에 전파된 후에도 노예 제도는 계속되었다. 기독교인들은 이 사실에 대해서 개탄하는 마음을 가져야 한다.

그러나 바울이 그 당시 노예 제도를 폐지하라고 강력히 말하지 않았던 이유를 몇 가지로 생각해 볼 수 있다.

첫째, 바울 당시 로마 제국 시대에는 기독교가 미미한 형편에 있었던 반면 노예 제도는 국가의 제도로 자리를 굳히고 있었기 때문에 사실상 노예 제도를 일시에 폐지하면 사회가 혼란에 빠질 수밖에 없었다. 캐어드(Caird)는 "현대사회가 경제를 기계에 의존하고 있듯이 고대 사회는 노예 제도에 그 경제를 의존하고 있었으므로 노예 제도를 폐지하자고 제안하는 사람은 선동적인 광신자로 취급받을 수밖에 없다."[333]라고 말했다. 바울은 이런 실제적인 이유 때문에 노예 제도의 즉각적인 폐지를 제안하지 않았다.

둘째, 그 당시 노예 제도가 점점 개선되고 있었기 때문에 신약에

(Valley Forge: Judson Press, 1890), p. 153.

333 G. B. Caird, *Paul's Letters from Prison* (London: Oxford, 1976), p.216.

서 노예 제도에 대한 더 강력한 표현을 찾을 수 없었다고 생각된다. 많은 노예 소유자들이 노예들을 해방시켰고 어떤 경우는 자유로워진 노예들이 그들의 전 주인보다 더 부를 축적하게 되는 경우도 있었다. 뿐만 아니라 노예에 대한 법적 보장이 점점 개선되어 결혼도 허용했으며 소유권을 법적으로 보장받게도 되었다.

셋째, 기독교의 복음은 제도의 변혁을 강조하기보다 내적 심령의 변화로 인한 자연적인 제도의 변화를 강조하기 때문에 바울은 즉각적인 노예 제도의 철폐를 주장하지 않았을 수 있었다. 사실상 기독교 복음이 노예 제도를 파괴한 방법은 인간의 소중함을 강조함으로였다. 바울이 노예 제도의 철폐를 직접 언급하지 않은 것은 하나님 앞에서 인간의 동등함, 기독교인들은 같은 형제라는 사상, 기독교인의 영적 자유, 그리고 모든 주인 의식은 그리스도의 주님 되심에 종속되어 있다는 이런 위대한 기독교 원리들을 점진적으로 실천함으로 노예 제도가 철폐될 것으로 생각했기 때문이다.[334] 성경에 나타난 그 좋은 예가 빌레몬(Philemon)과 오네시모(Onesimus)의 관계이다. 주인으로부터 도망쳐 나온 빌레몬의 노예 오네시모를 가리켜 바울은 "갇힌 중에서 낳은 아들"(몬 10) "내 심복"(몬 12)이라고 말하며 노예의 주인 빌레몬에게 "사랑받는 형제"(몬 16)로 취급하라고 말한다."[335] 인간은 하나님 앞에서 평등하다. 하나님은 주인이나 노예나 할 것 없이 공평하게 취급하신다.

---

334 Salmond, *The Epistle to the Ephesians*, pp.377~378.

335 박형용,『신약개관』(서울: 아가페출판사, 1987), pp.164~166.

그러므로 주인은 노예를 공평하고 정당하게 다스려야 한다. 이와 같은 기독교 복음의 본질 때문에 바울은 노예 제도 폐지에 대한 강력한 언급을 하지 않았을 수 있었다.[336]

(1) 종의 의무(엡 6:5~8)

바울 사도는 주인과 종의 관계를 설명하면서 종에게 먼저 명령한다. 본문 다섯 절 중 종의 의무에 대해서 네 절, 그리고 주인의 의무에 대해서 한 절을 사용한다. 그리고 종의 의무에 대해 언급한 각 절마다 예수 그리스도의 이름이 언급된다.

종들은 "그리스도께 하듯"(엡 6:5) 상전들에게 순종해야 하며 그들은 "그리스도의 종"(엡 6:6)처럼 행동해야 하고 또한 종들은 사람에게 하듯 하지 말고 "주께 하듯"(엡 6:7) 봉사해야 하며 "주님께서" 그들의 봉사에 대한 보상을 해주실 것으로 알아야 한다(엡 6:8).[337] 본문의 교훈은 그리스도 중심적이다. 종의 전망이 그리스도 안에서 변화되어야 한다. 종이 해야 할 일상생활의 일이 주님을 기쁘시게 하는 일이 되어야 한다. 종은 어떤 일을 하든지 항상 주님을 기쁘시게 하기 위해 일을 해야 한다. 기독교인의 일과 봉사의 기준은 세상

336 박형용, 『골로새서, 빌레몬서 주해』 (수원: 합신대학원출판부, 2020), pp. 221~229.

337 본문의 "육체의 상전"(τοῖς κατὰ σάρκα κυρίοις) 에서 "상전"이란 용어를 κύριος로 표현한 것은 물질적인 관심과 세상적인 관심 가운데서의 "주"(the lord)와 지상과 하늘의 관계 가운데서 절대적인 위치와 권한을 소유하고 계신 "주님"(the Lord)을 비교하기 위해서이다.

의 기준과 전혀 다르다. 기독교인은 세상의 주인에게 봉사할 때 마치 하늘에 계신 주님께 하는 것처럼 해야 하는 것이다.

신명기 15:12~18에 보면 주인을 진정으로 사랑하고 존경하는 종의 이야기가 기록되어 있다. 히브리 남자나 여자가 종으로 팔려와 주인을 육 년 동안 섬겼으면 칠 년째는 주인이 그 종을 놓아 자유롭게 해야 한다. 이렇게 하는 것은 이스라엘 백성이 애굽 땅에서 종 되었을 때 하나님이 구해 주신 것을 기억하고 감사해야 하기 때문이다. 그런데 종이 주인과 주인의 집을 사랑하여 계속 동거하기를 원하면 송곳을 취하여 종의 귀를 문에 대고 구멍을 뚫어야 한다. 그리하면 그 종은 영원히 주인의 종으로서 주인과 함께 살 수 있게 된다(신 15:16~17). 바울은 에베소서에서 귀에 구멍을 뚫린 종이 주인을 진정으로 사랑하는 것처럼 종들은 사람에게 하듯 하지 말고 "주께 하듯" 주인을 섬겨야 한다고 권면한다.

오늘날 가정에서 주부가 청소를 하고 밥을 지으며 그릇을 씻는 그런 일을 하면서도 그리스도 중심적으로 할 수 있고 그리스도를 기쁘시게 할 수 있다고 말한다. 주부가 집안 청소를 하면서 주님을 그 집의 손님으로 모시게 된다는 생각을 가지고 청소를 하면 그것이 바로 주님을 기쁘시게 하는 것이요 주님께 영광을 돌리는 것이다. 식사를 준비할 때도 주님이 드실 식사처럼, 그릇을 씻을 때 주님이 그 그릇으로 식사를 하실 것처럼 생각하고 그 일들을 한다면 이는 주님을 기쁘시게 하는 일인 것이다. 기독교인이 어떤 위치에서 무슨 일을 하든지 그 일을 주님을 위해서 하는 것으로 생각하고 실행하면 주님이 바로 그 일을 통해 영광 받으시는 것이다.

바울 사도는 본문에서 종들의 일을 통해서 하나님이 영광 받으실 수 있다고 말한다.

첫째, 종들은 두려워하고 떨며 성실한 마음으로 봉사해야 한다. 주인을 주님의 권위를 대신한 사람으로 생각하고 주께 하듯 해야 한다. 병행 구절인 골로새서 3:22은 "주를 두려워하여 성실한 마음으로 하라"라고 표현한다.

둘째, 종들은 사람을 기쁘게 하는 자처럼 하지 말고 그리스도의 종들처럼 봉사해야 한다. 바클리(Barclay)는 "기독교 사역자의 확신은 자신이 행하는 모든 사역이 하나님께 보여드리기에 합당할 만큼 선한 것이 되어야 한다."[23]라고 바로 말한다.

셋째, 종들은 불평과 불만을 가지고 봉사할 것이 아니요 기쁜 마음과 즐거운 마음으로 봉사해야 한다. 바울 사도는 종의 일이 어떤 일이건 이런 마음으로 봉사하면 바로 그 일을 통해 주님을 기쁘시게 할 수 있다고 말하고 있다.

(2) 주인의 의무(엡 6:9)

바울은 비교적 간단히 주인에게 권고한다. 그러나 그 권고의 내용은 그 당시 사회에서 용납할 수 없는 획기적인 것이었다.

338 William Barclay, *The Letters to the Galatians and Ephesians: The Daily Study Bible* (1958), p.215: "The conviction of the Christian Workman is that every single piece of work he produces must be good enough to show to God."

첫째, 주인들은 종들을 대할 때 자신들도 주인을 섬기고 있는 사람들임을 깨닫고 종들에게 인격적인 태도로 접근해야 한다. 종들의 존경과 올바른 봉사를 원하면 주인들도 종들을 대할 때 그리스도를 대하는 태도로 그들을 대해야 한다고 말한다. 이 말씀은 예수님의 황금률과도 같은 것이다. 예수님은 "무엇이든지 남에게 대접을 받고자 하는 대로 너희도 남을 대접하라"(마 7:12, 개역개정)라고 가르치신다. 바울의 이 말씀은 노예를 재산의 일부처럼 생각했던 그 당시로 보아 혁명적인 변화를 요청하는 말씀이다. 바울은 여기서 주인과 종을 같이 대우한다. 바울은 주인에게 특별한 위치를 부여하지 않는다.

둘째, 주인들은 종들에게 위협을 그쳐야 한다. "위협"은 자신의 위치를 사용하여 상대방을 겁먹게 하고 두려워하게 만드는 것이다. 주인들이 공갈을 그쳐야 하는 것은 주인의 상전이 하늘에 있기 때문이다. 주인들은 자신의 위치를 악용해서는 안 된다고 말한다. 주인들은 의와 공평을 종들에게 베풀어야 한다(골 4:1). 왜냐하면 주인의 상전이 하늘에 계시고 하늘에 계신 주인은 사람을 외모로 보지 않으시기 때문이다(참조, 삼상 16:7).

바울 사도는 지금까지 그리스도 안에서 새 사람이 어떻게 살 것을 구체적으로 설명했다. 누구든지 바울이 언급한 남편과 아내, 부모와 자녀, 주인과 종의 관계 밖에 독자적으로 존재하는 사람은 한 사람도 없다. 누구든지 이 관계 속에 속해 있는 것이다.

우리는 어느 위치에 있건 바울이 말한 이 세 관계 속에 있다. 특히 사회인으로서의 기독교인은 주인과 종의 관계 속에서 명백히 밝혀진 대로 인간 중심적인 삶이 아니라 그리스도 중심적인 삶을 살아야 한다. 우리가 무슨 일을 하든지 그것이 비천하게 보이든 고귀하게 보이든 우리가 그 일을 할 때 주님을 의식하고 했느냐 의식하지 않고 했느냐가 문제가 되는 것이다.

3. 성도의 영적 투쟁(엡 6:10~20)

"끝으로 너희가 주 안에서와 그 힘의 능력으로 강건하여지고 마귀의 간계를 능히 대적하기 위하여 하나님의 전신 갑주를 입으라 우리의 씨름은 혈과 육을 상대하는 것이 아니요 통치자들과 권세들과 이 어둠의 세상 주관자들과 하늘에 있는 악의 영들을 상대함이라 그러므로 하나님의 전신 갑주를 취하라 이는 악한 날에 너희가 능히 대적하고 모든 일을 행한 후에 서기 위함이라 그런즉 서서 진리로 너희 허리 띠를 띠고 의의 호심경을 붙이고 평안의 복음이 준비한 것으로 신을 신고 모든 것 위에 믿음의 방패를 가지고 이로써 능히 악한 자의 모든 불화살을 소멸하고 구원의 투구와 성령의 검 곧 하나님의 말씀을 가지라 모든 기도와 간구를 하되 항상 성령 안에서 기도하고 이를 위하여 깨어 구하기를 항상 힘쓰며 여러 성도를 위하여 구하라 또 나를 위하여 구할 것은 내게 말씀을 주사 나로 입을 열어 복음의 비밀을 담대히 알리게 하옵소서 할 것이니 이 일을 위하여 내가 쇠사슬에 매인 사신이 된 것은 나로 이 일에 당연히 할 말을 담대히 하게 하려 하심이라" (엡 6:10~20).

(1) 성도의 영적 투쟁(엡 6:10~12)

바울 사도는 지금까지 그리스도 안에서 새롭게 된 사람들이 어떤 인간관계 가운데서 살든지 주님을 기쁘시게 하는 생활을 해야 할 것을 말한 다음 성도들이 올바른 관계 안에서 살 수 있기 위해서는 계속적인 영적 투쟁이 필요하다고 말한다. 성도들은 "주 안에서" 사는 사람들이다. 바울은 하나님께서 창세전에 그리스도 안에서 성도들을 택하사 그리스도의 죽음과 부활을 통해 새로운 백성으로 만드셨다고 말 한다(엡 1:4~10). 이 새로운 백성은 그들이 부르심을 받은 소명에 따라 값있는 생을 살아야 한다.

바울은 그리스도 안에서 이룩된 새로운 백성의 특징은 통일성이 있으며 다양성이 있고 순결성이 있으며 조화의 특성이 있다고 에베소서 여러 곳에서 강조했다. 그런데 새로운 백성이 이런 특성들을 나타낼 수 있으려면 계속적인 노력과 투쟁이 있지 않으면 불가능하다. 본문에서는 바울이 이런 투쟁을 위해 구체적인 교훈을 준다.

에베소서는 바울의 1차 로마 감금 기간 중에 기록된 서신이다. 사도행전 28:16, 30, 31에 보면 바울은 로마 감옥 생활을 비교적 자유스럽게 했다. 빌립보서 1:13에는 바울이 이 기간 중에 온 시위대와 접촉할 수 있었다고 진술한다. 이 사실은 바울이 감옥 생활을 하면서 로마의 무장한 군인들을 많이 접했음을 증거하고 있다.

바울은 자신의 감옥 생활에서 얻은 경험과 지식을 영적 진리로 설명하는 데 사용했을 수 있다. 바울은 기독교인의 생활이 영적 투쟁을 계속하는 생활임을 설명한 것이다. 그리스도의 초림과 죽음, 그리고 부활로 새로운 백성이 된 성도들은 그리스도의 재림 때까지 계속적으로 영적 투쟁을 하지 않으면 안 된다. 이것이 성도들의 생활의 특징인 것이다.

이제 이 영적 투쟁에 대한 바울의 견해를 몇 가지로 나누어 생각해보기로 한다.

하나님은 성도의 편이다. 성도들이 영적 투쟁에 승리하기 위해 알아야 할 것은 먼저 하나님이 우리 편에 계신다는 사실이다. 바울은 "너희가 주안에서와 그 힘의 능력으로 강건하여지고"(엡 6:10)라고 말한다. 주님의 힘과 능력이 성도들의 투쟁에 필요한 능력의 근본이다. 그리스도를 떠나서는 성도들은 아무 힘도 없으며 아무 것도 성취할 수 없다(요 15:1~5). 바울은 "내게 능력 주시는 자 안에서 내가 모든 것을 할 수 있느니라"(빌 4:13, 개역개정)라고 말한다.

진실로 성도들은 주의 능력으로 강건해져야만 한다. 본문의 "강건하여지고"는 헬라어 시상으로 현재 수동태 명령으로 나와 있다. 이는 성도들이 주님으로부터 계속적인 능력을 공급받지 않으면 영적 투쟁에서 승리할 수 없음을 가르친다.

성도들은 사탄의 강함을 알아야 한다. 인간의 힘만으로는 사탄을 물리칠 수가 없다. 사탄은 인간보다 더 강하다. 성경은 사탄을 가리켜 "공중의 권세 잡은 자"(엡 2:2), "이 세상 임금"(요 12:31) 등으로 묘사하고 있다. 그러므로 사탄을 물리치기 위해서는 성도들은 하나님을 의지해야만 한다. 사탄보다 강한 분은 하나님이시기 때문이다. 이런 이유로 바울 사도는 성도들이 주의 능력으로 강건하여져야 한다고 말하는 것이다. 예수님도 사탄의 시험을 당했을 때 하나님의 말씀을 사용하여 물리치셨다(마 4:1~11).

성도들은 사탄을 대적할 때 자신의 힘으로 사탄을 물리칠 수 있다고 생각하면 실패할 수밖에 없다. 성도들은 하나님이 성도들의 편에 있다는 사실을 인식하고 사탄과의 영적 투쟁에 하나님을 의지해야만 한다. 하나님은 성도들을 영적 투쟁에 홀로 내보내시지 않는다. 성도들은 하나님의 전신갑주를 입고 싸우는 것이다. 따라서 궁극적인 승리는 우리의 것이다.

바울은 "누가 능히 하나님께서 택하신 자들을 고발하리요 의롭다 하신 이는 하나님이시니 누가 정죄하리요 죽으실 뿐 아니라 다시 살아나신 이는 그리스도 예수시니 그는 하나님 우편에 계신 자요 우리를 위하여 간구하시는 자시니라"(롬 8:33~34, 개역개정)라고 그리스도와 연합된 성도들의 궁극적 승리를 선언하고 있다. 성도들은 영적 투쟁에 있어서 하나님이 우리 편에 계심을 확신해야 한다.

성도들의 대적은 사탄이다. 우리의 대적은 인간이 아니요 마귀인 것이다. 바울은 성도들이 그리스도의 능력 안에서 강건해져야 하는 이유를 "마귀의 간계를 능히 대적하기"(엡 6:11) 위함이라고 설명한다. 영적 투쟁에 있어서 성도들이 알아야 할 마귀의 특징은 무엇인가?

첫째, 마귀는 아직도 강한 존재이다. 예수님의 십자가 사건으로 사탄의 머리가 깨어지긴 했지만 마귀는 남은 힘을 사용하여 성도들을 넘어뜨리려고 한다. 사탄은 예수님에게까지 세상의 모든 왕국을 주겠다고 할 만큼 세력을 쓰는 존재이다. 비록 사탄이 남은 힘으로 세상을 주관하려 하지만 그리스도의 복음이 전파되는 곳에 그리스도의 왕국이 확장되고 사탄의 나라는 축소되는 것이다.

둘째, 마귀는 사악한 존재이다. 사실상 힘은 중립적인 것이다. 힘은 선하게 사용할 수도 있고 악하게 사용할 수도 있다. 사탄이 능력을 가지고 있다는 자체가 잘못된 것은 아니다. 그러나 사탄은 본래 악하기 때문에 그가 가진 능력을 항상 악한 일을 위해 사용한다. 사탄은 항상 파괴적으로 사역한다. 그는 어둠을 좋아하고 잔악하며 거짓을 즐긴다.

셋째, 마귀는 간교한 존재이다. 본문의 "마귀의 간계"는 마귀들이 사용하는 방법을 말해준다.[339] 마귀는 기발한 속임수의 계획적인 방법으로 성도들을 공격한다. 마귀들은 빛보다 어둠을 좋아하기 때문에 그의 공격 방법도 개방적인 것이 아니다. 교활한 여우가 양의 옷을 입고 그리스도의 양떼 속으로 들어오는 방식을 사용한다. 마귀는 뱀처럼 교묘하게 성도들을 찾아와 유혹하는 것이다. 그러므로 우리들은 노골적인 핍박이나 드러난 유혹만을 마귀의 책동으로 생각해서는 안 된다. 마귀는 성도들을 유혹하여 잘못과 타협하게 만드는 것이다.

본문의 "간계"라는 말은 에베소서 4:14의 "사람의 속임수와 간사한 유혹에 빠져 온갖 교훈의 풍조에 밀려 요동하지 않게 하려"(개역개정)의 "간사한 유혹"과 같은 말이다. 사탄은 그의 힘으로 억압하며 그의 간교함으로 성도들을 유혹하여 넘어지게 한다. 로이드 존스(Lloyd-Jones)는 "사탄의 간교한 방법의 하나가 자신이 존재하지 않는다는 것을 성도들로 하여금 믿게 하는 것이다."[340] 라고 말한다.

투쟁의 본질은 영적인 것이다. 바울 사도는 "우리의 씨름은 혈과 육을 상대하는 것이 아니요 통치자들과 권세들과 어둠의 세상 주관자들과 하늘에 있는 악의 영들을 상대함이라"(엡 6:12, 개역개정)라고

339 "마귀의 간계"는 헬라어로 τὰς μεθοδείας τοῦ διαβόλου이다. 영어의 방법(method)이 μεθοδεία에서부터 왔다. μεθοδεία는 신약에서 에베소서에서만 두 번(4:14; 6:11) 나타나는데 모두 나쁜 의미와 연계되어 사용되었다.

340 Lloyd-Jones, *Warfare* (Grand Rapids: Baker, 1976), p.292; Wilson, Ephesians, p.130.

우리의 투쟁이 영적인 것임을 명백히 한다. 어떤 이는 "통치자들과 권세들"을 경제적, 사회적, 정치적 힘으로 생각한다.[341] 또 어떤 이는 "통치자들과 권세들"을 인간의 전통과 종교적, 도덕적 법칙들로 생각한다.[342] 또 어떤 이는 "통치자들과 권세들"을 국가, 죽음, 도덕적 및 의식적 법률, 그리고 경제적 간계로 생각하기도 한다.[343]

그러나 바울 사도는 본문에서 성도들의 투쟁은 영적인 것임을 명백히 한다. 우선 우리의 씨름은 혈과 육을 상대하는 것이 아니며 "악의 영들을 상대함"이라고 말한다(엡 6:12). 따라서 같은 문맥 속에 나타난 "통치자들과 권세들"도 마귀의 존재를 가리킨다고 생각하는 것이 더 타당하다. 우리의 투쟁은 영적인 것이다. 그리고 본문의 설명은 우리의 투쟁이 백병전과 같음을 말하고 있다. 우리의 투쟁에는 휴전이 있을 수 없고 승리를 얻을 때까지 계속 되는 것이다.

바울은 성도들의 형편이 죽을 때까지 영적 투쟁을 해야 할 형편임을 명백히 한다. 성도들은 그리스도의 능력을 힘입어 강건해져야 한다. 그렇지 않으면 인간보다 강한 사탄을 이길 수 없다. 그리고

---

341 W. Gordon Rupp, *Principalities and Powers* (London: the Epworth Press, 1952), pp.93~112.

342 Hendrik Berkhof, *Christ and the Powers*, trans, John H. Yoder (Scottdale, Pa.: Herald Press, 1977), pp.20~22: "The 'world powers' under which mankind languishes, to which the Colossians risk falling subject once again, are definite religious and ethical rules, the solid structures within which the pagan and the Jewish societies of the day lived and moved."(p.21).

343 Markus Barth, *The Broken Wall: A Study of the Epistle to the Ephesians* (Philadelphia: The Judson Press, 1959), p.90: "We conclude that by principalities and powers, Paul means the world of axioms and principles of politics and religion, of economics and society, of morals and biology, of history and culture."

성도들은 마귀의 간교함을 알고 하나님의 전신갑주를 입어야만 한다. 조금의 틈만 있어도 그것을 공격하는 것이 마귀의 수작이다.

마귀는 간교하고 강하기 때문에 우리는 마귀보다 더 능력 많으신 하나님을 의지해야 한다. 이 길만이 우리의 영적 투쟁을 승리로 이끌 수 있는 것이다.

(2) 하나님의 전신갑주(엡 6:13~20)

바울 사도는 성도들이 하나님의 전신갑주를 입고 마귀와 싸워야 한다고 말한다. 에베소서 6:11과 13절에서 하나님의 전신갑주를 입으라고 말하는데 문맥의 내용은 성도들의 싸움이 백병전과 같다고 말하는 것이다. 성도들이 하나님의 전신갑주를 입는 목적은 악한 날에 성도들까지도 넘어뜨리려고 동분서주하는 마귀의 희생물이 되지 않고 굳게 서기 위함에서이다. 하나님의 전신갑주는 방어적인 것도 있지만 공격적인 것도 있다. 성도는 마귀와의 싸움에서 철저하지 않으면 안 된다.

하나님의 전신갑주는 장비가 완전하다는 특징도 있지만 더 강조되어야 할 것은 장비가 바로 하나님께서 주신 장비라는 사실이다. 하나님의 전신갑주(τὴν πανοπλίαν τοῦ θεοῦ)는 중무장한 병사의 전체 전쟁 장비와 같은 것으로 하나님께서 주신 것이다.[344] 성도들은 하

344 Arndt and Gingrich, *A Greek-English Lexicon of the New Testament and Other Early Christian Literature*, 1969, p.612.

나님께서 주신 전신갑주를 입고 마귀와 대항하여 싸워 승리해야 한다. 이제 하나님의 전신갑주의 구체적인 면을 생각해보기로 하자.

① 진리의 허리띠(엡 6:14)

허리띠는 무장한 병사에게 필요 불가결한 것이다. 비록 잘 보이지 않지만 필수적인 것으로 활동의 불편을 막고 전진할 때 책임감을 갖게 만든다. 그런데 바울은 "진리"를 "허리띠"라고 말한다. 여기 진리는 무엇을 뜻하는가? 여기 진리는 두 가지의 뜻을 가질 수 있다. 즉 교리적인 의미에서의 진리와 성도의 신실성을 뜻할 수 있다.[345] 교리적인 의미에서의 진리는 그리스도와 성경 안에 나타난 하나님의 계시를 가리키며 성도의 신실성은 성도가 모든 일에 있어서 정직하고 성실해야 한다는 것을 말한다. 진리의 허리띠를 하나님의 계시로 생각하는 해석은 객관적인 해석이다. 즉 복음의 객관적인 실재만이 성도들을 바로 무장시킬 수 있다고 생각하는 것이다. 그리고 진리의 허리띠를 성도들의 마음의 신실성을 가리키는 것으로 해석하는 것은 주관적인 해석이다.

본문이 어느 쪽을 가리키는지는 명확하지 않다. 그러나 분명한 것은 진리가 양쪽을 다 포함한다는 사실이다. 더욱이 바울은 여기서 성도들의 구원 문제를 다루지 않고 성도들의 삶 속에서 어떻게 사탄을 대적할 것인지를 다루고 있기 때문에 객관적인 하나님의 계

345 칼빈 (Calvin, *Ephesians*, p.220)은 진리의 허리띠를 신실한 마음을 가리키는 것으로 주관적인 해석을 따른다. 반면 윌슨 (Wilson, *Ephesians*, p.132)은 "복음의 객관적 실재"로 해석하여 객관적인 해석을 따른다.

시와 주관적인 성도들의 신실성을 모두 포함하고 있다고 생각할 수 있다. 하나님의 계시와 성도의 성실성을 분리시킬 수 없기 때문이다.[346] 예수님은 하나님의 말씀으로 마귀를 물리치셨다. 마귀가 가장 무서워하는 무기가 바로 하나님의 계시인 것이다. 그런데 마귀의 쉬운 공격 대상은 불성실한 성도이다. 마귀는 불성실한 성도를 어떻게 다루어야 할 줄 안다. 그러므로 바울은 진리의 허리띠를 언급할 때 어느 한 쪽만 생각하고 말한 것이 아니요 양쪽 모두 포함해서 말한 것이다.

② **의의 흉배**(엡 6:14)

요한 번연(John Bunyan)은 그의 『천로역정』[347]에서 성도가 흉배를 가진 것은 등에는 아무런 무장도 없다는 것을 뜻하며 따라서 성도가 적을 대항할 때 등을 보여서는 안 되며 용감히 전진해야 함을 뜻한다고 설명한다. 그런 설명은 영적 교훈에는 도움이 될 수 있으나 본문을 정확히 해석했다고 생각할 수는 없다. 군인의 흉배는 몸의 앞 부분뿐만 아니라 뒷부분도 보호할 수 있는 무기이다.

그런데 바울은 여기서 "의"의 흉배라고 말한다. 본문의 의는 전가된 의를 뜻하는 것일까, 아니면 성도가 이루는 도덕적 의를 말하는 것일까? 다른 말로 표현하여 칭의를 가리키는지 아니면 성화를

---

346 William Gurnall, *The Christian in Complete Armor: A Treatise of the Saint's War Against the Devil* (Lafayette, IN.: Sovereign Grace Trust Fund, 1989), p.142: "Some by truth mean truth of doctrine; others will have it truth of heart, sincerity. I think it right to comprise both. Both true doctrine and true sincerity are required to make the girdle complete."

347 John Bunyan, *Pilgrim's Progress*, 1953, p.71.

통해 얻는 의를 가리키는지 명확하지 않다. 본문의 의는 둘 다 포함한다고 생각하는 것이 타당하다. 칭의 없이 도덕적 의를 성취할 수 없으며 도덕적 의의 열매가 전혀 없다면 칭의의 진정성을 의심할 수밖에 없기 때문이다.

바클리는 "의가 흉배이다. 사람이 의로 옷 입게 될 때 그는 침공받을 수 없게 된다. 말(언어)은 비난에 대해 방어가 되지 못하지만 좋은 삶은 방어가 된다. 어떤 사람이 플라톤(Plato)이 어떤 죄를 지었다고 고소했다. 플라톤은 말하기를 '자 그러면 우리는 그 고소가 거짓말인 것을 증명하도록 살아야만 한다'고 했다. 기독교에 대항하는 고소를 극복하는 유일한 길은 얼마나 좋은 기독교인이 될 수 있느냐를 보여주는 것이다."[348]라고 말했다. 바클리는 성도들의 도덕적 삶에 강조를 두어 의를 설명했지만 본문에 나타난 의는 칭의와 성화를 모두 포함한다고 생각하는 것이 더 타당하다.

핀드리(Findlay)는 "과거에 지은 죄의 완전한 용서와 의롭게 된 생애가 보여 준 성실성은 서로 잘 짜여진 난공불락의 갑옷을 이룬다."[349]라고 칭의적인 면과 성화적인 면을 동등하게 강조했다.

③ **복음의 신**(엡 6:15)

에베소서 6:15의 "평안의 복음이 준비한 것"(ἐν ἑτοιμασίᾳ τοῦ

348 William Barclay, *The Letters to the Galatians and Ephesians: The Daily Study Bible* (Philadelphia: The Westminster Press, 1958), p.217; cf. S. D. F. Salmond, *The Epistle to the Ephesians* (*The Expositor's Greek Testament*, Vol.Ⅲ), p.386.

349 G. G. Findlay, *The Epistle to the Ephesians: Expositor's Bible* (New York: Funk and Wagnalls Co., 1900), p.415.

εὐαγγελίου τῆς εἰρήνης)은 예수 그리스도의 죽음과 부활로 성취된 구속 사건이 화목의 복음이라는 뜻이다. 이 말씀은 우리가 진정한 평안을 소유하기 위해서는 하나님과 화목하는 일이 최우선의 일임을 가르치고 있다. 하나님과 화목의 관계가 성립될 때 우리는 평안을 소유할 수 있다. 이 말씀은 우리가 진정한 평안을 소유하기 위해서는 하나님과 화목하는 일이 최우선의 일임을 가르치고 있다. 그래서 본문의 "평안의"(τῆς εἰρήνης)는 내용을 가리키는 소유격이요, "복음의"(τοῦ εὐαγγελίου)는 기원을 가리키는 소유격이다. 우리는 복음을 받을 때만 평안을 누릴 수 있다. 진정한 평안은 예수 그리스도의 복음 안에서만 가능하다. 본문의 신은 성도의 준비성을 가리키기 위해 사용되었다. 성도는 항상 평안의 복음을 선포할 준비가 되어 있어야 한다. 바울은 "그들이 믿지 아니하는 이를 어찌 부르리요 듣지도 못한 이를 어찌 믿으리요 전파하는 자가 없이 어찌 들으리요 보내심을 받지 아니하였으면 어찌 전파하리요 기록된 바 아름답도다 좋은 소식을 전하는 자들의 발이여 함과 같으니라"(롬 10:14~15, 개역개정)라고 말했다.

바울은 로마 군인들이 활동할 때나 전진할 때 신었던 간편하고 기동성 있는 신을 연상하면서 성도들은 복음의 신으로 무장되어 있어야 한다고 말한다. 마귀는 복음을 두려워하며 증오한다. 왜냐하면 복음은 마귀의 손아귀에서 하나님의 백성을 구출해내는 하나님의 능력이기 때문이다. 바울은 십자가의 가르침이 구원을 얻는 사람에게는 하나님의 능력이라고 말한다(고전 1:18).

④ **믿음의 방패**(엡 6:16)

본문은 "모든 것 위에" 믿음의 방패를 가지라고 설명함으로 지금까지 열거한 무기보다 믿음의 방패가 최고로 중요한 것 같은 인상을 준다.

그러나 본문의 바른 뜻은 이 모든 것과 함께 믿음의 방패를 가져야 한다는 것이다.[350] 본문의 방패는 온 몸 전체를 보호할 수 있는 방패를 연상하면서 쓴 것이다. 이런 방패만이 악한 자의 모든 화전을 소멸할 수 있다. 믿음을 방패와 연결시켜 설명한 이유는 방패가 몸의 어느 특정 부분만을 위한 병기가 아니요 몸 전체를 보호하는 무기이기 때문이다. 흉배는 가슴을 보호하기 위해 고안한 것이요, 투구는 머리를 보호하기 위한 병기이다. 그러나 방패는 몸 전체를 보호하도록 만들어졌다. 마찬가지로 믿음은 마귀의 공격이 어느 모양으로 나타나든지 그것들을 모두 방어할 수 있는 힘을 가지고 있다.[351] 악한 자의 화전은 우리 양심에 거짓 죄 의식을 심어 주는 것을 비롯하여 의심의 생각, 불순종, 반역, 탐심, 두려움을 심어 준다. 이런 모든 것을 물리칠 수 있는 무기는 바로 그리스도를 믿는 믿음이다. 본문은 그리스도의 구속 성취와 하나님의 약속을 믿는 믿음을 가리키고 있다. 이런 믿음을 가리켜 의롭게 하는 믿음이라고 한

350 본문의 "모든 것 위에"는 사본 상 표현이 약간 다르다. "모든 것 위에"를 ἐν πᾶσιν으로 받는 사본은 P[46], ℵ, B, P 등이요, ἐπὶ πᾶσιν으로 받는 사본은 A, D, F, G 등이다. ἐπὶ πᾶσιν은 "모든 것에 부가해서"의 의미를 가지고 있기 때문에 본문의 의미에 더 적합한 것처럼 보인다(참고, 눅 3:20). 하지만 ἐπὶ πᾶσιν은 "모든 것 가운데"의 의미도 있으나 "모든 것과 함께," 혹은 "모든 것과 더불어"의 뜻도 가지고 있다. 그러므로 ἐν πᾶσιν이 의미상으로도 큰 문제가 없고 또한 중요한 사본들의 지지를 받고 있기 때문에 본문에 채택되었다.

351 W. Gurnall, *The Christian in Complete Armor*, p.328.

다. 먼저 의롭게 하는 믿음이 아닌 것이 어떤 것인지 밝혀보자.

첫째, 의롭게 하는 믿음은 복음의 진리에 대한 단순한 동의를 뜻하지 않는다. 가룟 유다(Judas Iscariot)도 성경의 진리를 알았지만 예수님을 믿지 못했다. 마귀도 예수님이 누구이신지 알았지만 예수님을 믿지는 않았다(막 5:7; 눅 4:34). 의롭게 하는 믿음은 하나님이 계신 것을 믿고, 그리스도께서 십자가상에서 자신을 위해 죽으셨음을 믿고 그를 신뢰하는 것이다.

둘째, 의롭게 하는 믿음은 확신을 가리키지도 않는다. 만약 믿음이 확신과 같다면, 사람의 죄는 그가 믿기도 전에 용서함을 받은 것으로 생각해야 한다. 왜냐하면 그 사람은 그가 용서받았다는 것을 알기 전에 이미 용서를 받았어야만 하기 때문이다. 즉, 사람은 무엇을 알아야 그것에 대한 확신을 갖게 되는데 믿음이 확신과 같다면 믿기도 전에 이미 죄 용서를 받은 셈이 된다.[352]

확신은 믿음 자체라기보다는 믿음의 열매이다. 마치 꽃이 뿌리에 근거하고 있는 것처럼 확신은 믿음에 근거하고 있다. 믿음은 하나님과 많은 교제를 통해, 말씀을 익숙히 아는 것을 통해, 그리고 하나님이 우리를 어떻게 대하시는 지의 경험을 통해 확신을 일으킨다.

그러면 의롭게 하는 믿음은 어떤 믿음인가? 의롭게 하는 믿음은 예수 그리스도가 나를 위해 죽으시고 부활하셨음을 의지적으로 알고 이해하는 믿음을 가리킨다. 그래서 의롭게 하는 믿음은 지식과

352 이것을 도식으로 나타내면 아래와 같다.

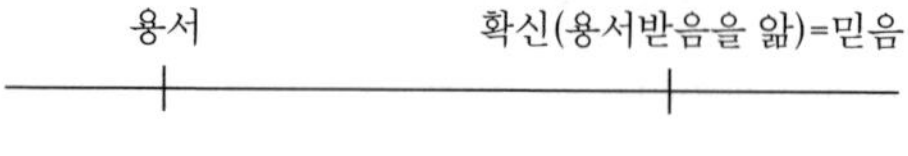

용서 ―――― 확신(용서받음을 앎)=믿음

감정과 태도 사이에 괴리를 만들지 않는다. 성경은 "사람이 마음으로 믿어 의에 이르고 입으로 시인하여 구원에 이르느니라"(롬 10:10, 개역개정)라고 기록한다.

⑤ **구원의 투구**(엡 6:17)

바울은 다른 곳에서 "구원의 소망의 투구를 쓰자"(살전 5:8)라고 말한다. 여기 투구는 어떤 강한 무기도 부술 수 없는 방어용 무기이다. 그러므로 성도의 투구는 우리의 미래를 보증해주며 우리의 궁극적 승리를 보장한다. 바울은 그 당시 로마 병사들의 모습을 연상하며 "투구"라는 용어를 사용한다. 로마 병사들은 전쟁에 나갈 때 반드시 투구를 쓰고 전쟁에 임해야 한다. 투구는 몸이 활동하는데 가장 중요한 역할을 하는 머리를 보호한다. 일반 전쟁에서도 전쟁을 승리로 이끌려면 머리의 기능이 대단히 중요하다. 마찬가지로 영적인 전쟁에서도 머리의 기능이 중요하기 때문에 머리를 보호하는 "투구"라는 용어를 사용한 것이다.

본문에서 "구원의 투구"라고 말한 이유는 바로 성도들의 궁극적 구원을 보장하고 있기 때문이다. 물론 바울은 여기서 "구원의 투구"라는 표현을 통해 이신칭의(justification by faith)와 같은 특유한 교리에 대해 관심을 표명한 것은 아니다. 오히려 바울은 믿음에 대한 전반적인 우리들의 태도에 관심을 표명한 것이다.[353] 이사야(Isaiah) 선지자는 하나님이 "자기 팔로 스스로 구원을 베푸시며 자기의 공의를

353 D. Martyn Lloyd-Jones, *The Christian Soldier: An Exposition of Ephesians 6:10-20* (Grand Rapids: Baker, 1984), p. 310.

스스로 의지하사 공의를 갑옷으로 삼으시며 구원을 자기의 머리에 써서 투구로 삼으시며"(사 59:16~17, 개역개정)라고 성도들의 구원이 하나님께 달려 있음을 분명히 한다. 구원의 투구는 하나님이 이미 우리를 구원 하셨다는 확신과 더불어 마지막 날에 부활의 영광으로 우리의 구원의 완성을 이루실 것을 말해준다. 우리는 현재 그리스도 안에서 구원받았지만 우리의 구원의 완성은 마지막 날에 성취될 것이다. 그래서 바울은 "우리 곧 성령의 처음 익은 열매를 받은 우리까지도 속으로 탄식하여 양자될 것 곧 우리 몸의 속량을 기다리느니라"(롬 8:23, 개역개정)라고 말한다.

⑥ **성령의 검, 즉 하나님의 말씀**(엡 6:17)

지금까지의 무장은 방어용이었지만 성령의 검은 방어용이자 공격용이다. 바울은 성령의 검이 바로 하나님의 말씀이라고 설명한다. 하나님의 말씀은 성도가 마귀와 투쟁할 때 양면적인 역할을 한다. 한편은 마귀의 시험을 이길 수 있는 능력을 제공해주고 다른 편은 복음 전도에 사용된다.

본문의 "말씀"(ῥῆμα)은 바울 서신에서 8회 사용되었다[롬 10:8(2회), 17, 18; 고후 12:4; 13:1; 엡 5:26; 6:17]. 말씀(ῥῆμα)이 사용된 문맥을 살펴보면, "말씀"은 전파된 말씀 혹은 선포된 말씀을 의미한다. 본문의 "하나님의 말씀"(ῥῆμα θεοῦ)은 선포된 말씀 즉 복음 선포를 가리킨다.[354] 그러나 이 선포된 말씀은 기록된 특별 계시(성경 66권)

354 Salmond, *The Epistle to the Ephesians*, p.388; A. T. Lincoln, *Ephesians*, p.451; Hendriksen, *Ephesians*, p.279.

와 조화를 이루고 상충되지 않을 때 생명력이 있다. 왜냐하면 하나님의 특별 계시는 성령의 감동으로 기록되어 생명력을 가지고 있지만 인간의 말은 생명력이 있을 수 없기 때문이다. 그러므로 본문의 "하나님의 말씀"은 하나님께서 선포하신 말씀이라고 할 수 있다. 바울이 "하나님의 말씀"을 "성령의 검"과 동일시하는 이유도 성령이 말씀을 기록하게 했고 또 말씀과 함께 역사하시기 때문이다.

히브리서 기자는 "하나님의 말씀은 살아 있고 활력이 있어 좌우에 날선 어떤 검보다도 예리하여 혼과 영과 및 관절과 골수를 찔러 쪼개기까지 하며 또 마음의 생각과 뜻을 판단하나니(히 4:12, 개역개정)라고 말했다. 히브리서 기자가 "하나님의 말씀"(ὁ λόγος τοῦ θεοῦ)이 살아 있고 활력이 있다고 말한 이유는 바로 이 말씀이 성령의 감동으로 기록되었고 이 말씀이 선포될 때 성령의 능력으로 적용되기 때문이다. 성도는 마귀와의 투쟁에서 승리하기 위해 하나님의 말씀 즉 성령의 검으로 무장되어 있어야 한다. 무장되어야 한다는 뜻은 하나님의 말씀을 잘 알고 있어야 한다는 뜻이다. 하나님의 기록된 말씀이 있을지라도 그 내용을 잘 알지 못하면 매일매일 투쟁에서 활용할 수가 없다. 그러므로 성도는 하나님의 말씀을 읽고 공부하며 묵상하여 날마다 성령의 검의 날을 예리하게 세워나가야 한다.

예수님께서 마귀에게 시험받으실 때(마 4:1~10; 눅 4:1~12) 하나님의 말씀을 사용하여 마귀를 물리치신 사실은 성도들이 마귀의 공격을 받을 때 어떤 무기를 사용해야 하며 또 어떻게 무장되어 있어야 함을 잘 가르쳐준다. 성도들이 휴대해야할 검은 하나님의 말씀인 것이다.

⑦ **기도의 중요성**(엡 6:18~20)

바울은 지금까지 성도들이 갖추어야 할 여섯 가지 전신갑주를 열거한 후 기도의 중요성을 언급한다. 기도는 또 하나의 무기라기보다 전신갑주 전체와 연관되는 것이다. 바울은 기도의 포괄적인 성격을 여러 가지 표현으로 강조한다. 성도는 모든 기도와 모든 간구를 드려야 한다. 이는 우리들의 기도의 내용이 포괄적이어야 하고 자아 중심을 떠나 안목을 넓혀야 함을 말한다.

성도는 무시로 기도해야 한다. 이는 성도들의 기도의 습관을 가르쳐준다. 바울은 "쉬지 말고 기도하라"(살전 5:17)라고 가르치고, "이것이 그리스도 예수 안에서 너희를 향하신 하나님의 뜻이니라"(살전 5:18)라고 설명한다. 성도들이 끊임없이 기도하는 것은 성도들을 향한 하나님의 뜻이다. 성도들은 항상 기도하되 규칙적으로 끊임없이 기도해야 한다. 칼빈(Calvin)은 무시로 기도하는 것을, 우리들이 번창할 때나 역경에 처할 때나를 막론하고 계속 기도하는 것으로 해석한다.[355] 성도는 깨어 구하기를 항상 힘써야 한다. 마귀가 공격하기 쉬운 때는 성도가 잠자고 있을 때이다. 성도가 잠잔다는 뜻은 문자적으로 잠자는 것을 뜻하지 않고 하나님 생각 없이 성경말씀을 떠나서 성령의 인도와는 무관하게 사는 것을 말한다. 성도는 항상 깨어 있어야 한다. 이는 성도의 마음 자세를 묘사해 준다. 성도는 항상 영적 비상 상태에 있어야 하는 것이다.

성도는 다른 성도들을 위해서 기도해야 한다. 성도가 다른 성도

355 Calvin, *Ephesians*, p.221.

들을 위해 기도하는 것은 성도의 연합의 중요성을 인정하는 것이다. 인간은 개인주의적으로 행동하기 쉽다. 에베소서는 줄곧 새로운 공동체의 연합을 강조해 왔다. 따라서 성도의 기도는 새로운 공동체의 연합에 관심을 두지 않으면 안 된다.

바울은 끝으로 에베소 교인들에게 자신을 위해 기도해달라고 부탁 한다(엡 6:19~20). 그 이유는 복음의 비밀을 담대히 선포할 수 있기 위해서이다. 복음 선포에는 복음의 명료성과 용기가 필요하다. 복음의 명료성은 복음의 내용이 분명해야 한다는 뜻이다. 용기는 아무도 두려워하지 않고 담대히 하나님의 메시지를 선포할 수 있는 힘을 말한다. "용기 없는 명료성은 사막에 비치는 햇볕과 같다. 빛은 충분히 있지만 바라볼 가치가 있는 것이 하나도 없다. 명료성 없는 용기는 깜깜한 저녁에 보는 아름다운 경치와 같다. 볼 것은 많지만 빛이 없어 즐길 수가 없는 것이다."[356] 오늘날 말씀 선포에 있어서 필요한 것은 명료성과 용기가 조화를 이루는 것이다. 오순절 성령강림의 특별한 체험을 한 사도들은 "예수의 이름으로 말하지도 말고 가르치지도 말라"(행 4:18)라는 대제사장과 관료들의 경고에도 불구하고 "하나님 앞에서 너희의 말을 듣는 것이 하나님의 말씀을 듣는 것보다 옳은가 판단하라"(행 4:19, 개역개정)라고 담대한 용기를 가지고 복음의 핵심을 선포했다. 초대교회 사도들은 복음의 명료성과 담대한 용기를 보여 주었다.

바클리(Barclay)는 바울이 기도에 대해 세 가지를 말하고 있다고

356 John Stott, *God's New Society*, p.286.

설명한다. 첫째, 기도는 끊임없이 해야 하며 둘째, 기도는 열심히 해야 하며 셋째, 기도는 사욕을 품지 말고 해야 한다고 말한다.[357] "성령 안에서 기도하고"는 하나님의 전능하심을 믿고 그를 전폭적으로 의지하면서 기도해야 함을 가르친다. 바울은 에베소 교회 성도들에게 자신을 위한 기도를 요청할 때도 다른 것을 생각하지 않고 복음 전도를 먼저 생각했다. 그래서 그는 "나로 입을 열어 복음의 비밀을 담대히 알리게 하옵소서 할 것이니"(엡 6:19, 개역개정)라고 요청한다. "복음의 비밀"은 예수 그리스도의 죽음과 부활을 마음으로 믿고 입으로 시인하면 구원을 얻는다는 복된 소식이다(롬 10:9~10; 16:25~27). 바울은 지금까지 성도들이 마귀와 투쟁할 때 필요한 하나님의 전신갑주에 대해 구체적으로 설명했다. 성도들은 누구나 영적 투쟁을 하는 사람들인데 하나님의 전신갑주로 무장하여 전쟁을 승리로 이끌어야 할 것이다. 우리의 투쟁은 방어적인 면도 있지만 공격적인 면도 있다. 마귀의 시험을 방어해야 하지만 복음을 전함으로 마귀의 왕국을 점령해 나가야 한다.

---

357 William Barclay, *The Letters to the Galatians and Ephesians* (1958), p.218.

4. 마지막 인사(엡 6:21~24)

"나의 사정 곧 내가 무엇을 하는지 너희에게도 알리려 하노니 사랑을 받은 형제요 주 안에서 진실한 일꾼인 두기고가 모든 일을 너희에게 알리리라 우리 사정을 알리고 또 너희 마음을 위로하기 위하여 내가 특별히 그를 너희에게 보내었노라 아버지 하나님과 주 예수 그리스도께로부터 평안과 믿음을 겸한 사랑이 형제들에게 있을지어다 우리 주 예수 그리스도를 변함없이 사랑하는 모든 자에게 은혜가 있을지어다" (엡 6:21~24, 개역개정).

바울은 이제 마지막 인사를 한다. 편지의 마지막에도 에베소교회에 대한 바울의 사랑과 희생을 보여준다. 바울은 로마 옥중에 있으면서도 그의 마음은 에베소 교회에 관한 생각으로 가득 차 있었다. 그래서 두기고(Tychicus)를 에베소교회에 보내 자신의 형편을 상세히 알리기를 원한 것이다. 사실상 감옥에 갇힌 바울은 동료가 옆에 있어야 할 형편이었다. 감옥생활을 하는 바울로서는 두기고가 옆에 있는 것이 큰 위로였다. 그러나 바울은 자신의 형편은 생각하지 않고 교회를 위해 두기고를 보냄으로 희생을 감수하는 모습을 우리에게 보여준다.

두기고는 "사랑 받는 형제요 신실한 일꾼이요 주안에서 함께 종이 된 자니라"(골 4:7, 개역개정)고 바울은 두기고를 칭찬한다. 두기고는 바울의 인정을 받은 동역자로 그의 인격은 흠잡을 데 없이 고상했다. 옥중에 있는 바울이 마음 놓고 일을 맡길 수 있는 신실하고 책임성 강한 사람이었다. 바울이 두기고를 에베소에 보낸 이유는 두 가지다.

첫째, 바울의 사정을 에베소 교회에 알리기 원해서이다. 바울은 편지를 많이 쓴 사도이다. 그러나 바울은 편지보다 친히 얼굴과 얼굴을 맞대고 성도들을 만나기를 원했다(살전 2:17, 18; 3:10). 성도들을 만나서 격려하고 권고하며 양육하는 것이 바울의 기쁨이었다.

그러나 지금은 형편이 달랐다. 바울은 로마의 감옥에 매여 있는 몸이기 때문에 육신적으로 자유롭지 못했다. 그래서 바울은 에베소서를 두기고 편에 보내었다. 바울은 두기고를 통해 자신의 형편을 상세히 그리고 정확하게 전하기를 원하였다. 바울은 "나의 사정 곧 내가 무엇을 하는지 너희에게도 알리려 하노니"(엡 6:21)라고 씀으로 두기고를 보낸 목적을 설명하고 있다. 사도행전 28:16, 23~31의 내용으로 보아 바울은 비록 죄수의 몸이었지만 주님의 대사로서 복음 사역을 계속 한 것을 알 수 있다.

빌립보서의 기록도 같은 내용을 전하고자 한다. 빌립보서는 복음이 온 시위대 안에 전파되었다고 말한다(빌 1:12~14). 바울은 감옥 안에서도 복음 전파의 활동을 계속하였다. 바울은 빌립보교회에 자신의 활동을 전한 것처럼 에베소교회에도 자신의 복음 활동을 알리기를 원하였다. 바울은 자신이 갈 수 없는 형편에 있었기 때문에 두기고를 보내 자신의 형편을 상세히 알리기를 원하였다. 두기고는 편지를 에베소교회에 전할 책임을 맡았을 뿐만 아니라 바울에 관한 더 상세한 내용을 직접 전달할 책임을 맡았다.

둘째, 에베소교회를 위로하기 위해서이다. 바울은 두기고를 특별히 보내어 에베소 교인을 위로하기 원한다고 말한다(엡 6:22). 바울은 그리스도 안에서 이룩된 새로운 공동체인 에베소교회와 깊은 연관을 맺기를 원하고 있다. 자신이 지금까지 언급한 새로운 공동체는 하나의 신학적인 이론이 아님을 천명한다. 그리고 에베소교회와 자신이 바로 새로운 공동체의 일원임을 말한다. 따라서 바울은 서로 위해 기도하고 격려해야 할 것을 강조했다(엡 1장; 3장; 6:10~20 참조). 따라서 바울은 두기고를 통해 에베소교회를 위로함으로 더 깊은 교제 관계가 유지되기를 원하였다.[358]

두기고(Tychicus)를 보낸 목적이 무엇인지 설명하고 나서 바울은 마지막으로 사중 소원을 말하므로 편지를 끝맺는다.

첫째, 바울은 평안이 에베소교회에 있기를 소원한다. 평안은 죄인이 그리스도의 십자가의 희생과 부활의 승리 때문에 두려움 없이 의로운 하나님께 기쁨과 안정된 마음으로 나아 갈 수 있는 마음의 상태를 가리킨다. 구속 받지 못한 사람은 진정한 평안을 누릴 수 없다. 바울은 에베소서에서 평안에 대해 잘 설명하고 있다. 그리스도가 항상 우리들의 평안이시다. 그는 우리의 화평이시다(엡 2:14~17; 4:3). 바울은 그리스도가 이루신 그 평안이 에베소교회에 풍성하기를 원한다.

358 Francis Foulkes, *The Epistle of Paul to the Ephesians*, p.188: "The *purpose* at this time of sending one so close to him as Tychicus was that he might give accurate news, and by that news, and no doubt by other spiritual exhortation, he might *encourage* their *hearts*."

둘째, 바울은 믿음이 에베소교회에 있기를 소원했다. 믿음은 하나님께서 성도들에게 값없이 주신 선물이다(엡 2:8). 이제 성도들은 믿음을 행사해야 한다. 믿음에는 역사가 뒤따라야 한다(살전 1:3). 즉 믿음은 선한 열매를 창출해야 한다. 따라서 믿음은 새로운 공동체의 기초가 된다. 그리스도를 믿는 믿음이 없으면 새로운 공동체가 이룩될 수도 없다. 바울은 그리스도를 믿는 믿음이 더욱 강해지기를 소원하고 있다. 바울이 믿음을 말할 때 그는 에베소교회가 이미 소유한 믿음을 생각하고 말했음에 틀림없다. 그러므로 새로운 믿음을 소원한 것이 아니요 이미 존재한 믿음의 증가를 소원한다.

셋째, 바울은 사랑이 에베소교회에 있기를 소원한다. 바울은 "믿음을 겸한 사랑"(엡 6:23)이라고 표현한다. 믿음이 새로운 공동체의 기초가 된다면, 평안은 화목을 낳고 사랑은 화목을 낳게 하는 근거가 된다. 바울은 여기서 아름다운 공동체 내의 교제를 묘사하고 있다. 기초가 튼튼한 공동체, 사랑을 통한 화목이 넘쳐나는 공동체가 묘사되고 있다. 바울은 넘쳐나는 사랑으로 새로운 공동체가 더욱더 견고히 구성되기를 소원한다.

넷째, 바울은 은혜가 에베소교회에 넘치기를 소원한다. 은혜는 하나님으로부터 온 것이다. 은혜는 인간 편의 조건을 생각하지 않고 하나님이 호의를 베푸시는 것이다. 인간이 하나님의 기뻐하심을 받는 것이 은혜이다. 마리아(Mary)가 수태될 때 "무서워하지 말라 네가 하나님께 은혜를 입었느니라"(눅 1:30)라고 나온다. 마리아는 하나님의 기뻐하심을 입어 메시아를 낳는 은혜를 하나님으로부터 받은 것이다. 하나님은 은혜를 주시기 위해 인간에게 무엇을 요구하시지 않는다.

바울은 하나님의 은혜를 받을 대상을 "우리 주 예수 그리스도를 변함없이 사랑하는 모든 자"(엡 6:24)라고 제한하여 설명한다. "변함없이"라는 말은 "진실함"이란 뜻이다. 즉 성도의 "신실함"을 뜻한다. 바울은 "변함없이"란 말로 사람의 마음이 모든 위선으로부터 자유함을 받은 상태를 가리킨다. 따라서 바울은 에베소 성도들이 하나님을 위선 없이 사랑하기를 소원하며 또한 그런 에베소 성도들에게 하나님의 은혜가 풍성하기를 소원한다.

바울은 이 네 가지의 축복이 에베소 교인들에게 임하기를 소원한다. 평안, 사랑, 믿음, 은혜, 이 사중 축복이 에베소 교인들에게 임하기를 소원한다. 특히 은혜와 평안은 에베소서를 시작할 때 사용한 용어이다. 바울은 은혜와 평안이 에베소 교인들에게 있기를 소원하면서 이 서신을 시작하고 은혜와 평안이 에베소 교인들에게 계속 넘치기를 소원하면서 이 서신을 끝맺는다.

참고문헌

Allan, John A. *The Epistle to the Ephesians. Torch Bible Commentaries.* London: SCM Press, 1959.

Arndt, W. F. & Gingrich. *A Greek-English Lexicon of the New Testament and other Early Christian Literature*, 2nd ed. Chicago and London: The University of Chicago Press, 1979.

Arnold, Clinton. E. "Ephesians," *Dictionary of Paul and His Letters.* Downers Grove: Inter Varsity Press, 1993: 238~249.

Arnold, Clinton. E. *Ephesians: Power and Magic.* Grand Rapids: Baker, 1992.

Balz, H. "πρόθεσις," *Exegetical Dictionary of the New Testament*, Vol. 3. Grand Rapids: Eerdmans, 1993, pp. 155-156.

Barclay, William. *The Letters to the Galatians and Ephesians: The Daily Study Bible.* Philadelphia: The Westminster Press, 1958.

Barnes, Albert. *Notes on the New Testament: Ephesians, Philippians and Colossians.* Grand Rapids: Baker, 1982.

Barth, Markus. *The Broken Wall: A Study of the Epistle to the Ephesians.* Philadelphia: The Judson Press, 1959.

Bavinck, Herman. *Our Reasonable Faith.* Grand Rapids: Eerdmans, 1956.

Bengel, *Bengel's New Testament Commentary.* Grand Rapids: Kregel Publications, 1981.

Berkhof, Hendrik. *Christ and the Powers.* trans, John H. Yoder. Scottdale, Pa.: Herald Press, 1977.

Boice, James M. *Foundations of the Christian Faith.* Downers Grove: InterVarsity Press, 1986.

Braun, Herbert. "ποιέω, ποίημα, ποίησις, ποιητής," *Theological Dictionary of the New Testament*, Vol. VI. Grand Rapids: Eerdmans, 1971: pp. 458-484.

Brown, C. "Sacrifice," *The New International Dictionary of New Testament Theology*. Vol. 3. Grand Rapids: Zondervan, 1975: 415~436.

Bruce, F. F. *Paul: Apostle of the Heart Set Free*. Grand Rapids: Eerdmans, 1977.

Bruce, F. F. *The Epistles to the Colossians to Philemon and to the Ephesians. NICNT*. Grand Rapids: Eerdmans, 1988.

Bunyan, John. *Pilgrim's Progress*. 1953.

Caird, G. B. *Paul's Letters from Prison*. London: Oxford, 1976.

Calvin, John. *Institutes of The Christian Religion*, Vol.I and II. trans. Ford L. Battles. Philadelphia: The Westminster Press, 1967.

Calvin, John. *The Epistles of Paul the Apostle to the Galatians, Ephesians, Philippians and Colossians*. trans Parker, T. H. L Grand Rapids: Eerdmans, 1974.

Carson, D. A., Douglas J. Moo, and Leon Morris, *An Introduction to the New Testament*. Grand Rapids: Zondervan, 1992.

Clowney, Edmund P. *The Church*. Downers Grove: Inter Varsity Press, 1995.

Coenen, L. "Elect, ἐκλέγομαι," *The New International Dictionary of New Testament Theology*. Vol.I. Grand Rapids: Zondervan, 1975: 536~542.

Dale, R. W. *Lectures on the Epistle to the Eph esians, its Doctrine and Ethics*, 5th edition. Hodder and Stoughton, 1890.

Davies, W. D. *Paul and Rabbinic Judaism*. New York and Evanston: Harper and Row, Publishers, 1948.

Delling, G. "ὑποτάσσω," *Theological Dictionary of the New Testament*. Vol. VIII. Grand Rapids: Eerdmans. 1971: 39~46.

Dodd, C. H. "Ephesians," *The Abingdon Bible Commentary*, ed. F. C. Eiselen, E. Lewis, and D. G. Downey. New York, 1929.

Douty, Norman F. *Union with Christ*. Swengel, PA.: Reiner Publications, 1973.

Dunn, James D. G. *Jesus and the Spirit*. London: SCM Press, 1975.

Dunn, James D. G. *Romans 1~8: Word Biblical Commentary*. Dallas: Word Books, Publisher, 1988.

Dunn, James D. G. *The Theology of Paul the Apostle*. Edinburgh: T and T Clark, 1998.

Ebel, G. "Walk, περιπατέω," *The New International Dictionary of New Testament Theology*. Vol. 3. Grand Rapids: Zondervan, 1975: 943~945.

Ernst, J. *Die Briefe an die Philipper, an Philemon, an die Kolosser, an die Epheser.* Regensburg: F. Pustet, 1974.

Falkenroth, U. & Brown, C. "Patience (μακροθυμία)," *The New International Dictionary of New Testament Theology*. Vol. 2. Grand Rapids: Zondervan, 1977: 768~772.

Fee, Gordon D. *The First Epistle to the Corinthians. NICNT*. Grand Rapids: Eerdmans, 1991.

Fendrich, H. "κατοικέω," *Exegetical Dictionary of the New Testament*, Vol. 2. Grand Rapids: Eerdmans, 1991, pp. 273~274

Findlay, G. G. *The Epistle to the Ephesians: Expositor's Bible*. New York: Funk and Wagnalls Co., 1900.

Fitzmyer, Joseph A. *The Semitic Background of the New Testament*. Grand Rapids: Eerdmans, 1997.

Foerster, W. "σωτήρ," *Theological Dictionary of the New Testament*. Vol. VII. Grand Rapids: Eerdmans. 1971: 1003~1012.

Foulkes, Francis. *The Epistle of Paul To The Ephesians. Tyndale New Testament Commentaries*. Grand Rapids: Eerdmans, 1991.

Frankemölle, H. "πραΰς," *Exegetical Dictionary of the New Testament*. Vol. 3. Grand Rapids: Eerdmans, 1993: 146~147.

Fraser, J. W. *Jesus and Paul: Paul as Interpreters of Jesus from Harnack to Kuemmel*. Fieldplex, Abingdon, Berkshire: The Marcham Manor Press, 1974.

Friedrich, Gerhard. "εὐαγγελιστής," *Theological Dictionary of the New Testament*. Vol.11. Grand Rapids: Eerdmans. 1971: 736~737.

Gaffin, R. B. Jr. *Resurrection and Redemption, A Study in Pauline Soteriology*. Ann Arbor: University Microfilms, 1970.

Grosheide, F. W. *De Brief Van Paulus aan de Efeziërs*. C.N.T., Kampen: J. H. Kok, 1960.

Grudem, Wayne. *Systematic Theology*. Grand Rapids: Zondervan, 1994.

Gundry, Robert H. *Soma in Biblical Theology with Emphasis on Pauline Anthropology*. Cambridge. London. New York. Melbourne: Cambridge University Press, 1976.

Gurnall, William. *The Christian in Complete Armor: A Treatise of the Saint's War Against the Devil*. Lafayette, IN.: Sovereign Grace Trust Fund, 1989.

Hanson, S. *The Unity of the Church in the New Testament: Colossians and Ephesians*. Uppsala: Almquist and Wiksells, 1946.

Harrison, E. F. *Acts: The Expanding Church*. Chicago: Moody Press, 1975.

Harvey, H. "Commentary on the Pastoral Epistles, First and Second Timothy and Titus, and the Epistle to Philemon," *An American*

Commentary on the New Testament, Vol. VI. Valley Forge: Judson Press, 1890.

Hendriksen, William. *Exposition of Paul's Epistle to the Romans. N.T.C.* Grand Rapids: Baker, 1981.

Hendriksen, William. *Ephesians. New Testament Commentary*. Grand Rapids: Baker, 1967.

Hendriksen, William. *Exposition of The Pastoral Epistles. New Testament Commentary*, Grand Rapids: Baker, 1957.

Hendriksen, William. *Survey of the Bible*. Grand Rapids: Baker, 1976.

Henry, Matthew. *Commentary on the Whole Bible, VI: Acts to Revelation*. New York: Fleming H. Revell Co., n.d.

Hodge, Charles. *A Commentary on the Epistle to the Ephesians*. New York: Robert Carter, 1856.

Hodge, Charles. *Systematic Theology*. London: James Clarke and Co. Ltd., 1960.

Josephus, *The Wars of the Jews*. trans. William Whiston. Grand Rapids: Baker, 1975.

Krämer, H. "μυστήριον," *Exegetical Dictionary of the New Testament*, Vol. 2. Grand Rapids: Eerdmans, 1991, pp. 446-449.

Kümmel, Werner G. *Introduction to the New Testament*. revised edition. Nashville: Abingdon, 1975.

Kuyper, A. *The Work of the Holy Spirit*. Grand Rapids: Eerdmans, 1975.

Lampe, G. W. H. *The Seal of the Spirit*, London: S.P.C.K., 1976.

Leeuwen, Van. *Paulus' Zendbrieven aan Efeze, Colosse, Filemon, en Thessalonika, Kommentaar op het Nieuwe Testament*. 10. Amsterdam: van Bottenburg, 1926.

Lenski, R. C. H. *The Interpretation of st. Paul's Epistles to The Galatians,*

Ephesians and Philippians. Minneapolis: Augsburg Publishing House, 1961.

Leupold, H. C. *Exposition of the Psalms*. Welwyn: Evangelical Press, 1977.

Lightfoot, J. B. *St. Paul's Epistles to the Colossians and Philemon*. Peabody, MA.: Hendrickson Publishers, 1995.

Lightfoot, J. B. *Notes on the Epistle of St. Paul*. Hendrickson Publishers, 1995.

Lincoln, Andrew T. *Ephesians: Word Biblical Commentary*. Dallas: Word Books, Publisher, 1990.

Lloyd-Jones, D. M. *Christian Unity: An Exposition of Ephesians 4:1 to 16*. Carlisle: The Banner of Truth Trust, 1980.

Lloyd-Jones, D. M. *God's Ultimate Purpose*. Carlisle: The Banner of Truth Trust, 1978.

Lloyd-Jones, D. M. *God's Way of Reconciliation: Studies in Ephesians* 2. Grand Rapids: Baker, 1972.

Lloyd-Jones, D. M. *The Unsearchable Riches of Christ*. Grand Rapids: Baker, 1979.

Lloyd-Jones, D. M. *Darkness and Light*. Carlisle: The Banner of Truth Trust, 1982.

Lloyd-Jones, D. M. *Warfare*. Grand Rapids: Baker, 1976.

Lloyd-Jones, D. M. *The Christian Soldier: An Exposition of Ephesians 6:10-20*. Grand Rapids: Baker, 1984.

Louw, Johannes P. & Nida Eugene A. *Greek-English Lexicon of the New Testament based on Semantic Domains*. New York: United Bible Societies, 1989.

Martin, R. P. *Ephesians, Colossians, and Philemon*. IntC; Louisville: John Knox, 1992.

Martin, R. P. *New Testament Foundations: A Guide For Christian Students*,

Vol. 2. Grand Rapids: Eerdmans, 1978.

Mckelvey, R. J. *The New Temple*. Oxford: Oxford University Press, 1969.

Merklein, H. "ἀνακεφαλαιόω," *Exegetical Dictionary of the New Testament*, Vol. 1. Grand Rapids: Eerdmans, 1990, pp. 82-83.

Metzger, Bruce M. *The New Testament: Its Background, Growth, and Content*. Nashville and New York: Abingdon Press, 1965.

Meyer, F. B. *Ephesians: A Devotional Commentary*. 1953 reprint.

Meyer, H. A. W. *Critical and Exegetical Handbook to the Epistle to the Ephesians and the Epistle to Philemon*. Trans. Dickson, W. P. Edinburgh: T. & T. Clark, 1880.

Mitton, C. L. *Ephesians*. London: Oliphants, 1976.

Moule, H. C. G. *Ephesian Studies*. New York: George H. Doran Company, n.d.

Mundle, W. "Come, καταντάω." *The New International Dictionary of New Testament Theology*. Vol. Ⅰ. Grand Rapids: Zondervan, 1975: 324~325.

Murphy-O'Connor, Jerome. *Paul: A Critical Life*. Oxford, New York: Oxford University Press, 1997.

Murray, John. *Redemption Accomplished and Applied*. Grand Rapids: Eerdmans, 1968.

Murray, John. "Elect, Election," *Baker's Dictionary of Theology*. Grand Rapids: Baker, 1975, pp. 179-180.

Patsch, H. "εὐλογέω," *Exegetical Dictionary of the New Testament*. Vol. 2. Grand Rapids: Eerdmans, 1991: 79~80.

Pedersen, S. "εὐτραπελία," *Exegetical Dictionary of the New Testament*, Vol. 2. Grand Rapids: Eerdmans, 1991, p. 86.

Pfammatter, J. "οἰκοδομή," *Exegetical Dictionary of the New Testament*, Vol. 2. Grand Rapids: Eerdmans, 1991, pp. 495~498.

Ridderbos, H. *Paul: An Outline of His Theology*. Grand Rapids: Eerdmans, 1975.

Ridderbos, H. *Paulus: Ontwerp van zijn Theologie*. Kampen: J. H. Kok, 1971.

Robertson, A. T. *Word Pictures in the New Testament*. Vol. IV. Grand Rapids: Baker, 1931.

Rupp, W. Gordon. *Principalities and Powers*. London: the Epworth Press, 1952.

Rupprecht, A. A. "Slave, Slavery," *Dictionary of Paul and His Letters*. Downers Grove: IVP, 1993: 881~883.

Salmond, S. D. F. *The Epistle to the Ephesians: Expositor's Greek Testament*. Grand Rapids: Eerdmans, 1980.

Schaeffer, Francis. A. *The Church Before the Watching World*. Downers Grove: Inter Varsity Press, 1971.

Schlier, H. *Der Brief an die Epheser: Ein Kommentar*. Düsseldorf: Patmos, 1957.

Scott, W. M. F. *The Hidden Mystery*. 1942.

Simpson, E. K. & Bruce, F. F. *Commentary On The Epistles to the Ephesians and Colossians. NICNT*. Grand Rapids: Eerdmans, 1970.

Smith, J. B. *Greek-English Concordance to the New Testament*. Scottdale: Herald Press, 1974.

Smith, Justin A. *Commentary on the Epistle to the Ephesians. An American Commentary on the New Testament*. ed. Hovey, A. Valley Forge: The Judson Press, 1890.

Spicq, Ceslas. *Theological Lexicon of the New Testament*, Vol. 2. Peabody, MA.: Hendrickson Publishers, 1996, pp. 548-551.

Spurgeon, C. H. *The Treasury of David*, Vol. III (Psalms 53-78). Welwyn: Evangelical Press, 1978.

Stott, John R. W. *God's New Society: The Message of Ephesians*. Downers Grove: IVP, 1979.

Summers, Ray. *Ephesians: Pattern for Christian Living*. Nashville: Broadman Press, 1960.

Tenney, Merrill C. *New Testament Survey*. Grand Rapids: Eerdmans, 1961.

Thiele, F. "work, ποιέω," *The New International Dictionary of New Testament Theology*. Vol. 3. Grand Rapids: Zondervan, 1979: 1252~1255

Vincent, M. R. *Word Studies in the New Testament*. Grand Rapids: Eerdmans, 1975.

Vos, G. *The Pauline Eschatology*. Grand Rapids: Eerdmans, 1961.

Vos, G. *Reformed Dogmatics*, Vol. Three. Bellingham: Lexham Press, 2014.

Warfield, B. B. *Faith and Life*. Carlisle: The Banner of Truth Trust, 1974.

Warfield, B. B. "The Resurrection of Christ a Fundamental Doctrine," *Selected Shorter Writings*, ed. John E. Meeter. Philadelphia: Presbyterian and Reformed, 1970.

Wiles, G. P. *Paul's Intercessory Prayers: The Significance of the Intercessory Prayer Passages in the Letter of Paul*. Cambridge: Cambridge University Press, 1974.

Williams, Donald T. *The Person and the Work of the Holy Spirit*. Nashville: Broadman and Holman Publishers, 1994.

Wilson, Geoffrey B. *Ephesians*. Carlisle: The Banner of Truth Trust, 1978.

Winer, G. B. *A Grammar of the Idiom of the New Testament*. Philadelphia: Warren F. Draper, 1869.

Wuest, Kenneth. S. *Word Studies from the Greek New Testament-Ephesians and Colossians*. Grand Rapids: Eerdmans, 1953.

Zerwick, Maximilian. *Biblical Greek*. Roma: Editrice Pontificio Istituto Biblico, 1963.

Ziesler, J. A. *The Meaning of Righteousness in Paul: A Linguistic and Theological Enquiry*. Cambridge: Cambridge University Press, 1972.

박윤선. 『바울 서신 주석』. 서울: 영음사, 1967.

박형용. "하나님의 아들," 「빛과 소금」(1985, 6월): 40~42.

박형용, 『신약성경신학』. 합신대학원출판부, 2022.

박형용. 『바울신학』. 수원: 합신대학원출판부, 2022.

박형용. 『신약개관』. 서울: 아가페출판사, 1987.

박형용. 『말씀산책』. 수원: 합신대학원출판부, 2018.

이상근. 『옥중서신』. 서울: 대한예수교장로회 총회교육부, 1986.

조병수. 『신약성경총론』. 수원: 합신대학원출판부, 2006.

Calvin, J. 『에베소서 강해』. 배상호 역. 서울: 예수교 문서선교회, 1979.

Drummond, Henry. 『세상에서 가장 귀한 것』. 박형용 역. 서울: 새순출판사, 1983.

인명색인

주제 색인

성구 색인

구약

요한복음

사도행전

로마서

고린도전서

고린도후서

빌립보서

골로새서

데살로니가전서

데살로니가후서

요한1서

유다서

요한계시록